Reimer Boy Eilers, Esther Kaufmann, Sven j. Olsson,
Vera Rosenbusch und Margret Silvester (Hg.)
Von Menschen und Masken

Von Menschen und Masken

Die Anthologie zur Pandemie

Hg. v. Reimer Boy Eilers, Esther Kaufmann,
Sven j. Olsson, Vera Rosenbusch und Margret Silvester

Verband deutscher Schriftstellerinnen und
Schriftsteller in ver.di, Landesverband Hamburg

Originalausgabe
November 2021

Kulturmaschinen Verlag
Ein Imprint der Kulturmaschinen Verlag UG (haftungsbeschränkt),
20251 Hamburg
www.kulturmaschinen.com

Die Kulturmaschinen Verlag UG (haftungsbeschränkt) gehört
allein dem Kulturmaschinen Autoren-Verlag e. V.
Der Kulturmaschinen Autoren-Verlag e. V. gehört den AutorInnen.
Und dieses Buch gehört der Phantasie, dem Wissen
und der Literatur.

Umschlaggestaltung: Sven j. Olsson
Umschlagsbild von Gerd Altmann auf Pixabay
Satz: Andrea Deines
Druck: Booksfactory
Eingestellt bei BoD

ISBN 978-3-96763-184-5 (kart.)
ISBN 978-3-96763-185-2 (geb.)
ISBN 978-3-96763-186-9 (.epub)

»Der Mensch mit seinem großen Wissen schläft, er wird morgen matt sein und nichts verstehen und nicht aufstehen wollen, er wird sich an die Stirn fassen und sich heiß fühlen. Inzwischen hat sein Fleisch, der tapfere Leib, den Gegner erkannt und den Kampf gegen die Dämonen aufgenommen.«

Alfred Döblin über die Spanische Grippe (in Straßburg, November 1918)

»In den Berichten darüber, wie sich das Virus ausbreitet, wie es mutiert, klingt es oft so, als ginge es kalkuliert vor. Und das tut es ja auch! Nicht bewusst, aber aus dem gleichen Antrieb wie ein Lebewesen: Es will sich vermehren, vervielfältigen, überleben – wie unsere Spezies auch. Es ist programmiert, in jede andere Spezies einzudringen ... genau wie ein Schriftsteller!«

T. C. Boyle über Corona

Vorwort

Liebe Leser*innen, schon wieder Corona – oder immer noch. Wann hört das endlich auf, mag man sich denken, und dennoch ist es eine einmalige Erfahrung, diese Pandemie erlebt zu haben. Wir waren dabei, wie sich die Gesellschaft, das Leben, die Welt verändert haben. Auf welche Weise, in welche Richtung, was das für jeden Einzelnen bedeutet, das thematisieren die Beiträge dieser Anthologie.

Als Schriftsteller*innen nutzen wir die Gelegenheit, dazu unsere Texte sprechen zu lassen, einen Beitrag zu leisten zum Erinnern an diese besondere Phase in unser aller Leben und einen Denkanstoß zu geben, wie man Corona kreativ-künstlerisch reflektieren kann.

Natürlich ist eine solche Krise für uns auch immer Inspiration und ein Quell an neuen Gedanken, überraschenden Assoziationen und skurrilen Situationen. Entsprechend bietet der Verband deutscher Schriftstellerinnen und Schriftsteller seinen Mitgliedern eine Gelegenheit, sich zum Thema Corona zu äußern und verschiedenste Stimmen aus der Hamburger Literaturszene zu sammeln.

Als Sinnbild für das Handeln der Menschen in Extremsituationen gilt im literarischen Kosmos »Die Pest« von Albert Camus. Die hier vorliegenden Texte zeigen Weiterungen auf, zu welchem Ideenreichtum und welcher Kreativität Menschen in Krisensituationen fähig sind, aber auch zu welchen Absurditäten – das alles beleuchtet in Geschichten und Gedichten. Sprächen wir allein von den Einschränkungen, den erschreckenden Zahlen und Fakten, den Schwarzmalereien in der Pandemie, würde es denen nicht gerecht, die am Ball geblieben sind und sich mit dem nötigen Quäntchen Humor ausgerüstet, sichtbar machten.

Wenn wir in einigen Jahren zurückschauen, werden es literarische Texte sein, die einen guten Einblick in Gefühlswelt und Stimmung während dieser Tage liefern und die uns allen jetzt schon helfen können, das Erlebte zu verarbeiten und dem Alltag des Lockdowns für ein paar Lesestunden zu entfliehen – wie es die große Stärke der Literatur ist.

I. Abschnitt
Negativ ist positiv

Maren Schönfeld

Lockdown

LOCKDOWN
LOCKWO
LOKO
LOW
O

Tilla Lingenberg

Atmungsaktive Tagesnotizen

11. März 2020

Meine Freundin S. schreibt mir von einem Corona-Fall in ihrem Büro. Seit einigen Tagen sind alle Mitarbeiter im Homeoffice und sie hat Angst, sich angesteckt zu haben, obwohl sie fast keinen Kontakt zu ihm hatte. Reicht ein Treffen am Kopiergerät?

13. März 2020

In den Regional-Nachrichten berichten sie, dass tatsächlich der erste Corona-Fall in Hamburg im Büro von S. aufgetreten ist. Heute rief K. an. Sie waren im Elsass im Urlaub und mussten nicht nur früher abreisen, sondern auch sofort in Quarantäne. Zum Glück bringen ihre Kinder ihnen die Einkäufe an die Tür.

16. März 2020

Letzten Freitag war das Sportstudio extrem leer. Mein: »Wir halten die Stellung.«, zu einem Mitsportler bestätigt dieser grinsend. Von wegen Stellung halten: jetzt ist alles zu. Kein Sport mehr. Kein Theater. Kein Kino. Kein Konzert. Keine Schule, keine Kita, keine Uni. In den Cafés und Restaurants bleibt jeder 2. Tisch gesperrt und alles ist sowieso nur bis 18 Uhr geöffnet.

17. März 2020

Hilfe, mein Dealer hat jetzt auch zu: die Bibliotheken sind komplett geschlossen. Zum Glück haben wir selbst gut gefüllte Bücherregale. Ich werde nun einfach, verwegen und tollkühn wie ich bin, meine eigenen Bücher lesen.

18. März 2020

Wir sind Anarchisten! Wir hatten Besuch von zwei Menschen. Aber mit Abstand. Keine Umarmungen. Und wir sprachen tatsächlich über andere Themen. Ich hatte Corona zwischendurch VERGESSEN. Wie schön. Wir waren einfach zwei Paare, die Spaß hatten. Wie besonders das Normale plötzlich ist.

20. März 2020

Ich gehe jeden Tag spazieren rennen, landläufig »walken« genannt. Ich muss mich bewegen. Für Sport zu Hause bin ich zu faul. Nur Hantel-Übungen mache ich noch, denn ich bin total verspannt. Nacken und Schultern schmerzen. Kein Wunder, ich sitze den ganzen Tag vor dem PC und … schreibe NICHT. Mein Kopf ist leer. Meine Phantasie gestockt. Ich bin gleichzeitig angespannt und erschlafft vom Aushalten der Umstände. Ich funktioniere. Ohne Kreativität. Mein Körper hat die Kontrolle. Kein schöner Zustand.

22. März 2020

Gestern, nach 18 Uhr, bin ich an meinem Friseurladen vorbeispaziert. Sie saßen untätig herum. Ich streckte meinen Kopf durch die Tür und rief: »Wollt ihr arbeiten?« Irritiert blickten sie auf. Meine Friseurin erkannte mich: »Ach du bist es. Ja komm, ich hab' Zeit.« Ich war ihre letzte Kundin. Am nächsten Tag kam der Beschluss: Friseurläden bleiben ab sofort geschlossen. Glück gehabt!

24. März 2020

Durch die Stadt zu gehen ist zum Teil wie in meiner Kindheit beim »Autofreien Sonntag« 1973. Leere überall. Mehrspurige Straßen fast ohne Autos. Wie viel Fläche so unvermutet sichtbar wird. Was könnte man Schönes mit diesem Platz machen.

28. März 2020

Seit Tagen bin ich total im Stress. Theater Land auf Land ab, zeigen nun Videos alter Produktionen. Zudem gibt es Unmengen Konzerte, Autorenlesungen und natürlich Kabarett und Comedy. Ich will alles sehen. Nichts verpassen. Bloß, wie soll ich das nur schaffen?

9. April 2020

Ich hasse meinen PC. Ich kann nicht schreiben. Ich schaffe nicht alle Streaming-Angebote zu sehen. Alles ist gleichzeitig. Und weil ich nichts verpassen will, verpasse ich alles. Vor allem mein Schreiben. Meine ganze Tages-Struktur, meine Disziplin, meine Ordnung, alles im Eimer. Und eigentlich ist doch sowieso alles egal … Ich brauche frische Luft. Im Kopf und um den Kopf herum.

16. April 2020

Wir haben neue Rauchmelder bekommen. Ein fremder Mensch, ein Handwerker, war in der Wohnung, um seiner Arbeit nachzugehen. Eigentlich ganz normal. Eigentlich. Nun denke ich: Er könnte Corona mitbringen. Oder: Er könnte sich auch hier anstecken. Mir wird klar, wie gefährlich er in diesen Zeiten lebt. Er geht von Gefahr zu Gefahr. Absurd. Und dann: Rauchmelder… sie springen an, wenn die Luft dünn wird, wenn das Atmen schwer fällt. Ich liege auf meinem Bett und sinniere über Rauchmelder in Zeiten von Corona.

18. April 2020

Beim Spazieren treffe ich regelmäßig auf Eltern(teile), die mit ihrem Kind joggen. Interessanterweise sind die Kinder alle in etwa zehn Jahre. Gibt es eine Corona-Bestimmung zum Joggen mit Zehnjährigen?

25. Mai 2020

»I can't breathe« George Floyd erstickt in den USA unter dem Knie eines Polizisten auf seinem Hals. Das Video geht durch die ganze Welt. Es ist unmenschlich. Unglaublich. Grausam. Ich denke: Irgendwie erstickt gerade die ganze Welt unter dem Knie Coronas, und erschrecke über diesen Vergleich.

23. Juni 2020

Wir dürfen, mit Voranmeldung, wieder zum Sport. Auch Bibliotheken und Frisöre haben wieder geöffnet. Bedingung: Zutritt nur mit Maske. Und letzte Woche fuhr ich, mit Maske, im Regionalzug Freunde in Schleswig Holstein besuchen. Wird jetzt wieder alles normal? Normal mit Maske?

11. September 2020

Wir waren im Theater. Mehr Zwischenraum im Zuschauerraum als Sitzplätze. Mit Maske bis alle sitzen und es beginnt. Ungewohnt. Merkwürdig. Wie habe ich es vermisst. Obwohl, eigentlich vermisse ich es immer noch, denn das war nicht das, was ich vermisste, das war anders. Und ich meine nicht Inhalt oder Qualität der Inszenierung.

15. September 2020

Mein Mann macht eine Radtour mit befreundeten Kollegen. So wie sie es früher regelmäßig taten. Berauschend gewöhnlich. Unbeschwert. Einer dieser Männer wird zwei Monate später der erste Corona-Tote sein, den wir kannten.

28. September 2020

Ich beginne wieder mit Theaterkolleginnen zu Planen. Persönlich. In kleinem Kreis. Mit Abstand. 3D. Herrlich altmodisch. Meine Phantasie quillt. Ideen drängeln auf der Startlinie. Diszipliniert nur von den Formulierungen für Förderanträge mit Fristendruck. Verzögert durch Antragslyrik.

3. November 2020

Was Lustiges aus Brüssel: Dort ist sehr strenger Lockdown, aber man darf einen Knuffelvriend haben. Ausgesprochen: Knüfflfriend. Wen zum Knuddeln. Aber immer den/die Gleiche für mindestens eine Woche.

26. November 2020

Die Corona-Infektionszahlen gehen stetig nach oben. Ich gehe mit einer Freundin shoppen. Wir sind beide schlecht darin und geben bald, ohne Eroberungen, auf. Aber wir wollten es einfach wieder einmal machen.

12. Dezember 2020

Das ist nett: »Wie uns der BBC-Journalist fürs Gesundheitsressort Hugh Pym informiert, ist der zweite Patient, der am Uni-Klinikum Coventry die Impfung gegen Covid19 erhält, William Shakespeare, und stammt aus der Grafschaft Warwickshire, in der – O, Prodigium! – auch Stratford-upon-Avon, Geburtsort eines gewissen Dichters von Rang, liegt.«

31. Dezember 2020

Bilanz 2020: Zwei Kollegen meines Mannes und die Mutter einer Bekannten sind mit und an Corona gestorben. Ich kenne jede Menge Programme und Plattformen zum Kommunizieren per Internet, habe dieses Jahr nichts verdient und viel zu wenig geschrieben. Meine bisherige Aussage: »Ich arbeite zu Hause« ist zum »Homeoffice« geworden, was nun nachfragefrei und ohne Nebengedanken funktioniert. Immerhin. Think positiv.

9. Januar 21

Meine Freundin A. berichtet mir von ihren Anstreichereien zu Hause und in ihrer Praxis und darf sich von mir folgenden Kommentar anhören: »Du streichst hier, du streichst da, du streichst die Yogagruppen zusammen und du streichst die Corona-Tage im Kalender ab. Ich hoffe jemand streich(el)t auch mal dich.« A.: »Besser gestreichelt als gestrichen werden.«

4. Februar 2021

Beim Spazieren treffe ich inzwischen viele Menschen mit Welpen. Im ersten Lockdown haben sich Menschen noch Hunde ausgeliehen, um motiviert spazieren zu gehen (oder um Ausgangsbeschränkungen zu umgehen). Außerdem begegnen mir auffallend viele Zwillingskinderwagen. Das war im ersten Lockdown, vor neun Monaten noch nicht so …

7. Februar 2021

Beim Spazieren in die andere Richtung erlebe ich wie aus einem Baumstumpf ein Kunstwerk wird. Jedes Mal, wenn ich daran vorbei komme ist es der Vollendung näher. Inzwischen sitzt ein geschnitzter Bär am Wegesrand. Großartig.

26. Februar 2021

Auf meinem Stadtteil-Wochenmarkt finde ich auf einem Betonpoller eine Geldbörse. Weit und breit niemand zu sehen. Neben Geldscheinen finden sich im Portmonee ein Einkaufs-Bon vom heutigen Tag und der Personalausweis einer, laut Foto, etwa 50 jährigen blonden Frau. Auf einem Zettel mit ungelenker Schrift steht: »wenn Hausschlüssel vergessen« sowie eine Telefonnummer. Ich lande bei einem Schlüsseldienst. Ich überlege: Wer hier einkauft, so der Bon, wohnt in der Nähe. Auf dem Ausweis finde ich die Anschrift.

Tatsächlich ist es nicht weit und da in Coronazeiten die Menschen meist zu Hause sind, erwarte ich sie anzutreffen. Auf dem Nachhauseweg lächle ich bei dem Gedanken an das Ausweisfoto und die etwa 20 Jahre ältere Frau, die sich bei mir glücklich über die Rückgabe ihrer Börse bedankte.

6. März 2021

Nach und nach werden meine Freunde geimpft. Die Reaktionen sind sehr unterschiedlich. Von ein wenig Schmerzen im Arm bis Fieber, Schüttelfrost und Migräne.

6. April 2021

Der Schnitzer hat wieder zugestochen: aus einem weiteren Baumstamm wurden Schildkröten geschnitzt. Zauberhaft.

13. April 2021

Früh morgens folge ich in meinem Supermarkt meinen Einkäufen auf dem Band. Aus dem Mitarbeiter Walkie-Talkie der Kassiererin erklingt Männergesang: »Ohne dich schlaf ich heut Nacht nicht ein.« Die Frau kichert, drück die Taste an ihrem Gerät und singt: »Ohne dich fahr ich heut Nacht nicht heim.« Seine gesungene Antwort des alten Hits der Münchner Freiheit: »Ohne dich komm ich heut nicht zur Ruh.« Ich ergänze in Gedanken: »Das was ich will bist du.« und bezahle, hinter meiner Maske amüsiert grinsend, meine Einkäufe. Mindestens drei Leute haben gerade gute Laune.

Christine Sterly-Paulsen

Geordnete Entfremdung

Als wir acht oder neun Jahre alt waren, haben ein Freund und ich bei schlechtem Wetter Zeichnungen von unserem Gehirn gemacht. Das waren Systeme von bunten Schubladen, mit einer Aufschrift für das, was darin zu finden ist. Mich faszinierte die Vorstellung, alles Gedachte und Erlebte immer wieder finden und hervorholen, aber auch der Gedanke, es in seiner Schublade lassen zu können. Wegsortiert. Wenn ich jetzt eine Coronaschublade anlegen und sie verschließen könnte, um sie vielleicht nach Jahren einmal zu öffnen, vielleicht auch nicht – was würde sie enthalten?

Die Schublade ist grau wie der Himmel im November. Oder blau, wie die Einsamkeit? Rot wie der Zahlenalarm und das Virus auf den Bildern? Ich würde ein Virus eher grün einfärben, in der Farbe von unheimlichem Schleim aus dem Weltall. Nein, die Schublade bleibt grau, behördengrau, grau wie Matsch im Gehirn, wie Fotos aus der Zeit, als die Welt noch nicht bunt war.

Drinnen stehen folgerichtig schwarze Trenner und vergilbte Karteikarten.

1. Trenner: Fronten

Die einen feinden die anderen an, und die anderen die einen.
Die anderen sehen kein Problem darin, wenn Nazis auf ihrer Demo
mitlaufen.
Die einen glauben an eine rettende Impfung.
Die anderen an Verschwörungstheorien.

Die Religionen haben keine Antwort auf die Krise. Dafür die Wissenschaft, soll sie unsere neue Religion sein? Oder ihr Schatten, die Esoterik? Die Angehörigen der verschiedenen Coronalager hassen einander so inbrünstig, wie religiöse Fundamentalisten es tun.

23

Hier geht es um mehr als Vernunft, es geht um Moral. Ein neues Reinheitsgebot stößt in unser seelisches Vakuum vor. Wer frei von Keimen ist, werfe den ersten Stein.

Das Riesenbaby Fortschritt, das wir beschuht haben, scheint ins Trotzalter gekommen. Es kratzt, beißt, hat Allmachtsphantasien und wirft seine Spielsachen um.

2. Trenner: Abstand

Nicht mehr leben aus Angst vor dem Tod. Wo endet die Vernunft, wo beginnt die Zwangsneurose? Wenn hier alle mitmachen, wo machen sie noch mit? Wie manipulierbar sind wir, über unsere Smartphones, Alexa im Haus, die Kanäle, auf denen wir kommunizieren und konsumieren? Diese Geräte reißen uns die Haut von den Knochen, wir sind nackt wie die Exponate in der Körperwelten-Schau, die Menschenwürde sieht man nicht, so wenig wie den Sitz der Seele. Eine gefräßige Maschine, die es so lange wie möglich zu konservieren gilt, das ist alles. Eine Mechanik, die folgerichtig am besten von Experten bedient wird. Was unterscheidet unser Leben von dem der Hühner in den Massenställen? Vielleicht nur, dass uns keiner fressen will. Der Mensch, das lange Schwein. Das Herden-schwein, das instinktiv etwas sucht, dem es folgen kann.

Das Unberechenbare, das Nicht-Quantifizierbare, die Wildnis wird aus uns und der Welt getilgt, und das macht uns keine Angst, macht uns weniger Angst jedenfalls als ein medial zu kapitaler Größe aufbereitetes Virus. Vielleicht, weil wir in ihm die Rache des Unterdrückten fürchten.

Der verordnete körperliche Abstand zu anderen Menschen, der dazugehörige Überbau: der Abstand zum eigenen Leben, digital implementiert. Bildung ist nicht mehr sozialer Austausch, es ist Vermittlung von Inhalten auf elektronischem Weg. Empathie geht verloren, wenn das Gegenüber eine abstrakte Bildschirmexistenz ist, die man nicht fühlen und nicht riechen kann.

Wer die schöne neue Scheinwelt schon vorsorglich errichtet hat, profitiert. An Geld und an Macht. Wir sperren uns ein, national, regional und zuletzt im eigenen Haushalt, während das, was uns krank macht: die Ausbeutung von Mensch und Natur, ungehindert weitergeht, und zwar global. Das Wandeln im Virtuellen bringt ein falsches Gefühl von Nähe, von Freundschaft und hinterlässt dann, so wie der Konsum von Süßstoff zu Heißhunger führt, ein tieferes Gefühl von Vereinzelung. Das Leben in vorgespiegelten, nicht mehr unmittelbar erfahrbaren Realitäten macht Angst. Es macht uns manipulierbar. Wie soll ich erkennen, ob das, was man mir als Wahrheit zu verstehen gibt, tatsächlich wahr ist? Ich kann alles glauben oder das Gegenteil davon und werde mich in jedem Fall der Welt entfremdet fühlen. Was, wenn der jetzige Ausnahmezustand zum Dauerzustand wird? Wollen wir ein in dieser Form eingeschränktes und kontrolliertes Leben? Und wird diese Frage uns überhaupt gestellt werden?

3. Trenner: Mein innerer Anarchist

Lockdown – Einschluss – prison collective. Das Leben wird monothematisch. Alle starren auf die ewiggleiche Coronamauer. Gibt es dahinter eine Welt? Und was passiert dort, während alle einsitzen? Was sind das für Zeiten, wo ein Treffen mit Freunden ein Verbrechen ist? In meinem Bekanntenkreis häufen sich die Krankheitsgeschichten. Keiner von ihnen hat Corona. Alle haben Stress. Die uns verordnete unnatürliche und deprimierende Lebensweise macht anfällig gegen jede Art von Leiden, und müde macht sie auch.

Die herkömmliche Form des öffentlichen Protests funktioniert in dieser Krise nicht. Die Rechten und Ultrarechten haben ihn für sich vereinnahmt. Die Linke ist gelähmt, ausgeknockt mit dem Schlagwort Solidarität. Eine schöne Solidarität, weil sie die Besitzenden nichts kostet. Im Gegenteil, die Allerreichsten sind übers Jahr noch sehr viel reicher und die Ärmsten ebenso viel ärmer geworden.

Mein innerer Anarchist hat Krämpfe. Tobt seit den unseligen Weltkrieg-2-Vergleichen. Statt Völkermord und Verbrechen gegen die Menschheit ging es auf einmal um die Prüfung der Volksgemeinschaft in Entbehrung und Zusammenhalt. Nie wieder Volksgemeinschaft! Mein innerer Anarchist will außerdem keine Alternativlosigkeit und nicht über sich verfügen lassen. Die Farce, sagt er, gefalle ihm nicht. Er höre grundsätzlich nicht auf Befehle.

4. Trenner: Die Ökodiktatur

Ein Gespräch im Herbst 2019. Ein Bekannter (ein alter weißer Mann, natürlich) legt mir die Unmöglichkeit dar, etwas gegen die Klimakatastrophe zu unternehmen: »Demokratie ist nun mal langsam. Du kannst den Leuten nicht ihre persönlichen Freiheiten wegnehmen, um den Planeten zu retten.«

»Und wenn?«

Die Nachrichten beginnen wie immer mit der Zahl der Erkrankten und Toten.

Kinder mit Allergien, Asthma. COPD. Atemwegserkrankungen aller Art. Die Zahl der Krebsfälle hat einen neuen Höchststand erreicht. Skeptiker und Leugner des Klimawandels bestehen nach wie vor darauf, diese könnten durch andere Faktoren als die Vergiftung unserer Luft, Nahrung und Gewässer verursacht werden. Man wischt ihre Einwände beiseite, versäumt keine Gelegenheit, sie lächerlich zu machen und als die Mörder zu kennzeichnen, die sie sind. Überall hängen die Plakate, man kann sie nicht übersehen.

Wenn Sie Ihr Kind weiterhin im SUV zur Schule fahren, ist dies vielleicht das letzte Schuljahr Ihres Kindes. Das Bild des ausgemergelten kleinen Mädchens auf der Intensivstation trifft direkt ins Herz. Unser Verzicht von heute ist die saubere Luft von morgen.

»Auf Grund der exponentiell ansteigenden Zahl der Erkrankten und Todesopfer«, sagt die Sprecherin, »treffen sich am morgigen Sonntag die Ministerpräsidenten aller deutschen Bundesländer mit der Kanzlerin, um eine umgehende Verschärfung der Maßnahmen zu beschließen.« Die Sprecherin guckt traurig und streng zugleich. Hätten wir uns freiwillig eingeschränkt, sagt ihr Blick, wäre das nicht nötig.

Ansprache zum Volk: »Unser Land steht vor der größten Herausforderung seit dem zweiten Weltkrieg«, erklärt die Kanzlerin, »nein, seit der Verwüstung Europas im Dreißigjährigen Krieg.« Sie scheint kurz den Faden zu verlieren, findet dann die angemessene Wendung: »Wir alle müssen jetzt als Solidargemeinschaft zusammenstehen.« Solidarisch – ein schönes Wort, es erinnert mich an meine Kindheit in den siebziger Jahren, wie grüne Posttelefone, Tri Top und Leckmuscheln. In den letzten Jahrzehnten war es zu Unrecht aus der Mode gekommen – dass nun ausgerechnet die CDU es wiederbelebt, ist nicht ohne Ironie. Aber jetzt regiert die Vernunft und nicht das kleinliche Hickhack zwischen Links und Rechts. Es geht ums Überleben; wir hören auf die Wissenschaft. Ein Großteil der Bevölkerung verfolgt die wöchentlich bis täglich auf allen Sendern ausgestrahlten Expertenrunden zur ökologischen Lage weltweit. Risiken und Katastrophenszenarien werden ungeschönt vorgetragen.

Wer wird da nicht einsichtig? Für die Rechtsradikalen, Egoisten und Nihilisten, die auf ihr Auto, den Junkfood, die billige Kleidung und die Erzeugnisse der Pharmaindustrie nicht verzichten wollen, gibt es Verordnungen, Geldstrafen, Freiheitsstrafen. Urlaubsflüge und Kreuzfahrten werden ohnehin nicht mehr angeboten. Die systemrelevanten Bevölkerungskreise, denen man sie zu Erholungszwecken noch genehmigte, waren so klein, dass sich das Geschäft nicht mehr lohnte.

I want you to panic. Wie im Märchen gehen Wünsche auch in Wirklichkeit oft anders in Erfüllung als sie gemeint waren.

5. Trenner: (ohne Titel, mit rosa Rand)

Es gibt solche, die wollen die Welt erobern und aus ihr machen, was sie sich vorstellen. Ich sehe, dass es ihnen nicht gelingen wird. Die Welt ist Gottes eigenes Gefäß, es kann nicht gemacht werden. Wer es macht, verdirbt es. Wer es festhält, verliert es.

Lao-Tse, Tao-Te-King, Vers 29: Warnung vor dem Eingreifen (nach der Ausgabe von Lin-Yu-Tang)

Der Mensch tötet. Je mehr er tötet, desto größer die Angst vor der eigenen Sterblichkeit. Wir haben die schönen großen Tiere ausgerottet. Die weniger schönen auch schon fast. Vielleicht sollten wir langsam Frieden schließen, mit dem Kleinzeug, dem Mikrobiom, das noch übrig ist. Auf eine friedliche Koexistenz hinarbeiten, statt in den Krieg zu ziehen. Die perfekte Hygiene ist so tödlich wie eine Diät aus destilliertem Wasser. In einer isländischen Saga verflucht ein Zauberer den König:»Du sollst nie wieder einen Schnupfen bekommen.« Der lacht. Wenige Jahre später stirbt er.

Der Wahnsinn geht um, und man gewöhnt sich daran, über die Monate. Schon träume ich von Zügen und Bussen, in denen Menschen ohne Maske sitzen, und es hinterlässt den gleichen Eindruck wie diese Träume, in denen man versehentlich nackt auf die Straße geht. Schon bekomme ich bei Dokumentarfilmen und Konzertaufnahmen eine Art innerlichen Schreck: Wie dicht sind die denn alle beieinander! Man wird mit dem Thema gefüttert bis zum Erbrechen, zumindest bleibt kein Platz, um irgendeine andere Nachricht aufzunehmen oder gar zu verdauen.

Welche Firmen haben am meisten profitiert im Jahr 2020? Pharmaunternehmen, Überwachungstechnikhersteller und Versandhändler.

Ich will eine neue Schublade aufmachen, eine rosafarbene, die ich mit guten Aussichten vollstopfen und öffnen kann, wenn ich mich fühle wie heute. Der Umbruch ist da, wo führt er hin? Statt Autoritäten zu suchen, die in der Krise für mich entscheiden – habe ich die Freiheit, meine eigenen Entscheidungen zu treffen?

6. Trenner: Schwarze Pädagogik

»Wir sind hier, wir sind laut, weil ihr uns die Zukunft klaut!« – »Wenn ihr uns so kommt, klauen wir euch die Gegenwart gleich mit.«

Die Polizei, nachts, vor der Wohnungstür, leise sprechend, ohne zu klingeln, ein Mann und eine Frau. Ihre professionell gedämpften Stimmen, tief und rau dagegen die meines Sohnes, jagen mir einen eisigen Schrecken ein. Was hat er getan?

Mit Freunden an der Bushaltestelle gestanden, zu fünft waren sie, und er konnte sich nicht ausweisen. Ein Glück, er ist ruhig und nüchtern, bringt seinen Ausweis, fragt höflich, ob er zum Fotovergleich die Maske abnehmen soll. Was, wenn er nicht so ruhig geblieben wäre?

Ihnen wird vorgeworfen, am (…) um (…) in Hamburg (…) als Fußgänger folgende Ordnungswidrigkeit begangen zu haben: Sie nahmen an einer Zusammenkunft im Familien-, Freundes- oder Bekanntenkreis an öffentlichen Orten, in Fahrzeugen zum Zwecke der Freizeitgestaltung oder im privaten Wohnraum und dem dazugehörigen befriedeten Besitztum entgegen der Vorgaben gemäß § 4a Absatz 2 Satz 1 Hmb SARS-Cov-2-Eindämmungs-VO etc. etc.

Eine Generation lernt, vor der Polizei wegzulaufen, weil Freunde zu treffen und dabei erwischt zu werden ein Bußgeld von 180 Euro bedeutet. Was für eine Summe für einen Teenager mit vierzig Euro Taschengeld. Einer, der wegläuft, aber macht sich vielleicht einer echten Straftat verdächtig. Wie lange wird es dauern, bis der erste Jugendliche auf der Flucht zu Schaden kommt?

Warum? Weil sie ihrem natürlichen Bedürfnis nach menschlicher Nähe und der Gesellschaft Gleichaltriger nachkommen. Seit Monaten fällt für sie alles aus oder findet nur in entfremdeter Form statt, Schule, Sport, Feiern. Wie viel länger dauert ein Jahr, wenn man unter zwanzig ist. Wir erwarten von den Jungen, dass sie die Gesundheit der Älteren vor ihre eigenen Bedürfnisse stellen, und machen ihnen, von den Strafen abgesehen, ein schlechtes Gewissen, wenn sie sich nicht konform verhalten. Aber was ist mit der Gesundheit dieser jungen Generation? Zu Hause sitzen, sich nicht bewegen, auf den Bildschirm starren, keine Freunde treffen. Schul- und Studienabbrüche, Depressionen, Übergewicht.

Eltern bekommen Quarantäneverordnungen zugestellt, die exakt zu befolgen unmöglich sind – etwa, wenn sie ein Kind im Alter von drei oder vier Jahren, das Kontakt zu einer infizierten Person hatte, vom Rest der Familie absondern sollen –, in denen aber für den Fall der Nichteinhaltung mit Zwangsunterbringung, Geld- und Gefängnisstrafen gedroht wird.

Die Rückkehr zum Autoritären, in diversen Erziehungsratgebern schon lange eingefordert. Freiheit schaffe Verunsicherung, Orientierungs- und Haltlosigkeit. Regeln zu diskutieren sei Unfug. Jetzt wird eine ganze Gesellschaft diszipliniert, und als Begründung genügt das Wort mit C. Wenn du feiern gehst, liebes Kind, stirbt deine Oma. Wenn die Zahlen, auf die wir täglich zu starren haben, steigen, dann deshalb, weil wir ungehorsam waren. Weil wir uns die Hände nicht gewaschen haben oder gar am Daumen genuckelt. Nachdem unsere Gesellschaft über Jahre offener und toleranter geworden ist, zumindest offiziell, zumindest im öffentlichen Raum, schlägt nun die geballte Intoleranz zurück, wie das unterdrückte Ich in einer japanischen Comicversion von Freuds Lehre bedrohlich aus seinem Urschlamm kriecht.

7. Trenner: Ich

Ein düsterer Fasching alle Tage. Das Leben bekommt etwas Unwirkliches, immer mehr, je länger das dauert. Die vertraute Umgebung wird zur Kulisse einer absurden Inszenierung, in der jeder seine Rolle ständig neu ausloten und anpassen muss, eine Improvisation ohne Lockerheit. Mitspielen ist Pflicht.

Ich habe das Gefühl, dass die Welt umgebaut wird, und zu nichts Gutem. Fühle mich gelähmt und möchte gleichzeitig weglaufen. Aber wohin? Es gibt kein Außen mehr.

Es geht mir nicht um die Komfortzone. Ich habe keinen materiellen Wohlstand zu verlieren. Es geht mir um einen anderen Reichtum, den nämlich, mich frei zu bewegen, frei zu sprechen, nicht bei jedem meiner Schritte, jeder meiner Äußerungen kontrolliert zu werden, zu reisen (auch ohne Geld), anderen Menschen zu begegnen. Ich habe den größten Teil meines Lebens das Glück gehabt, das für selbstverständlich halten zu können und nicht für überflüssigen Luxus.

Übrigens war ich in meiner Kindheit nicht nur mit dem Zeichnen von Gehirnen beschäftigt. Es gab auch den »Wildnisclub Überleben«. Das Überleben bestand vor allem darin, Obst in Schrebergärten zu klauen, doch schlafe ich bis heute gern unter freiem Himmel und erinnere mich an alles, was die Survival-Ratgeber mitzunehmen empfahlen. Klopapier, liebe Mitprepper, würde die Überlebensbox definitiv sprengen. Ich schlage vor, im nächsten Lockdown Kaliumpermanganat, wasserfest gemachte Streichhölzer und Angelhaken zu horten. Unsere unausgefüllte Freizeit könnten wir mit dem Herstellen von Pemmikan verbringen. Meine Eltern haben mir den Versuch seinerzeit untersagt; es gibt etwas nachzuholen.

Viola Kühn

Nimm dich zurück und lebe

»Mit sechsundsechzig Jahren da fängt das Leben an«, sang Lore, während sie den Frühstückstisch im Wohnzimmer deckte. Sie hatte bis vor acht Monaten noch gearbeitet und fühlte sich jetzt zum ersten Mal seit Jahren richtig ausgeschlafen.

»Das Leben fängt jetzt erst an?« Der Spott in Werners Stimme war unüberhörbar. Er saß am Fenster. Hier war es schon fast taghell, und der beginnende graue Star trübte seine Zeitungsschau nicht.

Seit Wochen hatten sie sich, wie alle im Land, an Abstands- und Ausgangsbeschränkungen zu halten. Der Alltag wurde lahmgelegt, weltweit. COVID-19 ging um. Und Krankheitsfälle wuchsen sich zu einer Pandemie aus.

»Du musst dich wohl eher zurücknehmen«, meinte ihr siebzigjähriger Ehemann.

Sie ärgerte sich: »Nun lass man gut sein und mir meine Liebe am Leben!«

»Die Infektionszahlen gehen schon in die Tausende, auch die Toten.«

Der emotionale Druck in Lore rief nach einem Ausweg. Nun hatte sie eine Idee.

»Ich werde meinen Glückspegel selbst erhöhen. Das geht. Das habe ich bei Gretchen Rubin gelesen. Sie hat dafür zwölf Gebote gefunden. Unser Denken und Handeln ist entscheidend für unser Glücksgefühl. Die Lebensumstände sind zweitrangig, sagt sie.«

Werner reagierte darauf mit Benjamin Franklin und dessen Tugenden wie Zurückhaltung, Schweigen, Reinlichkeit, Ordnung, Genügsamkeit, Gerechtigkeit und Demut. »Franklin unterwarf sich dreizehn eigenen guten Vorsätzen, auf die er sich jeden Tag prüfte.«

Lore lachte: »Das könnten wir ja auch versuchen. Das wird auf jeden Fall ein unterhaltsamer Zeitvertreib.«

33

»Und hilft vielleicht, zufriedener zu sein mit dieser Situation«, meinte Werner.

»Spielverderber! Tragen wir doch mal unsere eigenen Grundsätze zusammen, bevor wir uns an denen von Franklin messen. Wieso eigentlich Franklin?«

Werner faltete die Zeitung zusammen und setzte sich an den Tisch, auf dem schon Kaffee, Vollkorntoast, Butter, Honig, Käse und Tomaten standen. Seine Stimme klang jetzt munterer: »Früher habe ich Lenin gelesen. Und 89, nach dem Umschwung, eben Franklin. Über einen Satz jedoch habe ich mich immer wieder gewundert. Franklin meint: ›Wer die Freiheit aufgibt, um Sicherheit zu gewinnen, wird am Ende beides verlieren.‹ Warum eigentlich glaubten wir damals: ›Freiheit ist die Einsicht in die Notwendigkeit‹?«

Lore sah ihn verblüfft an: »Ja, ja, ich merke schon: Du meinst, wir haben keine Wahl. Wir müssen uns entsprechend einrichten. Ich möchte aber, dass wir uns jetzt auf unsere eigenen Anschauungen verlassen.« Lore stellte noch eine kleine Platte mit Salami auf den Tisch, goss den Kaffee in die Tassen und setzte sich. Sie hatte schon immer alles so gemacht, wie sie es selber dachte. Und war damit glücklich gewesen. »Verbote für unsere Gesundheit achte ich natürlich«, schob sie nach.

Er strich sich ein Honigbrot. Sie seufzte: »Ich mache alles so, wie es soll, backe jetzt sogar unser Brot selbst, und auch Fertiggerichte kommen nicht mehr auf den Tisch. Zu Franklin kann ich nur sagen: Zurückhaltung und Schweigen haben wir geübt, auch essen wir nicht übermäßig. Ordnung halten wir und Putzen kommt ebenfalls nicht zu kurz, denke ich. Bleiben Gerechtigkeit und Demut. Der normale Alltag, das öffentliche Leben und die Wirtschaft sind weitgehend lahmgelegt. Die Politik wird's schon richten. Oder was meinst du?« Lore kaute auf ihrer Käsetoastscheibe.

Werner zuckte die Schultern: »Keine Ahnung! Wie soll das einer wissen in dieser Situation?« Er hatte sich das politische Denken schon vor Jahren abgewöhnt, schien ihm nach dem Desaster der Staatspartei eher unschicklich. Er arbeitete dann bis zur Rente als Ingenieur im Straßenbau. Achtsamkeit im Umgang mit Menschen war nie sein Ding gewesen. Er hatte sich deshalb jede Menge Zurückhaltung, eigentlich über das Maß hinaus, auferlegt und dachte viel über Gerechtigkeit nach.

»Ja. Wir sollten zufrieden sein. Die Rente kommt pünktlich!«, meinte Lore dann, räumte nach dem ausgiebigen Frühstück den Geschirrspüler ein, die Küche auf und sagte: »Wenn du Lust hast, kannst du schon mal deine Gebote aufschreiben und diese auf ihren Effekt für seelische Zufriedenheit prüfen. Muße dafür haben wir jetzt.«

Werner sah seine Frau ungläubig an. Da sie nicht reagierte, erhob er sich und goss erst einmal die Zimmerpflanzen. Er freute sich, dass sein großer Feigenkaktus zur Blüte gekommen war. Die Früchte gegessen, hatte er jedoch nie. Die Kaktusmarmelade, die der Sohn vor Jahren einmal von einer Reise aus Amerika mitgebracht hatte, schmeckte bittersüß. Werner dachte an die alten Philosophen: Für sie war Glück der Sinn und der Zweck des Lebens. Das Streben danach, meinten sie, sei das Ziel des menschlichen Seins. Der Mensch müsse sich in Dingen üben, die Glück bringen. Lore, ja, sie wusste, wie sie zu ihrem alltäglichen Glücksgefühl kam. Sie tat immer, was getan werden musste, und sorgte mit Dingen, die noch zu betrachten waren, für eine Gute-Absicht-Unordnung. So konnte sie zudem ein bisschen für die Zukunft leben. Werner schaute sich die gelbe Kaktusblüte genauer an: Indem wir die kleinen Dinge studieren, erlernen wir die große Kunst, so wenig Elend wie möglich erleben zu müssen und so viel Glück wie erdenklich zu empfinden. Das hatte er so oder so ähnlich mal gelesen. Und auch, dass moderne Forscher proklamieren, dass glückliche Menschen hilfsbereiter, kreativer, belastbarer, freundlicher, gesünder und produktiver sind. Aber was lohnte das jetzt in der Corona-Krise? Für Werner war es Glück gewesen, sein Leben lang Arbeit zu haben. Er hielt eine Menge von Pflichterfüllung und Pünktlichkeit, von Termintreue, war glücklich, wenn alles lief, wie es sollte. Seine Vorstellungen von Glück für sich und andere griffen jedoch jetzt zu kurz. Täglich wurde über Corona-Infizierte und Tote informiert. Ärzte kannten bald die Symptome und die Auswirkungen dieser Krankheit, aber spezielle

Medikamente hatten sie nicht. Infizierte wurden in Quarantäne geschickt. Man konnte zwar schwer Erkrankte an Beatmungsgeräte anschließen, aber nicht jeden Patienten damit vor dem Tod bewahren. Die Regierung von Meck-Pomm hatte restriktive Maßnahmen erlassen. Werner wohnte mit Lore in einer Doppelhaushälfte in der Nähe von Greifswald, also abseits von Menschenmengen. Dennoch krochen ihm Ängste unter die Haut. Lore fuhr einmal in der Woche einkaufen. Ja. Sie tat, was getan werden musste. Werner wollte sich ablenken und rief Asja, die cremefarbene Spitzhündin, zum Gassi gehen. Bellfreudig lief sie ihm entgegen. »Na komm, altes Mädchen«, sagte er, »wir gehen unsere Runde.« Er schlurfte durch den schmalen Flur und nahm die Leine vom Haken. Die Vormittage verliefen jetzt eintönig, waren auf den Haushalt, die wenige Gartenarbeit, das Spiel mit dem Hund, das Fernsehen und das Bücherlesen beschränkt. Als Werner mit Asja zurückkehrte, sie von der Leine gelassen hatte und ins Wohnzimmer trat, lagen auf dem Tisch neben dem Osterstrauß alte Strohhüte und jede Menge Fotos, die sie während ihrer erste Reise nach der Grenzöffnung aus dem Flugzeug heraus aufgenommen hatten.

»Erinnerst du dich an Frankreich? Wir flogen über die blühenden Lavendelfelder, und ich wünschte mir«, sagte Lore, »bei der Ernte dabei sein zu können. Lass uns diese Reise noch einmal genießen. Es existiert nur die Liebe! Das ist das zwölfte Gebot von Gretchen Rubin. Und – es gibt sie nicht. Nur Beweise der Liebe.«

Was sollte Werner nun sagen? Er tat ihr den Gefallen. Lore setzte ihm und sich selbst einen der alten Sonnenhüte auf. Nun flogen sie gedanklich hinan. Wie damals vor dreißig Jahren. Er aber bemerkte: »Fotos anschauen ist gelebtes Leben und rückwärtsgewandt.«

Zu anderen Zeiten wären sie jetzt in die Stadt gefahren oder nach Wieck oder durch den Botanischen Garten spaziert. Oder Lore hätte für ein paar Stunden in der Schule ausgeholfen. Und er wäre derweil mit Asja im Museumshafen herum geschlendert. Gegessen hätten sie in einem Restaurant. Heute würde Lore Kräuterkartoffeln kochen. Er fragte sie nun, die sich so gern mit allerlei geistigem Zeug beschäftigt: »Du kennst die zwölf Alltagsgebote von dieser

Schriftstellerin, aber was denkst du zu den zehn christlichen? Wie steht es zu Ostern um Jesus?« Werner schaute sie spitzbübisch an.

»Der Beweis der Liebe fehlt noch immer«, meinte sie.

Am späten Nachmittag wurde für die Meck-Pommern die Sperre für Inselfahrten aufgehoben. Lore drängte Werner, mit dem Auto zum Kap Arkona zu fahren, um die Gräber ihrer Familie frühlingsfein zu machen. Sie hatte es satt, sich einigeln zu müssen. Sie wollte den Damm durchbrechen, der sich in ihr bereits aufbaute.

So wurde Karfreitag dann doch der Tag der Gräber und der Blumen, auch des Spaziergangs am Wasser. Der Strand war fast menschenleer und das Meer, noch unbewegt von Badenden, plätscherte leise vor sich hin. Asja sprang immer wieder auf weiche Wellenränder im Sand. Statt eines Restaurants suchte sich das alte Paar eine Bank und verzehrte belegte Brote und trank Kaffee aus der Thermoskanne, meinte, es fühle sich an wie zeitversetzt in längst vergangene Jahre.

Zurück wollte Lore über das kleine Dorf fahren, in dem sie manchmal bei ihrer Tante die Ferien verbracht hatte, und in dem sie seit fast fünfzig Jahren nicht mehr gewesen war. Aber sie konnte das Haus nicht finden. Die Tante und auch deren Mann waren vor langer Zeit schon gestorben. Dreiundneunzig Jahre alt war sie geworden, ihr Mann nur knapp sechzig.

Als Lore vor den Gräbern stand, zeigten diese sich frisch bepflanzt. Zwischenzeitlich waren dort auch deren Tochter, also ihre Cousine, deren Mann und sogar beider Sohn begraben worden. Es gibt sie nicht mehr. Aber jemand pflegt die Gräber. Liebe existiert noch, das war der Beweis. Auf der Heimfahrt fühlte sich Lore aus dem Gleichgewicht gebracht, denn das Gefühl aus ihrer Kindheit an diese für ewig andauernde Geborgenheit dort war zerstört.

Wieder zuhause, erfuhren Lore und Werner über die Nachrichten Horrorszenarien aus aller Welt. Sie hatten mit dem heutigen Tag aber Abstand für sich geschaffen. Morgen, am Karsamstag, würden sie den Garten frühlingsfrisch machen. Ostersonntag, am Auferstehungstag, wie man sagt, mit den Kindern skypen.

Lore dachte wieder: »Mit sechsundsechzig Jahren, da fängt das Leben an« und wusste noch immer nicht, was sie dafür anstellen müsste. In der Nacht zum Ostersonntag träumte sie vom Klassentreffen und alle erzählten vom Abitur und dem Studium. Auch Lore. Etwas Zeitgemäßes. Die Klassenbeste staunte sie an, denn Lore war die einzige, die danach einen Arbeitsvertrag bekommen hatte, würde Umwelttechnologin sein. Die anderen schauten verwundert, aber niemand sagte etwas. Als Lore erwachte, begriff sie warum. Heute war ihr 66. Geburtstag. Sie freute sich über Anrufe, WhatsApps, E-Mails und die Skypezeit mit den Kindern. Der Tag verlief unspektakulär. Ohne Geburtstagsgäste. Zum Frühstück aber hatte Lore mit Werner ein Glas Sekt getrunken, und er hatte ihr Rosen geschenkt. Zum Mittagessen kochte sie Lammbraten. Zum Kaffee hatte sie ein Osterbrot gebacken, das beide mit Aprikosenmarmelade verspeisten. Abends gab es Salat, Baguette und Weißwein. Musik kam aus dem Radio, das Lied von Freddie Mercury »The show must go on…«. Lore summte mit und sagte mehr zu sich als zu ihrem Mann:

»Genau – wofür leben wir, für leere, verlassene Plätze? Kennen wir die Rechnung? Gibt es jemanden, der weiß, wofür wir leben? Was sollten wir hinzulernen?«

»Wie bitte? Was meinst du?«, fragte er.

»Ach, eigentlich bin ich zufrieden«, sagte Lore jetzt heiter.

Werner zündete eine Kerze an: » … Und uneigentlich?«

Jetzt erzählte Lore ihren Traum. »Nochmal was Neues«, sagte sie hoffnungsvoll.

»Wenn du Freude daran hast, warum nicht«, bestärkte er sie.

Am 20. April wurden von der Regierung Lockerungen verkündet. Wie zu erwarten war, fielen diese spärlich aus. Heute aber hatte ein Brief von der Studiengemeinschaft Darmstadt im Postkasten gelegen. Werbung, was sonst?

Lore setzte sich in den Sessel am Fenster und sah sich das Kursangebot durch. Sie spielte tatsächlich mit dem Gedanken, sich einen Studiengang zu leisten. Aber mit sechsundsechzig Jahren kann auch das ureigene freie Leben beginnen, sinnierte sie und sagte schlussendlich: »Ach, was! Lass uns einen Ausflug machen!«

Obwohl sie wegen ihres Alters zur Risikogruppe gehören, fuhr das Paar nun nach Waren. Es leistete sich einen Stadtspaziergang, aß Backfischbrötchen, trank Bier und gönnte sich ein Eis. Noch sah Lore keine Möglichkeit, illusionslos, innerlich am Leben zu bleiben. Ohne Stimmungsgewinn schien ihr das Leben nicht glückhaft gelingen zu wollen. Nun aber sah sie das Glitzerspiel der Sonne auf der Müritz, deren Funkeln auf den klitzekleinen Wellenkämmen und dachte: ›Mit sechsundsechzig Jahren, da fängt das Leben an.‹ Vielleicht doch. Wenn ich mir mein Lächeln erhalte...

Birgit Rabisch

Wellen

Frühling
Die Welle kommt

Drosten warnt
Merkel mahnt
Lauterbach alarmiert

#flattenthecurve

Aber die Küchenstudios müssen öffnen
in NRW
Aber Gott muss gepriesen werden
lauthals
Aber die Haare wachsen
unschön

5000 Tote

Sommer
Die Welle geht
summertime
and the living is easy

Herbst
Die zweite Welle kommt
the falling leaves
drift by the window

Drosten warnt
Merkel mahnt
Lauterbach alarmiert

#stayathome

Aber die Schulen
sind keine Treiber
Aber die Restaurants
haben ein Hygienekonzept
Aber die Bundesliga
quasi Menschenrecht

10 000 Tote

20 000 Tote

30 000 Tote

40 000 Tote

50 000 Tote

Winter
Die dritte Welle kommt
B.1.1.7 aus Groß-Britannien
B1.351 aus Südafrika
P.1 aus Brasilien

Drosten warnt
Merkel mahnt
Lauterbach rechnet vor

#zerocovid

Die Mutanten hüpfen fröhlich
um die alte Ballerina
springen von der Bühne
ins Publikum
Danse macabre
in the winter wonderland

Für 54 693 Tote
zünde ich eine Kerze an
die erlischt
im Sturm
der vom Paradiese weht

geschrieben im Januar 2021

Birgit Rabisch

überlebt

mit Maske
selbstgenäht
verkleidet als Chirurgin
zuletzt hochgerüstet auf FFP2

überlebt
mit Abstand
mit Anstand
mit Verstand und Verzweiflung

überlebt
mit Zoom
sorry, mein WLAN wackelt
dank Drosten-Podcast und Fakten-Check
trotz Quarkdenk und Hetze

überlebt
mit Büchern
auf großer Fahrt
auf Denkinseln verweilt
das lyrische Ich umgarnt
eingesponnen in Anderswelten

überlebt
nicht infiziert
nicht atemlos
nicht intubiert

Drei Grazien reichen hold die Hand mir
mit der Spritze
Astra, die Frohsinnige
Moderna, die Blühende
BionTech, die Strahlende

Überlebt
weiterleben
weiter
leben

geschrieben im Mai 2021

Vera Rosenbusch

Den Fischen ist das egal

28. September 2020

Nun ist es vorbei.

– Dies war ein katastrophales Jahr, sagt Effie, unsere Zimmervermieterin, als sie uns zum Flughafen zurückfährt, und ich fürchte, das nächste wird genauso. Trotzdem … Ich bin stark … Ich gebe niemals auf …

Sie ballt die Fäuste, doch ihr Lächeln hat sie verloren.

– *Hope, we see us next year.*

Sie breitet die Arme aus, sieht mich zögern, zuckt zurück. Ja, besser nicht umarmen.

Als sie uns vor vier Wochen abholte, sagte sie,

– Es ist sehr ruhig.

Da waren ihre 17 Zimmer noch zur Hälfte vermietet.

1. September 2020

In Havanna hat ein 15-tägiger Lockdown begonnen, in den USA sind mehr als 6 Millionen Menschen infiziert, die griechische Regierung verschiebt den Schulbeginn nach den Sommerferien um eine Woche.

– Trotzdem schön, sagt Lutz.

Das Meer, die Berge, die Zypressen und Olivenhaine, die windzerzausten Pinien am Straßenrand sehen aus wie jedes Jahr. Und in der Nacht duftet der Jasmin, als wäre nichts.

Ich wollte nicht nach Samos in diesem Corona-Sommer. Lange habe ich mich gesträubt, doch mein Liebster blieb hartnäckig. Nun bin ich froh, dass wir hier sind.

Wir treten auf den Balkon und lassen die Blicke schweifen. Über die Dächer, den Hafen, das Meer, die türkischen Berge gegenüber, hinter denen morgens die Sonne aufgeht. Keine griechische Insel liegt der Türkei so nah, an der schmalsten Stelle sind es nur 1,7 km.

Wir mieten ein Auto. Auf schwindelerregend steilen Straßen besuchen wir unsere Lieblingsorte. Auf dem Vorplatz des Klosters Zoodochos Pigi lese ich im *Tod in Venedig*. Am anderen Ende der Halbinsel, in der einsamen Taverne von Agia Paraskevi genießen wir den wundervollen Salat mit Kapern. Wir bleiben die einzigen Gäste.

Hinter dem Bergrücken öffnet sich die Bucht der Inselhauptstadt Vathy, ein atemberaubendes Panorama. Man fühlt sich klein und groß zugleich. Doch seit fünf Jahren ziehen sich Reihen von weißen Containern den Hang hinauf. Unübersehbar mitten im Bild: das Flüchtlingslager.

Für 648 Migranten wurde es gebaut, inzwischen leben hier zehnmal so viele. Wie es drinnen aussieht, weiß ich aus dem Fernsehen:

– Nachts ist es sehr kalt, sagt ein junger Afghane in der Sendung *Report*, die Ratten fressen unsere Decken und unser Essen auf.

Weil die Container hoffnungslos überfüllt sind, werden Neuankömmlinge rechts und links in die Wälder geschickt, wo sie sich aus Holzpaletten und Planen Hütten bauen. Ein Wunder, dass Corona dort noch nicht ausgebrochen ist. So viele Menschen auf engstem Raum wären ein perfekter Nährboden für das Virus.

2. September 2020

Das Auswärtige Amt hat ganz Spanien zum Risikogebiet erklärt, wer dorthin reist, muss in Quarantäne.

Angst vor Ansteckung hatte ich vor allem auf dem Flug. Hier auf der Insel scheint mir die Gefahr gering, denn das Leben spielt sich im Freien ab, und es ist sehr leer.

– Im Juli und August waren immer nur ein oder zwei Zimmer belegt, erzählt Effie. Dabei gab es auf Samos nur einen einzigen Coronafall, und der liegt zwei Monate zurück. Auch Manuela und Vivi erzählen uns zur Begrüßung von dieser einen Infizierten.

– *We live in a bubble*, sagt Sandy von der Bar *Iliade* an der Hafenpromenade. Die Türkei, Spanien, Italien, die meisten Länder rund ums Mittelmeer sind Risikogebiete, doch in Griechenland gibt es nur wenige Fälle, sogar weniger als in Deutschland. Das liegt an dem rigiden Lockdown im Frühjahr, glaubt sie: Gleich nach der ersten Erkrankung wurde das öffentliche Leben stillgelegt.

Auf Samos existieren drei Welten nebeneinander, die unterschiedlicher kaum sein könnten: Urlauber, die ihre alltäglichen Sorgen vergessen wollen, Einheimische, die um ihre ökonomische Existenz bangen, und Flüchtlinge im Elend. So ist die Welt, in der wir leben. Ich kann mich nicht entspannen. Darf ich das überhaupt?

Gustav Aschenbach flieht ans Mittelmeer: *Überreizt von der schwierigen und gefährlichen, eben jetzt eine höchste Behutsamkeit, Umsicht, Eindringlichkeit und Genauigkeit des Willens erfordernden Arbeit der Vormittagsstunden, hatte der Schriftsteller dem Fortschwingen des produzierenden Triebwerks in seinem Inneren nicht Einhalt zu tun vermocht und den entlastenden Schlummer nicht gefunden, der ihm, bei zunehmender Abnutzbarkeit seiner Kräfte, einmal untertags so nötig war.*

Für uns bedeutet Mittelmeer vier Wochen lang nichts als schreiben, lesen, schwimmen – herrlich. Unbeschwert vom Alltag konzentrieren wir uns auf unsere Texte. Ruhe + Muße + Einfachheit = mein Griechenlandgefühl. Normalerweise stellt es sich ein, sobald ich aus dem Flugzeug steige. Diesmal nicht.

Herrlich, jeden Tag im badewannenwarmen Meer zu schnorcheln! Ich lasse mich auf dem Wasser treiben und schaue den durchsichtigen Fischen zu, die in den Seegraswiesen weiden. Den graubraun Gefleckten hängen weiße Lefzen aus dem Maul wie Drakulazähne. Heute bin ich einem Seestern begegnet, der sich fast hüpfend fortbewegte. Der hat's gut, er spürt keine Corona-Unruhe.

3. September 2020

Das Auswärtige Amt warnt nun auch vor Reisen auf die Kanarischen Inseln. Für den Tourismus ist das eine Katastrophe, denn jeder zweite Arbeitsplatz hängt davon ab. Viele stehen vor dem Aus. Jeden Tag schleppen wir Notebooks und Manuskripte den Hang hinauf zu unserem Lieblingsschreibort, dem antiken Theater. Urlauber verirren sich nur selten hierher, und wenn, bleiben sie nicht lange. Sie reißen ein paar Faxen auf der Bühne, knipsen ein paar Fotos und lassen uns allein mit den eigentlichen Bewohnern dieses Theaters, den Ameisen, Echsen und Eichelhähern.

Ich sitze unter den weitausladenden Pinien auf der obersten Zuschauerbank, schaue übers Meer und mache mich an meinen Roman, der endlich fertig werden soll. Eine Szene pro Tag will ich überarbeiten, manchmal vielleicht zwei.

Ich hasse Überarbeiten.

Viele Hotels und Restaurants haben dieses Jahr gar nicht erst aufgemacht. Im Aphrodite rennt ein einziger Kellner hin und her, wo sonst vier zu tun haben. Im Innenhof des *Symposion* sind die Tische zu bizarren Türmen gestapelt.

Die Einheimischen bemühen sich um Zuversicht, doch die Stimmung ist gedrückt. Wie sollen sie über den Winter kommen? Staatshilfen gibt es in Griechenland, das beinahe pleite war, nur in sehr bescheidenem Maße.

– Wir hoffen auf das nächste Jahr, aber keiner weiß, was dann sein wird, sagt Effie.

Zu allem Überfluss bohrt ein türkisches Schiff in der Ägäis nach Erdgas, begleitet von Kampfflugzeugen und Kriegsrhetorik, denn Griechenland und die Türkei streiten um die Besitzrechte am Meeresboden rund um die Inseln.

4. September 2020

Frankreich meldet einen Höchststand an Neuinfektionen.

Abends im *Esperides* setzt sich der Koch zu einem Ehepaar an den Nebentisch und fragt:

– Was ist die beste Medizin gegen Corona?

– Bitte?

– Griechische Schluckimpfung! Ouzo. Jamas, wohl bekomm's!

Ein schlapper Witz, aber besser schlecht gelacht als gar nicht gelacht.

Vielen ist das Lachen vergangen, als uns Frühjahr Corona überraschte. Erst langsam wurde mir klar, wie sehr sich mein Leben veränderte. Damals produzierten wir ein Poesieradio zum Thema Humor. Humor ist, wenn man trotzdem lacht = Obwohl es eigentlich nichts zu lachen gibt. Eine humorvolle Haltung macht Ohnmacht erträglicher, erklärten wir. Sie hilft, die Widersprüche des Lebens auszuhalten, sogar Todesgefahr. Denn im Humor finden wir Distanz, die Angst verliert die Macht über uns. So weit die Theorie.

5. September 2020

Angesichts der Pandemie ruft Gesundheitsminister Spahn dazu auf, im Urlaub die *Schönheit Deutschlands* zu genießen. Klingt wie der Spruch meiner Mutter: Wir wollen unser schönes Geld nicht ins Ausland tragen.

Gestern hat Lutz mein Kapitel *Karpfen-Challenge* gelesen, sein Urteil war vernichtend. Die folgende Szene *Frisiersalon* fand ich schon ganz gelungen. Er hat nichts Gutes daran gelassen.

Vieles, was er kritisiert, leuchtet mir ja ein, trotzdem lähmt es mich. Immer dieser Fehlersucher-Geierblick! In der Schule haben wir ihn viele Jahre eingeübt. Ich auch.

Stimme meiner Mutter: Schäm dich!

Das muss anders werden!, beschließe ich. Hass ist falsch. Ich muss meine Einstellung zum Überarbeiten ändern. Nicht nur Unzulänglichkeiten suchen, sondern auch Gelungenes markieren. Von heute an kennzeichne ich meine schönsten Stellen mit einem grünen X, nehme ich mir vor. Es kommt mir vor wie ein Psychotrick.

Jedenfalls ist klar: Eine Szene pro Tag schaffe ich nicht.

6. September 2020

Corona – Corona – Corona. Mein Kopf ist randvoll mit Corona-Gedanken. Eine holländische Rentnerin kommt mir an der Kasse des Supermarkts *Diaz* zu nahe, ein Trupp Teenager turtelt unter der Platane auf dem Dorfplatz, ich werfe einen Blick in die Tagesschau-App – schon ist die Unsicherheit wieder da. Das Warten auf die Katastrophe versetzt mich in einen chronischen Alarmzustand.

Stimme meiner Mutter: Du machst dich lächerlich.

7. September 2020

Die Szene *Butterbrot* bin ich zwei Mal durchgegangen. Ich komme nicht weiter, lege sie beiseite; zwingen will ich mich nicht. Stattdessen gehe ich jeden Tag ran, mache Ungenaues klarer, streiche Abschweifungen und durchdenke immer wieder, was da steht. Von Durchgang zu Durchgang werden meine Texte dichter, flotter und genauer, das schon, aber es schleppt sich. Wie Corona.

Immerhin ist *Frisiersalon* fertig.

Stimme meiner Mutter: Alles kann man, wenn man will!

8. September 2020

Auf der Nachbarinsel Lesbos wurde bei 35 Flüchtlingen Corona festgestellt. Weil die Verwaltung eine zweiwöchige Ausgangssperre über das Lager in Moria verhängte, kam es zu Unruhen.

Wann das Virus auch auf unserer Insel ankommt, ist eine Frage der Zeit. Wird die Krankheit ausbrechen, während wir noch hier sind? Müssen wir dann zurück nach Hamburg oder, im Gegenteil, bleiben?

In meinem Kopf rotieren die Gedanken: Ich bin privilegiert. Dieser Urlaub ist ein Luxus. Darf ich ihn trotzdem genießen? Ich kann nichts tun. Immerhin habe ich vor kurzem einen größeren Betrag an *Ärzte ohne Grenzen* überwiesen.

Was habe ich mir bloß aufgeladen mit meinem Roman? Warum ich? Warum Finanzindustrie? Das ist eine fremde Welt. Das ist sauschwer. Und kein Mensch interessiert sich dafür. Gerade das reizt mich. Eben deshalb könnte es ein Text werden, der die Welt bewegt. Oder?

Stimme meiner Mutter: Du musst nur wollen!

Schon als Jüngling von allen Seiten auf die Leistung – und zwar eine außerordentliche – verpflichtet, wird Thomas Manns Aschenbach *zum Dichter all derer, die am Rande der Erschöpfung arbeiten, der Überbürdeten, schon Aufgeriebenen, sich noch Aufrechthaltenden, all dieser Moralisten der Leistung, die, schmächtig von Wuchs und spröde von Mitteln, durch Willensverzückung und kluge Verwaltung sich wenigstens eine Zeitlang die Wirkungen der Größe abgewinnen.*

Wer rackert, kann nichts *Großes* schaffen. Und ich?

Nein, ich bin nicht Gustav Aschenbach: Ich will Fließenlassen, Maaaaalen. Und manchmal gelingt mir das, gerade hier auf Samos. Wenn ich mich unter Druck fühle, wiederhole ich Verhaltensweisen, die ich aus meiner Kindheit kenne, greife zurück auf Muster, die ich meiner tüchtigen Mutter abgeguckt habe.

Die Stimme: Alles kannst du werden, nur keine Künstlerin.

9. September 2020

Wie immer, wenn ich erwache, gehe ich auf den Balkon und scrolle ich durch die Nachrichten-Apps von Tagesschau und Deutschlandfunk:

Feuer verwüstet Flüchtlingslager Moria.

Nein … Das … Das darf nicht wahr sein … Auch das noch …

Ein Großteil der Zelte ist zerstört, die Flüchtlinge haben die Nacht im Freien verbracht. 27 der 35 Infizierten sind irgendwo auf der Insel untergetaucht, keiner weiß, wo.

Es ist noch dunkel, alle schlafen. Mein Gedankenkarussell rotiert: Fliehen – bleiben – darf ich – will ich – ich kann nichts tun … Angst ist ein diffuses Gefühl. Als die Sonne über den türkischen Bergen aufgeht, tiefrot, bin ich hellwach.

10. September 2020

In der Nacht brennt das Flüchtlingslager Moria zum zweiten Mal. Nun sind auch die letzten Zelte zerstört.

In Deutschland haben sich mehrere Bundesländer bereiterklärt, Flüchtlinge aus Lesbos aufzunehmen. Parteien, Verbände und Kirchen machen Druck auf Innenminister Seehofer, der das genehmigen müsste.

Auf Samos reden alle von einer Reisewarnung der holländischen Regierung. Dass die pauschal für sämtliche griechischen Inseln gilt, versteht niemand, denn hier gab es ja nur den einen Fall, der zwei Monate zurückliegt. Viele Urlauber im Ort sind Holländer.

Ich mache mich an die Szene *Grilleck*. Sie holpert und stolpert grauenhaft!

11. September 2020

Die Flüchtlinge auf Lesbos sind ohne Wasser und Nahrung, sie können sich nicht waschen und nicht auf die Toilette gehen. Bürgerwehren, die teilweise unter rechtsradikalem Einfluss stehen, blockieren die Straßen. Sie stellen Lastwagen quer und hindern die Obdachlosen, in Dörfer und Städte zu gelangen.

Ich will hier weg!

Die Brandursache steht jetzt fest: Es waren tatsächlich Migranten, die an mindestens zehn Stellen Feuer gelegt haben. Offenbar hofften sie, so nach Europa zu kommen. Das sei kriminelles Verhalten, erklärt der griechische Ministerpräsident Mitsotakis, das könne nicht auch noch belohnt werden. Keiner dürfe die Insel verlassen.

Flüchtlingslager + Corona+ holländische Reisewarnung + Überarbeiten = alles gleichzeitig. Es addiert sich. Außerdem ist es zu heiß.

Die Unruhe ist in mir. Corona kommt hinzu und verdoppelt sie.

Ich verfolge die Nachrichten, weil mir das Sicherheit gibt, normalerweise. Ich möchte die Gefahr einschätzen und die Fäden in der Hand behalten. Lutz nennt mich *katastrophensüchtig*.

Meine Angst kommt in Wellen.

Wir haben uns entschieden, herzukommen und nun müssen wir das Beste daraus machen, sagt er. Lässt er die Ohnmachtsgefühle weniger an sich heran oder verlaufen seine Wellen nicht synchron zu meinen?

12. September 2020

Du kannst überhaupt nicht schreiben, sagt Lutz zu mir im Traum, *sieh endlich ein, das wird nichts.* Das ist von seiner Kritik in meinem Unterbewusstsein angekommen.

13. September 2020

In Israel wird ein zweiter Lockdown verhängt. Schulen, Restaurants und Einkaufszentren werden geschlossen, die Menschen dürfen sich nur 500 Meter von ihren Wohnungen entfernen.

Wir stehen vor dem Aphrodite, wo wir noch vor drei Tagen den köstlichen Grill-Feta genossen haben. Alles dunkel. Tische und Stühle sind aus dem Garten verschwunden, am Tor ein Vorhängeschloss. Von unseren Lieblingsrestaurants bleibt nur das Esperides, das auch immer leerer wird.

Seltsames Endzeitgefühl. Wir sind noch 2 Wochen hier!

14. September 2020

In Moria veranstalten Rechtsradikale Hetzjagden auf Flüchtlinge. Die Polizei schreitet nicht ein, berichtet ein Mitarbeiter der Hilfsorganisation »Mission Lifeline« in der Tagesschau.

Die scheinen sich teilweise gut mit diesen Leuten zu verstehen. Die Faschisten sind in der Bevölkerung bekannt. Sie fahren auf Motorrädern mit Holzlatten und Baseballschlägern rum. Ich bin schon eine Weile hier und deshalb kenne ich die Gesichter dieser Leute mittlerweile. Die Stimmung ist insgesamt sehr gereizt.

Lutz schenkt mir drei Schneckenhäuser, die er am Wegrand gefunden hat. Sie erinnern mich daran, dass ich viel langsamer bin, als mir lieb ist und als es den Vorstellungen meiner Mutter von Tüchtigkeit entspricht. Eine Selbsterkenntnis, die ich gern vergesse: Mein Name ist Frau Schneckenlangsam.

Die Stimme: Da lachen ja die Hühner.

15. September 2020

Die griechische Polizei hat 6 afghanische Flüchtlinge festgenommen, die das Lager in Moria angezündet haben sollen. Die mutmaßlichen Brandstifter seien junge Männer, deren Asylanträge abgelehnt worden wären, heißt es.

Viele Male bin ich das Kapitel *Grilleck* durchgegangen. Schrecklich ist die Diskrepanz zwischen meiner Idee von einer Szene und dem, was schließlich auf dem Papier steht. *Grilleck* unfertig beiseitegelegt.

Stimme meiner Mutter: Arschbacken zusammenkneifen!

Das Gegenteil ist wahr: Ich muss mich weniger unter Druck setzen. Je mehr ich mich anstrenge, desto langsamer komme ich voran.

16. September 2020

Die meisten Infizierten gibt es in den USA, derzeit rund 6,6 Millionen. Auch in Deutschland steigt die Kurve rasant. Kommt es zu einer zweiten Welle? Derzeit unvorstellbar! Werden wieder alle Geschäfte, Theater, Restaurants schließen? Drohen uns Ausgangssperren wie in Madrid?

17. September 2020

Heute Nacht hat es auch auf unserer Insel gebrannt, 15 Kilometer von hier. Zelte seien nicht in Mitleidenschaft gezogen worden, denn das Feuer wurde rasch gelöscht, berichtet der Deutschlandfunk.

In der Bar Katze im Hamburger Schanzenviertel sind mehrere Mitarbeitende positiv auf das Virus getestet worden. Es stellte sich heraus, dass rund 100 Besucher ihre Kontaktdaten nicht korrekt angegeben hatten. Sie nannten sich James Bond oder Donald Duck. Humor ist, wenn ich trotzdem lache.

18. September 2020

Gestern dachte ich, *Verdacht Verhör* sei schon rund. Nachdem Lutz die Szene gelesen hatte, habe ich sie fast vollkommen neu geschrieben. Sie holpert noch immer.

Wenigstens das türkische Bohrschiff dampft ab.

19. September 2020

Im neuen provisorischen Lager auf Lesbos sind inzwischen 9000 Migranten untergebracht und getestet, 213 positiv. Die Infizierten werden in einem abgetrennten Bereich isoliert.

Im *Tod in Venedig* bricht eine Seuche aus, und die Touristen reisen ab.

Effie hat alle Rollläden heruntergelassen, Tische und Stühle sind aus dem Innenhof verschwunden, die Balkons leergeräumt. Nun sind wir ihre letzten Gäste. Seltsames Gefühl.

Ich mag melancholische Stimmungen wie Rummelplätze am Sonntagabend, aber am Mittelmeer bei Temperaturen um 30 Grad macht mich die Einsamkeit nervös.

20. September 2020

– Ich glaube nicht an Corona, sagt ein Demonstrant im braunkarierten Hemd in der Düsseldorfer Innenstadt.

Was hat ein Virus mit Glauben zu tun? Unsicherheit hält der karierte Herr nicht aus, lieber bildet er sich ein, böse Mächte hätten sich gegen ihn verschworen. Steigert das sein Selbstwertgefühl?

Szene *Penny* unfertig beiseitegelegt.

21. September 2020

Nun ist Corona auch auf Samos angekommen, im Flüchtlingslager wurden 21 Fälle registriert.

Die Umgehungsstraße, die vorbeiführt, ist mit rot-weiß gestreiften Barrieren gesperrt. Zoodochos Pigi und Agia Paraskewi könnten wir nur noch auf abenteuerlichen Wegen erreichen, ich möchte nicht dorthin.

24. September 2020

Ich beschließe, meine Einstellung zum Überarbeiten ändern. Ein neuer Versuch: Meinen inneren Zensor benenne ich um in *innere Kritikerin*. Klingt zumindest etwas freundlicher.

Stimme meiner Mutter: Sehr gut ist nicht gut genug.

25. September 2020

Tschechien, Luxemburg und das österreichische Bundesland Tirol wurden zu Risikogebieten erklärt, denn die Corona-Neuinfektionen steigen rasant. In einigen Ländern Europas liegen sie bereits höher als im Frühjahr.

Das Thema reißt nicht ab, obwohl alle es längst satt haben. In den Mustern der Mediendramaturgie, die wir gewöhnt sind, wäre es schon lange durch. Selbst Katastrophen wie Tschernobyl oder Fukushima verschwanden nach Wochen aus den Schlagzeilen, auch wenn die Probleme noch jahrhundertelang andauern werden, Corona nicht.

26. September 2020

Noch 3 Tage Samos. Ich schlafe schlecht.

27. September 2020

Letzter Tag auf Samos

Meine Überarbeitungsbilanz: 15 Szenen fertig, 7 abgebrochen, 26 noch nicht angeguckt.

Bin traurig, weil ich so wenig geschafft habe.

28. September 2020

Als wir abgehoben haben, sagt Lutz: Es war trotz allem eine schöne Zeit.

Aus dem Flugzeugfenster sehen wir unser Theater kleiner werden und verschwinden. Werden wir nächstes Jahr wieder dort sitzen?

Anna Würth

Kein Flieger nirgends

»Kein Flieger nirgends – und unten wütet die Welle«

Hans Krech

Corona-Angriffswellen

Ein Triptychon

Die erste Welle: Corona-Terrornächte

Wilde Albträume toben
stundenlang durch meine schlaflosen Nächte.
Begleitet von Phantomschmerzen im linken Bein,
heulende Hyänen,
die sich in den Oberschenkel verbeißen.

Verzweifelt bete ich bis zum Morgengrauen
meine Arabisch-Vokabeln hoch und runter,
stehe dann auf und
schaue aus dem Fenster
in den sattgrünen friedlichen Sommergarten.

Darüber hat die Morgensonne
ihre dichten grauen Gardinen
über dem Himmel zugezogen.
Angst wandert hämisch grinsend
in meinem Kopf herum.

Hamburg, 5.6.2020, 6:50 Uhr

Die zweite Welle: Sehnsucht nach dem Frühling

Dauerregen fällt aus dunkelgrauem Himmel
auf das Gewirr von kahlen schwarzen Zweigen und Ästen,
das Mangrovenverhau des Gartens

zur Abwehr des nasskalten lebensbedrohlichen Corona-Winters.
Die letzte Verteidigungsstellung bis zum rettenden Frühling.

19.1.2021, 7 Uhr, Hamburg, Cranachstr.

Die dritte Welle: Lockdown in Hamburg

»Zurück auf Los. Mit den Lockerungen hat die Politik
einen Geist aus der Flasche befreit, den sie kaum kon-
trollieren kann. Eindrücke aus einem Land zwischen
Chaos und Rebellion.«

Der Spiegel, Nr. 12/2021, 20.3.2021, S. 16.

Der bleierne Corona-Winter
krallt sich im aufsteigenden kalten Frühling fest,
verbeißt sich in seinen grünen Waden,
sein giftiger Atem wabert durch die vereinsamten Straßen,
lauert auf den Parkbänken,
in den Bussen und S-Bahnen,
jubiliert im trockenen Husten der Verseuchten auf den Intensivstationen,
macht es sich gemütlich in den Lungen der Bürger,
in den großen Augen der nicht verliebten schönen Mädchen.

»Zieht die Notbremse! Wer die dramatisch steigenden
Infektionszahlen ignoriert, riskiert Zehntausende Tote«

Der Spiegel, Nr. 12/2021, 20.3.2021, S. 6.

Stöhnend schleppt sich die gelähmte hanseatische Wirtschaft
durch die Pandemie-Kriegstage,
zäh kämpfend Schritt für Schritt,
Kran für Kran im weinenden Hafen,
Kai für Kai,
Bank für Bank,

Geschäft für Geschäft,
Hotel für Hotel,
im Würgegriff des Virus röchelnde Musicals und Theater,
die Vergnügungsmeile auf St. Pauli nüchtern (wie erschütternd)
und tonlos,
der Frühlingsdom abgesagt,
HSV und FC St. Pauli spielend in leeren Stadien.
Die nächtliche Ausgangssperre und strenge Kontaktbeschränkungen
haben uns Hamburgern eiserne Ketten an die Beine gelegt.

>**»Ausgangssperre in Hamburg. Um die dritte Corona-**
>**Welle zu brechen, sollen die Bürger von 21 bis 5 Uhr zu**
>**Hause bleiben. Kitas schließen. Testpflicht für Schüler**
>**und Maskenpflicht am Arbeitsplatz kommen.«**
>
>*Hamburger Abendblatt,*
>*Gründonnerstag/Karfreitag, 1./2.4.2021, S. 1.*

Ich liege im Schützengraben meiner kleinen Wohnung,
die ich nur bewehrt mit Maske und Schutzhandschuhen verlasse,
im Corona-Mikrokosmos-Kreislauf zwischen Bäcker, Aldi und Post,
organisiert in einer beweglichen Verteidigung,
so wie ich es bei der Bundeswehr im Taktiklehrgang gelernt habe,
hart arbeitend im Homeoffice,
in schlaflosen Nächten wachend
und auf den Impftermin wartend:

Arabisch-Online-Studium an der Uni,
Aufsatz für Aufsatz schreibend für Fachzeitschriften,
Online-Konferenzen und Webinare besuchend in der halben Welt
und lernend,
konzentriert die Habil-Schrift vollendend,
den ersten Roman an den Verlag schickend,
Gedichte an Literaturzeitschriften aussendend,
sich um literarische Preise bewerbend,
dies alles im Rhythmus des alltäglichen Trainings

auf dem unerbittlichen Ergometer (da geht es nur bergan)
und mit den angebeteten heiligen Hanteln,
vorwärts marschierend, stark, gut trainiert
in die Abwehrschlacht gegen das Pest-Virus im Informationszeitalter.

»Corona-Osterruhe: Halb Europa macht zu. Harter
Lockdown in Paris, Wien oder Rom als Antwort auf
hohe Infektionszahlen.«

Hamburger Abendblatt,
Gründonnerstag/Karfreitag, 1./2.4.2021, S. 4.

Ich werde überleben.
Ich werde das Schlachtfeld als Sieger verlassen.
Der Wille entscheidet.

Hamburg, Karfreitag, 2.4.2021

Anna Malou

Ausflug in Coronazeiten

Sonne und ich – stehe im Stau, endlos, immer wieder. Ist die Menschheit völlig verrückt geworden? Ist es so völlig falsch, wenn ich wenigstens am Wochenende aus meiner Hochhaussiedlung in Hamburg entfliehen möchte, um am Meer ein wenig Entspannung zu finden? Aber offensichtlich stehe ich mit diesem Wunsch nicht völlig alleine da.

Die Minuten verrinnen, mir läuft der Schweiß den Rücken entlang. Ich atme schwer und kann mich auf das, was ich tun soll, nämlich Autofahren, nur noch schwer konzentrieren. Das Radio spielt Evergreens, immer wieder, und ich bin unzufrieden mit mir selbst, dass ich mich nicht ausreichend vorbereitet habe. Jetzt fahren auch noch Autos rechts an mir vorbei, benutzen die Rettungsgasse, um schnell zum Baden zu kommen. Meine Kinder quengeln, meine Frau schimpft und ich bin dem Wahnsinn nahe. Was ist das nur für ein Leben, wenn man um das Einfachste und Natürlichste, nämlich ein paar Stunden Freizeit, kämpfen muss?

Dazu fällt mir kein Kommentar mehr ein. Und schließlich, nach endlos gefühlten zwei Stunden erreiche ich Scharbeutz, den Ort, an dem sich für mich und meine Familie die Sehnsucht nach dem kühlen Bad erfüllen soll. Ich suche nach einem Parkplatz, jedoch kurve ich eine knappe halbe Stunde herum, ohne einen solchen finden zu können. Schließlich fahre ich in den Nachbarort, nach Haffkrug, um dort am Bahnhof zugegebenermaßen widerrechtlich zu parken. Mein Weg nach Scharbeutz ist dann auch nur eine knappe halbe Stunde lang. Meine Kinder meckern über den Spaziergang bei der Hitze, meine Frau meint nur: »Konntest du wirklich keinen dichteren Parkplatz finden, das ist doch alles doof!« Und so stiefeln wir auf dem Fußgängerweg entlang, um dann nach guten 25 Minuten festzustellen, dass der Strandzugang gesperrt ist: Es gibt dort eine Ampel und die zeigt ROT. Ich kann es nicht fassen, meine Familie meckert schon wieder – und auch die folgenden zwei Strandzugänge sind gesperrt.

Nun versuche ich es anders: Ich zücke einen Fünfzigeuroschein und drücke diesen jovial dem Strandkorbvermieter in die Hand mit der Bemerkung, dass dieser doch sicher auch mal eine Ausnahme machen könnte. Dieser aber zeigt sich entsetzt, lässt sich doch nicht bestechen und ist erbarmungslos ernst: »Nein, das kann ich nicht machen, wirklich nicht!«

Ich schwitze nun auch vor Erschöpfung und Mutlosigkeit, meine Frau fängt an, mit mir zu diskutieren, und meine Kinder fangen an, sich zu streiten. Die Situation eskaliert zusehends, und ich weiß nicht, was zu tun ist. Ich tue so, als ob ich noch einen Trumpf im Ärmel hätte. Überraschung! »Was haltet ihr davon, wenn wir einfach mal schnell über die Dünen laufen, das wird schon keiner mitbekommen.« Gesagt, getan, wir starten zu fünft den Angriff auf das Meer. Jedoch haben wir kaum den halben Dünenberg bewältigt, als der erste Ordnungshüter uns zurückpfeift. Kleinlaut muss ich mich schuldig bekennen und nun auch noch das Gespött meiner Familie ertragen und ein Strafgeld bezahlen. Das ist mehr, als ich aushalten kann.

Wir suchen uns also eine Gaststätte, in der es etwas zu trinken gibt, natürlich draußen und mit Abstand, aber ohne Maske. Ich sitze Schweiß gebadet und möchte nur noch meine Ruhe und etwas zu trinken. Nach einer halben Stunde Pause werden meine Kinder jedoch unruhig und quengeln herum, dass sie doch nun endlich einmal zum Baden gehen möchten. Das kann ich gut verstehen, geht es mir selbst doch nicht viel anders. Aber noch immer fällt mir keine Lösung ein. Vielleicht, wenn wir noch ein wenig warten … Wir bestellen ein Getränk und dann noch eines und schließlich kann nur noch meine Frau zurückfahren. Aber mir ist es jetzt egal, ich kann nicht mehr! Und nachdem wir so zweieinhalb Stunden gewartet haben, ist es jetzt halb fünf und die Ampel zeigt auf Grün, es ist nicht zu fassen! Wir dürfen jetzt mit einem Halbtagesticket an den Strand. Meine Kinder rennen voraus und sind viel schneller im Wasser, als ich ihnen folgen könnte. Ich sitze im Sand und bin froh, dass meine

Frau sich um die Kinder kümmert. Ich sitze und sitze und will nur noch meine Ruhe vor meiner Familie, vor den anderen Badegästen, vor den Vorschriften, vor dem Straßenverkehr, vor dem Zuviel an Freizeit … Ich fühle mich wie gelähmt, bin regungslos erschossen und will alles, nur nicht gestört werden, heute jedenfalls nicht mehr.

Nach zwei Stunden Badezeit kommt meine Familie zufrieden zurück und ich bin auch zufrieden, endlich Pause, nun schaffe ich vielleicht doch noch den Rückweg. Jedoch ist meine Frau die Vorsichtigste aller Frauen und sagt ganz klar: »Ich fahre zurück«. Nun gut, auch das ist mir recht. Die Kinder sind jetzt ruhig und zufrieden auf ihrem Rücksitz, und ich erlebe die drei folgenden Staus nicht mehr, ich schlafe tief und fest in den kommenden drei Stunden, bis wir – zugegebenermaßen etwas verspätet – aber zufrieden wieder in unserer Wohnung in Hamburg ankommen.

Früher, als ich noch jung war, liebte ich das Meer mit seiner wechselnden Kulisse, mit seinen Schiffen, der reflektierenden Sonne und den Wasserschlachten, aber heute ist es mir egal, dieser Aufwand lohnt sich in meinen Augen überhaupt nicht mehr.

Und so wünsche ich mir für das kommende Wochenende Regen, ganz viel, so dass ich dann hoffentlich entspannt auf meinem Balkon sitzen, den Regentropfen lauschen und endlich meine Ruhe finden kann.

Und was machen meine Kinder? Ehrlich gesagt, das ist mir dann manchmal sogar egal.

Anna Malou

Pandemie

Und immer, wenn ich morgens wach werde, dann weiß ich, dass da irgendetwas ist, etwas Unangenehmes, etwas Bedrohliches, etwas, was mein Leben dauerhaft verändert. Eigentlich will ich gar nicht aufstehen, denn jeder Tag bringt neue Ungeheuerlichkeiten, Dinge, die es so noch nicht gab, die dauerhaft auf meiner Seele lasten. Es bleibt immer wieder die Angst, Angst um die Liebsten in der Familie, die man beschützen möchte und so nicht beschützen kann. Was ist aus unserer sicheren Welt geworden, die wir einst hatten, die jedoch irgendwie abhandengekommen ist? Eigentlich habe ich gar nicht bemerkt, wann dieses anerzogene und immer gelebte Sicherheitsdenken auf einmal verschwunden ist.

Ich beobachte die anderen, mein Umfeld, und weiß nicht so recht, was ich davon halten soll. Alle sind verunsichert, aber jeder geht damit völlig anders um. Manch einer verlässt das eigene Haus nur noch spärlich, zum Einkaufen oder zum Spazierengehen, aber für nichts Anderes mehr. Andere wiederum tun so, als ob alles nicht so schlimm sei, sie spotten über andere, vorsichtige Menschen. Manchmal denke ich, sie wollen sich nur lustig machen, um anderen ihre eigene Angst nicht zu zeigen, wahrscheinlich können auch sie nicht so recht einschlafen, oder? Und alle Altersstufen gehen anders mit diesen vielen neuen Problemen um.

In den Medien erreichen mich jeden Tag neue und zum Teil auch widersprüchliche Nachrichten. Ich sauge diese förmlich auf und höre so viele Nachrichten wie noch niemals zuvor in meinem Leben. Und ich versuche mir immer und ständig eine Meinung dazu zu bilden, aber ist das, was ich da ständig höre auch wirklich so? Die Politiker und Wissenschaftler sagen uns nicht die Wahrheit, denn oft wissen sie diese vielleicht selbst nicht. Worst Case, oder was soll man dazu sagen, es fehlen einfach jegliche Erfahrungswerte. Aber, solange die Lebensmittelläden geöffnet sind und wir auch genug

Toilettenpapier kaufen können, verhalten sich alle so einigermaßen ruhig.

Merkwürdig ist jedenfalls, dass es lange dauert, bis sich überhaupt ein Plan entwickelt. Über Monate hinweg weiß wirklich niemand, wie wir wieder aus dieser Pandemie herauskommen. Wir schwimmen im Niemandsland und versuchen, nicht unterzugehen. Mit aller Kraft versuchen wir, etwas Normalität zu leben, auch wenn uns das eigentliche Leben so manches Mal lähmt. Ich schaffe nichts, bin völlig gelähmt und kann mich immer wieder und immer mehr zu gar nichts aufraffen. Und trotzdem vergeht die Zeit, vergehen die Tage, die Wochen, die Monate. Nach der fast völligen Kontaktsperre, Angst unterlegt, beschließe ich, dass es so nicht weitergehen kann. Ich brauche meine Familie, meine Kinder, meine Nachbarn, meine Freunde und fange nun an, Möglichkeiten zu suchen, wie und wie oft wir uns wieder sprechen, sehen, austauschen können. Das ist ein schwieriges Unterfangen, bei dem keiner so recht weiß, wie es gehen soll. Denn so, wie es bis dahin gelaufen ist, werde ich sicherlich im Novembergrau auch noch depressiv werden, gerade weil die Zahlen der Infektionen immer weiter nach oben gehen.

Und so arbeite ich an einem Plan: Ich versuche, nachdem es Monate gedauert hat, bis jedem klar geworden ist, dass wir doch Masken brauchen, und als wir auf einmal auch welche haben, wieder ein Netzwerk mit meinen Kontakten wiederzubeleben. Meine Kinder, die ich vorher zum Teil nur verschämt und kurz draußen getroffen habe, will ich auch mal wieder in den Arm nehmen. Und so basteln wir an Möglichkeiten: Nach einer Urlaubswoche mit freiwilliger Selbstquarantäne besuchen uns immer mal wieder ein oder zwei von unseren Kindern. Dann kann ich mein Glück gar nicht fassen, mal live mehr als zwei Sätze mit meinem Kind reden zu können und auch mal wieder Nähe zu spüren. Aber es gibt auch andere Stilblüten, wenn ein Kind bei minus zehn Grad auf meiner Terrasse bleibt, um mich zu sehen, sich aber nicht hereintraut, um uns als Eltern nicht anzustecken. Diese Erlebnisse machen etwas mit einem, sie setzen die Wertigkeiten des Lebens zuvor wieder nachhaltig auf eine andere Waagschale. Ich muss meinen Kummer dann irgendwie loswerden, muss mir sagen, es ist wichtig, dass wir alle gesund bleiben, dass es in dieser Pandemie so vielen noch so viel schlechter geht. Viele sind krank geworden und sogar gestorben, oder leiden langfristig an dieser neuartigen Erkrankung Long Covid. Viele andere haben ihre Arbeit verloren, wissen nicht, wie ihr Leben in und nach der Pandemie finanziell weitergehen soll. Jeder hat jetzt seine persönlichen Sorgen und viele wollen auch nicht mehr darüber reden. So werden Telefonate auch zunehmend weniger und kürzer. Vielleicht geht dieses neue Problem weg, wenn wir einfach nicht mehr darüber sprechen? Die Lösungsstrategien dazu sind sehr unterschiedlich.

Denke ich an diese vielen Monate der Pandemie zurück, weiß ich jedoch auch, dass in jedem Menschen ein ungeheuerlicher Lebenswille steckt.

Ich erinnere Weihnachtsmarktabende mit Glühwein und Bratwurst auf der heimischen Terrasse, warm angezogen, um den frostigen Abend im Dezember zu überleben. Was tut man nicht alles, um wenigstens die besten Freunde mal wieder draußen, wo es nicht so ansteckend ist, zu treffen! Auch gibt es Endlosspaziergänge im Wald ohne Menschen, nur mit den Kindern, die nach Monaten das Gefühl hatten, ihre Eltern mal wieder sehen und sprechen zu wollen. Bei Minusgraden ein Picknick auf einer entlegenen Sitzbank abzuhalten, dazu gehört schon so einiges. Aber egal, auch wenn es zu Hause später wieder Stunden dauert, bis man sich wieder so einigermaßen aufgewärmt hat, es war so schön, sich wieder einmal zu sehen, live, wie früher im alten Leben.

Die kleinen Kinder in der Familie, sie dürfen nicht in den Kindergarten, nicht in die Krippe, denn sie könnten ihre Eltern im Homeoffice krank machen oder sogar dem Tode nahebringen. Auch wenn es lange heißt, dass kleine Kinder oder Kinder überhaupt, nicht ansteckend sind, glaubt später keiner mehr alles, was die Politiker so von sich geben. Vielfach geht es nur darum, den Schulbetrieb, den Produktionsbetrieb am Laufen zu halten, ungeachtet dessen, was das mit den Betroffenen macht. Das weitere Leben und Überleben als eine große Lüge zu begreifen, diesen Prozess haben inzwischen viele vollzogen. Und jeder versucht immer wieder sich selbst und die Menschen, die einem wichtig sind, zu schützen.

Hobbies oder Interessen in irgendeiner Art und Weise außerhalb des Hauses nachzugehen ist über Monate ein unmögliches Unterfangen. Jeder muss sich nun, ob er will oder nicht, auf seine eigenen Fähigkeiten innerhalb des Hauses zurückbesinnen, muss kreativ neue Wege suchen oder alte Wege wiederfinden. So viele gut aufgeräumte Wohnungen gibt es in Deutschland sicherlich seit langem nicht, wie es in der Pandemie der Fall ist.

Einkaufen im Internet, das ist in dieser Zeit auch für viele Menschen eine völlig neue Erfahrung. Auch wenn gerade viele Ältere behauptet haben, dass das alles mit dem Computer und so für sie nicht mehr von Bedeutung sei, ändert sich hier die Sichtweise bei vielen. Schön wäre es gewesen, wenn jeder, der einen Computer besitzt, auch immer einen funktionierenden Internetzugang gehabt hätte, damit sich auch ein Achtzigjähriger hätte zum Impfen anmelden können. Auch die Schulkinder im Home Schooling hätten sicherlich vom funktionierenden Internet profitiert, besonders auf dem Lande.

Mit den Testungen, die auf einmal möglich werden, wird vieles besser, aber es geht nicht alles weg. Das Virus ist einfach hartnäckig und entwickelt auch noch zunehmend Varianten. Zum Glück leben wir nicht in den Ländern, in denen alles noch viel schlimmer ist als bei uns hier direkt vor der Haustür. Ein beinahe beruhigendes Glück stellt sich ein, es hätte nämlich alles noch viel schlimmer kommen können.

Und schließlich gibt es ein fernes Licht am Ende des unendlichen Tunnels und das heißt Impfung. Jedoch für die meisten ist dieses Licht zu weit weg, wer weiß, ob wir dieses überhaupt jemals erreichen werden? Mit einem Leben ohne Priorität können junge Leute nun immer weniger umgehen, zumal sie sehen, dass andere vor ihnen in kleinen Schritten die Freiheiten ihres Lebens wieder zurückerhalten sollen. Und sie, die noch gar keine Zeit hatten, so recht ihr Leben auszuprobieren, die auf alles verzichtet haben, um andere zu schützen, diese jungen Menschen sollen in der Endlosschleife verbleiben. Zuerst sind sie nicht priorisiert und dann bekommen sie keinen Impftermin, die Frustration nimmt einfach kein Ende. Wer kann es einigen Menschen verdenken, wenn sie ihrem Glück ein wenig nachhelfen wollen und sich bei der Terminvergabe auf alte Beziehungen besinnen?

Und was kommt danach? Kommt die nächste Pandemie oder können wir wieder reisen – kreuz und quer durch die Welt? Können wir das Erlebte verarbeiten und eventuell auch daraus lernen? Mit dem Frühling, dem Sommer kommt wieder der Wunsch nach Freiheit, nach Selbstbestimmung, nach schönen Dingen, die positiv stimmen und früher normal waren. Schließlich leben wir in einer Demokratie und Freiheit steht uns allen selbstverständlich zu, oder?

Achim Amme

In Zeiten von Corona

In Zeiten von Corona
Seh ich da Vincis Mona
Lächelnd ins Gesicht.

Ich streame und ich beame
Mich in extrem intime
Räumlichkeiten rein.

Was ich auch mach und tue –
Ich dachte solche Ruhe
Gibt es einfach nicht.

Ich wär gern aufgetreten
Auf Partys und auf Fêten
Wärn sie noch so klein.

Das Leben kann verzwickt sein
Verdreht, komplett verrückt sein
Trotzdem wunderbar.

Schien früher nichts unmöglich
Erfahrn wir heut tagtäglich:
Beinah nichts ist wahr.

Und bin ich auch alleine –
Ich lache und ich weine
Trink verwundert Gin.

Ich lerne völlig neue
Wörter und erfreue
Mich an ihrem Sinn.

Achim Amme

Die Freuden der Pandemie

Ja, wenn's die Pandemie nicht gäb –
man müsst sie glatt erfinden.
Wenn wo was schief läuft, sucht man halt
nicht lange nach den Gründen.

Das Virus trägt die Schuld an allem –
's wär fast ein Grund zum Feiern.
Im Gegenzug hilft's nämlich andre
Vergehen zu verschleiern.

Politiker sind äußerst froh
bedanken sich stillheimlich.
Die Seuche ist der Rettungsschirm
für das, was ihnen peinlich.

Natürlich gibt's in Wirklichkeit
so etwas ziemlich selten
dass ihnen etwas peinlich ist.
Sie leben in anderen Welten.

Unangenehm ist ihnen nur
wenn gegen ihren Willen
sie jemand an den Pranger stellt.
Gern treiben sie's im Stillen.

Deshalb kommt diese Pandemie
Politikern entgegen.
Sie lenkt von andern Themen ab.
Wie praktisch! Welch ein Segen!

Und mancher profiliert sich so
spielt gar den starken Mann
dass ihm die Seuche scheinbar gern
noch etwas länger dauern kann.

Doch nicht allein Politiker
verstecken sich dahinter.
Auch mancher Wirtschaftszweig blüht auf –
das sieht beinah ein Blinder.

Da wird mit Hoffnungen gespielt
gezielt Verwirrung gestiftet.
Wen wundert's da, dass die Gesellschaft
ein Stück nach rechts abdriftet.

Ist's Absicht oder bloße Dummheit
womit man uns beglückt?
Komplett egal, weil man mit beidem
uns in die Irre schickt.

Man schmeißt mit Zahlen um sich, lässt
die Menschen darauf starren
wie das Kaninchen vor der Schlange
in Demut so verharren.

Die Menschen stehn und staunen nur
so unfrei wie noch nie
und wundern sich zu recht: Ist das
noch unsere Demokratie?

Achim Amme

Entschleunigt

Hab kaum noch Kilometer gefressen
in diesen seltsam entschleunigten Zeiten.
Bin lieber ruhig daheim gesessen
auf Kommendes mich vorzubereiten.

Der eine entdeckt, wie's mal gewesen
der andre, wie's wohl werden wird.
Hab meine Zeit verbracht mit Lesen
bin dabei im Geist hin- und hergeirrt.

Die Gegenwart seh ich verschwommen
bevölkert von Phantomgebilden.
Kaum bin ich grad wo angekommen
schon fühl ich mich in Fremdgefilden.

Möcht wieder flüchten, weiterziehen
von krankem Schwindel mich entfernen
vor falschen Sicherheiten fliehen
zur Heimat hin, zu fremden Sternen.

Achim Amme

Geborn, um frei zu sein

Geborn, um frei zu sein
Nicht folgsam und gehorsam
nicht immer nur dabei zu sein
Nein, auch mal außen vor sein.

Ich möcht mein eigner Herr sein
notfalls mein eigner Knecht.
Das kann doch nicht so schwer sein
wenn ich das wirklich möcht.

Geborn, um frei zu sein
nicht folgsam sein und still.
Nicht immer nur dabei zu sein
ist alles, was ich will.

Achim Amme

Vom verlorenen Faden oder
Von den Freuden des Wiederfindens

Wir wandelten auf überwachsenen Pfaden –
betreten schauten dunkel die Alleen.
Und irgendwo verloren wir den Faden …
Er war fast dreißig Jahre nicht zu sehn.

Der Faden wurde wieder aufgenommen –
der Zufall spielte sein verrücktes Spiel.
Zur rechten Zeit zum rechten Ort gekommen –
das war's wohl, was dem Zufall so gefiel.

Auch uns gefiel's, vereint mit bloßen Händen
den Faden aufzunehmen, den von einst
und anzuknüpfen an die losen Enden
dass ich mich freu und du vor Freude weinst.

Achim Amme

In den Fängen von Corona
oder von wem auch immer

Was sich vor allem über das neue Coronavirus sagen lässt:
Es ist tückisch – tückischer noch als ein Schlangenbiss
und so unberechenbar wie die Menschen sind
(daran wird sich auch die starke KI
noch ihre künstlichen Zähne ausbeißen).

Die Wissenschaft überrascht mit widersprüchlichen Aussagen.
Politiker sehen sich zu schnellem Handeln gezwungen,
was ihnen gar nicht behagt, aber was sollen sie machen.
Normalerweise Getriebene der Wirtschaft müssen sie jetzt
den Spieß umdrehen und ständig wechselnde Vorschriften
erlassen.

Das Virus befällt Menschen, deren Voraussetzungen
identisch erscheinen, mit unterschiedlicher Heftigkeit und Dauer.
Es greift mehr Organe an, als ursprünglich vermutet,
mehr Altersgruppen als die ohnehin mit erhöhtem Risiko
behafteten,
und es verbreitet sich auf gespenstisch anmutende Weise.

Es treibt ein seltsames Spiel mit uns. Es verunsichert jeden,
der zu wissen glaubt. Selbst Gläubige, egal, welchen Glaubens,
verschont es nicht – auch wenn sie es nicht glauben wollen.
Dass einige am Virus verdienen, scheint noch das geringere Übel,
verglichen mit ihrer Gier – noch eine Krankheit, die wir nicht
in den Griff kriegen.

Die Entfremdung der Menschen untereinander erhöht sich
durch Abstandsregeln und die Pflicht, einen Mundschutz zu tragen.
Wie soll man dem Volk noch aufs Maul schauen,
um aufzuschreiben, was es bewegt? Selbst die Gedanken
sind nicht mehr frei. Corona lässt Schreie verstummen.

Gesa Schröder

Das Virus oder
Vom Verstreichen der Zeit

Eigentlich hatte Elena an diesem Wochenende nach München fahren wollen, zu einem Versöhnungsversuch mit ihrem Freund. Er hatte ihr einen Heiratsantrag gemacht, sie hatte abgelehnt. Denn sie brauchte ihre Freiräume, hatte gerade einen Job in Italien angenommen. Er dagegen wollte sie festhalten, immer bei sich haben, eine Familie gründen. Zu viel Nähe. So war sie einfach ins Auto gestiegen und nach Italien gefahren, um ihren neuen Job bei einer archäologischen Grabung im Friaul anzutreten. Doch dann hatte sie plötzlich von einem ihr völlig unbekannten Mann ein Haus geerbt und saß nun hier oben in den Bergen, auf dem Plöckenpass, kurz vor der Grenze zwischen Italien und Österreich, auf einer Holzbank vor einem unbekannten dunklen Haus, das durch die geöffneten Fenster nach und nach etwas heller geworden war und das seit gestern ihr gehörte, und trank mit einem fröhlichen Barista, der ihr geholfen hatte, das schwergängige Schloss zu öffnen, und der Dino hieß, einen Grappa. Sie fühlte sich wie aus Zeit und Raum geworfen und fand sich in einem anderen Leben wieder.

Vor Dinos Bar hielt ein österreichischer Milchtanklaster und hupte. Die Felswände warfen das durchdringende Geräusch mehrfach zurück. Dino lief zu ihm hinüber. Kurz darauf fuhr ein Milchlaster von Italien nach Norden. Warum brachte man österreichische Milch nach Italien und italienische Milch nach Österreich? Eine unsinnige und überflüssige Wanderungsbewegung, dachte Elena. Sie war Archäologin und wusste, dass es in der Geschichte viele Alpenquerungen gegeben hatte. Sie tauschten Bernstein aus dem Norden gegen Gewürze aus dem Süden und Osten, oder es gab militärische Motive, wie bei den Römern. Aber heute? Milch gegen Milch? Von einem Land ins andere, täglich über die Grenze? Viel zu viele Bewegungen, dachte Elena und schlug das Tagebuch auf, das sie zuvor spontan aus einem der Regale in dem geerbten Haus gezogen hatte. Das dicke Heft war vollgeschrieben mit leicht schräg gestellten, aber immer präzise parallel gesetzten und unterschiedlich hohen Buchstaben. Die steilen Buchstaben sahen aus wie die Gräser einer Almwiese, die im leichten Morgenwind ihre Halme und Blütenstengel nach rechts legte und so dem Senser entgegenkam. Sie las über friaulische Familien, die mit Frau und Kindern zu Fuß über die Alpen wanderten und Arbeit in Bayern suchten. Sie gingen über diesen Pass. Ein Ort der Begegnungen, dachte Elena, ein Ort für Bewegungen. Sie hatte beim Lesen Hunger bekommen und ging langsam zu Dinos Bar hinüber, über die große weite geteerte Fläche des Grenzübergangs, die nun, wo die Sonne bereits hinter dem steil aufragenden Berg verschwunden war, mit dem Grau der Felswände verschwamm und einen konturenlosen leeren Raum bildete. Sie ging langsam, immer langsamer und die Fläche, die sie durchschreiten musste, schien immer größer zu werden. Am Ende, kurz vor den seit Jahren aufgegebenen, leeren Zollhäuschen, deren offene Türen manchmal im Wind klapperten, sah sie Dino in seiner Bar hantieren. Die Maschine zischte beim Aufschäumen des Cappuccino-Schaums. Im Hintergrund lief lautlos ein Fernseher, wie in vielen italienischen Bars. Wenn es ein Fußballspiel gab, kamen sie aus den umliegenden Höfen und Käsereien aus beiden Ländern und Dino machte seine besten Umsätze, erklärte er ihr.

Doch plötzlich sprang er auf, ging wortlos durch den langen Schlauch des Raums und blieb vor dem an der Wand installierten Bildschirm stehen. Was ist los? Elena sah von weitem nur Zahlen und Kurven und besorgte Gesichter. Risikogebiet, Ausgangssperre, rief Dino ihr nun von hinten zu. Das Virus breitet sich aus. Die Zahl der Toten nimmt zu. Rapide. Erschreckend. Deutschland und Österreich schließen ihre Grenzen zu Italien und Frankreich. Elena sah unwillkürlich nach draußen. Die Zollhäuschen waren unbesetzt. Die Schlagbäume zeigten in den Himmel.

Dino griff zum Telefon, sprach laut, viel und aufgeregt, auf Italienisch, unterbrach sich ständig selber oder seine vielen Gesprächspartner.

Elena spürte, dass etwas passiert war. Sie setze sich auf einen der Barhocker am Tresen und starrte auf den Bildschirm. Die Grenzen sind zu. Immer wieder blickte sie auf die Straße, in bewegungsloser Erwartung eines angekündigten Unheils.

Als Dino seine Telefonate beendet hatte, setzte er sich, erschöpft vom vielen Reden, zu ihr. Grappa? Er schenkte ein und begann zu erzählen. Das Virus, das kannte sie ja. Kannte sie auch Vo'? Das kleine Dorf in der Nähe von Padua? Wo der erste große Ausbruch gewesen war? Das ganze Dorf steht nun unter Ausgangsperre. Die Bewohner dürfen ihr Dorf nicht verlassen und keiner darf rein. Stell dir mal vor, das geht doch nicht. Die meisten arbeiten in Padua oder anderswo. Er hatte selbst einmal dort gewohnt und dem Vater seiner damaligen Freundin bei der Weinernte geholfen. Mit dem hatte er gerade telefoniert. Jetzt packen sie alle ihre Sachen, wollen abhauen, bevor die Sperre beginnt, um Mitternacht. Raus aus dem Gefängnis, wollen zu Freunden in der Stadt fahren.

Sondersendung der italienischen Nachrichten von Rai Uno. Die Ausgangssperre wird erweitert auf das ganze Veneto und die Lombardei. Damit es nicht zu einer Massenflucht der Menschen aus den stark betroffenen Dörfern kommt.

Dinos Handy klingelt. Er wird wieder laut. Sein Bruder ist am Telefon, der wohnt im österreichischen Nachbarort, nur 17 km entfernt. Ist die Grenze schon zu? Dino und Elena stehen nun in der offenen Eingangstür und starren auf die immer noch offene Grenze. Sie warten. Die Zeit vergeht tatenlos.

Auf ihrer Erkundungswanderung am nächsten Tag kam Elena zu dem Marienfresko, bei dem sie von der Straße auf den Saumpfad, den Römerweg, abbiegen wollte. Sie sah sich das Bildnis genauer an: Errichtet im 16. Jahrhundert nach einer der vielen großen Epidemien, so hieß es in der Inschrift. War es Pest, Pocken oder Cholera gewesen? Maria mit dem Kind, daneben der von Pfeilen durchbohrte Heilige Sebastian, auf der anderen Seite Johannes der Täufer, der auf das Kind zeigte und Mut machte. Alles wird gut. Andrà tutto bene – so sollte es später auf vielen Plakaten an vielen italienischen Balkonen und Hauswänden stehen, als das neue Virus mit Macht und mit vielen Toten über dieses Land gekommen war. Der Weg wurde bald steiler und Elena war froh, dass sie sich einen der Wanderstöcke aus dem Haus mitgenommen hatte. Alles wird gut, dachte sie und konzentrierte sich auf den Weg, auf diesen Weg, den der alte Mann, der irgendwie zu ihrer Familie gehören musste, sicher regelmäßig gegangen war. Elena war froh, dass sie sich auf den welterfahrenen Wanderstock mit seinen vielen Plaketten, die ihn wie Trophäen schmückten, stützen konnte. Das klackernde Geräusch, das die eiserne Stockspitze auf dem unebenen Steinpflaster hinterließ, gefiel ihr. Es durchbohrte die Stille, skandierte die Zeit und gab ihr das Gefühl, mit diesem Boden, diesem endlosen steilen Weg verbunden zu sein. Und auch mit dem alten Mann, der vielleicht ihr Urgroßvater war. Durch das Geräusch hinterließ sie unauslöschliche Spuren. An der Weggabelung stand sie plötzlich vor einem weiteren Marienbildnis. Da war es wieder, das Virus, die Epidemie, die es vollbracht hatte, an einem einzigen Wochenende über einen großen Teil Norditaliens eine strenge Ausgangssperre zu verhängen. Alle blieben dort, wo sie gerade waren, als wären sie in einen Dornröschenschlaf gefallen oder von der Medusa versteinert worden, weil sie es gewagt hatte, ihr ins Gesicht zu blicken. Die Straßen und Plätze waren wie leergefegt. Alle beeilten sich, nach Haus zu kommen, da sie sich an ihrem Wohnsitz aufhalten mussten. Und sie, Elena, hatte das unsichtbare Virus ausgerechnet am Plöckenpass getroffen. Hier war sie nun. Verurteilt zu einer Bewegungslosigkeit in ihrem gerade erst geerbten Haus, das ihr aber noch weitgehend unbekannt war und nichts mit ihrem bisherigen Leben zu tun hatte. Dieser eine Moment, in dem sie in dem Büro des Notars, der ihr ans Herz gelegt hatte, sie möge das Erbe doch bitte antreten, das Schriftstück unterschrieb, dieser eine Moment hatte sie an diese Felsen gefesselt. Wie Prometheus, dachte sie. Ob es hier Adler gab?

Wie lange würde sie hier festsitzen, wie lange würde sie jeden Winkel des alten Hauses, jeden Schrank, jedes Regal, jedes Buch, jedes Werkzeug und all die vielen anderen Dinge untersuchen können, die ihr die Geschichte einer Familie erzählten, die sie nicht kannte und die doch möglicherweise ihre Familie war? Vielleicht hatte auch ihr Urahn vor dem Marienbild kurz innegehalten und sich im Stillen bedankt, dass er die Spanische Grippe überlebt hatte, die gegen Ende des Ersten Weltkriegs halb Europa heimgesucht hatte. Über das Wort Heimsuchung dachte Elena noch nach, als sie hinter der nächsten Biegung der Blick auf den Cellon-Gipfel überraschte, der mit seiner dreieckigen Form wie ein Pfeil in den Himmel zu zeigen schien. Ihr Herz klopfte. Vor Anstrengung, vor Betörung oder vor Beklemmung?

Elena war erleichtert, dass die Grenze hier oben noch offen war. Noch könnte sie das Land verlassen. Sie war frei, sie war nicht eingesperrt, auch nicht in diesem Haus. Sie konnte diesen Ort jederzeit verlassen. Im Weitergehen hörte sie lautes Hupen und Stimmen, die von den Felswänden mehrfach zurück hallten. Die Stimmen wurden lauter, Türen quietschten, wurden zugeschlagen, Gegenstände wurden verschoben oder knallten auf den Boden. Elena kam näher. Da sah sie es: In den Zollhäuschen brannte Licht, die Türen waren geschlossen, darin standen oder saßen Männer in Uniform, die Schlagbäume waren heruntergelassen worden, sperrten mit ihrer Horizontalen die Straße. Die Grenze war kein Phantom mehr, sie war nun wirklich geschlossen. Und Elena war eingesperrt. Oder ausgesperrt. Das wusste sie noch nicht.

Sie blieb eine Zeit lang stehen, drehte sich um und sah über die große leere Fläche zu ihrem ererbten Haus hinüber. Dann betrat sie die Bar. Dino war im hinteren Teil des Gastraums, saß auf seiner Eckbank und zeichnete Kurven auf die Blätter eines Schreibblocks mit kariertem Papier. Mit Bleistift trug er für jeden Tag die neuen Infektionszahlen ein, auf einem Blatt die Daten für ganz Italien, auf einem zweiten Blatt die für die Region Friaul. Da schlugen vor allem die Zahlen der Hafenstadt Triest zu Buche, deshalb legte er gerade ein drittes Blatt mit den Zahlen für die unmittelbare Umgebung an. Carnia. All dies erklärte er ihr mit besorgter Miene. Immer wieder ging er mit seinem Handy vor die Tür und telefonierte. Sie sah ihn von drinnen, wie er auf und ab ging und rauchte. Irgendetwas stimmte nicht, dachte sie. Dann kam er wieder rein. Es gibt einen Fall in Arta Terme, sagte er. Der Ort lag gegenüber von Elenas Ausgrabungsgebiet. Aber der Fluss lag dazwischen. Einen Fall. Das schien ihr nicht besorgniserregend. Und in Pordenone ist ein alter Mann an Corona gestorben. Der erste Todesfall in der Region. Ich glaube, ich kannte ihn, sagte Dino. Solange es Einzelfälle bleiben, ist die Epidemie ja nicht so beängstigend, sagte Elena und sah auf Dinos Kurven und Zahlen.

Hoffentlich bleibt es so, sagte Dino. Aber du solltest deinen Wohnsitz hier anmelden. Es kann sein, dass in der nächsten Zeit verschärfte Ausgangssperren verhängt werden und man sich nicht mehr aus der Heimatgemeinde wegbewegen darf.

Elena starrte ihn an. Solch eine Situation hatte sie in ihrem unge-bundenen, freien Leben noch nie erlebt. Sie spürte, dass sie plötz-lich sehr schnell unwiderrufliche Entscheidungen treffen musste. Sie konnte nicht mehr einer spontanen Idee folgen, wie sie es bis-her immer getan hatte. Sie versuchte, nachzudenken, schneller zu denken und ging zurück in ihr Haus.

Am nächsten Tag kam Dino mit einem großen Topf Gemüse-suppe, Minestrone. Wir sind jetzt ein Haushalt, eine Familie, un nucleo familiare, sagte er triumphierend, als er eintrat. Die Grenzer haben mich gefragt, wohin ich mit dem Suppentopf gehe. Man darf keine Personen mehr aus einer anderen Familie treffen. Da habe ich gesagt, ich gehe zu meiner Verlobten. Also nicht vergessen: Wir sind jetzt eine Familie. Falls sie dich auch fragen.

Elena lachte, freute sich ein wenig über ihre neue Familie und holte eine Flasche Rotwein aus dem geerbten Weinschrank.

Dann sagte Dino: 250 Meter. Sie sah ihn fragend an. 250 m darf sich jeder von seinem Wohnsitz entfernen. Von der Bar bis hier her sind es 150 m. Ich habe es gerade ausgemessen. Elena war fassungslos, fühlte sich in einem falschen Leben. Gilt das auch für uns?, fragte sie. Hier oben ist doch niemand. Bei wem sollten wir uns anstecken? Bei den Zollbeamten vielleicht, lachte Dino. Und die stecken sich vielleicht unten in ihren Dörfern an. Die müssen wir also auf Abstand halten. Ein Meter fünfzig Abstand ist vorge-schrieben. Und Maskenpflicht. Aber es gibt nicht genug Masken. Stolz legte er ein paar Mund- und Nasenbedeckungen, wie man sie aus dem Krankenhaus kennt, auf den Tisch. Die habe ich für uns ergattert. Auf der Straße ist auch Maskenpflicht. Das sind die neuen Verordnungen.

Dino starrte auf sein Handy. Er las seit einigen Tagen ununterbrochen die Internet-Nachrichten. Die Intensiv-Betten in Bergamo werden knapp. Die Zahl der Toten steigt von Tag zu Tag. Es fehlen Beatmungsgeräte. Einige Patienten wurden schon ausgeflogen. Nach Österreich und nach Deutschland. Dort haben sie mehr Möglichkeiten. Die Krankenhäuser sind da besser ausgestattet und noch nicht so überfüllt.

Elena merkte plötzlich, dass die Lage ernster wurde.

Dann sprach Dino von Verdopplungszeiten und Reproduktionsfaktor. Der Reproduktionsfaktor muss sinken, muss unter eins fallen. Im Moment ist er zu hoch. Und die Verdopplungszeit zu klein. Elena ließ sich alles erklären, aber die Panik, die sich plötzlich im Raum ausbreitete, passte nicht zu der Umgebung draußen, zu dem menschenleeren Platz, auf dem jede Ansteckungsgefahr gleich Null war. Draußen war noch einmal kurz die Sonne heraus gekommen, aber dann sofort hinter den bewaldeten Gebirgskämmen im Südwesten verschwunden. Die letzten Strahlen erreichten nur noch die Kiefern, die auf den Kämmen standen und gaben der Kammlinie damit eine goldene leuchtende, leicht verschwommene und zitternde Lichtlinie, die zwischen dem dunklen Schattenreich darunter und dem dämmrigen graurot en Himmel darüber hervorstach. Die Linie sah mit ihren Zacken aus wie die Linie in der Graphik des italienischen Gesundheitsministeriums, die die Entwicklung der Infektionszahlen angab. Eine gelbe Linie auf schwarzem Grund war dort zu sehen, zeigte viele schwankende Spitzen, aber einen unaufhaltsamen Anstieg in die Höhe. Die Zahlen der Todesfälle waren mit einer roten Linie angegeben. Dann verschwand der Bildschirm. Die Netz-Verbindung war hier oben auf dem Pass immer sehr schwankend.

In den folgenden Tagen erzählte Dino von seiner Tochter. Die lebte mit ihrer Mutter in Amerika. Dachte er. Sie hatte Mode-Design studiert, war aber seit kurzem in Italien, in Milano, arbeitete viel mit der chinesischen Textilindustrie. Zuletzt war sie in Bergamo.

Ausgerechnet Bergamo, stöhnte Dino. Ich war immer ein schlechter Vater, aber jetzt muss ich mich um sie kümmern, verstehst du? Zum ersten Mal muss ich mich wirklich um sie kümmern. Sie ist meine Tochter. Ich wollte zu ihr, aber es geht nicht. Ich muss in meiner Region bleiben, und sie in ihrer. Wegen Corona. Ich habe Angst um sie, ich möchte, dass sie aus dieser verseuchten Stadt herauskommt. Aber sie ist da gemeldet. Du kennst ja die Bestimmungen. Ich kann nichts tun, sitze hier herum und habe das Gefühl, die Zeit läuft uns davon.

Elena sah auf die große hölzerne Standuhr, die sie vor kurzem repariert und deren Pendel mit einem leichten Anstoß wieder zum Schwingen gebracht hatte. Nun bewegte es sich unaufhaltsam hin und her, solange die Gewichte den Mechanismus mit Hilfe der Schwerkraft des Planeten in die Tiefe zog. Wie ein kleines Rädchen in den großen Bewegungen der Himmelskörper hatte die Uhr ihre Arbeit wieder aufgenommen. Sie war wieder da, die Zeit, sie ging, sie verging, sie verstrich. Ohne die Gewichte hatte die Zeit stillgestanden. Elena und Dino starrten während des Essens auf das leise schwingende Pendel. Das Gewicht der Zeit zog sie mit sich hinab. Sie schwiegen und beobachteten das Verstreichen der Zeit.

Bis Dino aufstand und sagte, ich muss noch ein paar Telefonate machen.

Elena blieb mit dem Geräusch der Zeit zurück. Erst als es draußen dämmerte, ging sie in Dinos Bar, um mit ihm die neuesten Nachrichten im italienischen Fernsehen zu sehen. Die Kurven an den Wänden seiner Bar waren länger geworden, mit jedem Tag wuchsen sie nach rechts. Die Kurven wuchsen mit der Zeit, oder die Zeit wuchs mit ihnen. Sie wuchsen auch in die Höhe, wie steile, aufragende Gebirgswände. Die schwarze Linie stand für die Zahl der täglichen Neuinfektionen, die rote für die Todesfälle. An der gegenüberliegenden Wand hing ein Plakat mit zwei neuen Kurven. Der Reproduktionsfaktor muss unter 1 sinken, erklärte Dino. Sonst werden wir das Virus niemals los. Wir geben es immer weiter wie die Staffel beim Staffellauf. Aber einen ersten Schritt haben wir schon getan. Er zeigte Elena den Kurvenverlauf, der in den letzten Tagen keine

Steigungen mehr zeigte, sondern gleich blieb oder sogar langsam abwärts ging. Das Schlimmste haben wir also hinter uns. Wir sind schon fast über den Berg.

Hat deine Tochter inzwischen einen Test gemacht? fragte Elena.

Ja, aber sie hat noch kein Ergebnis, sie hat aber immer noch Fieber, Husten und auch Atembeschwerden. Das Testverfahren ist so langwierig.

Dann schlug er eines seiner vielen Hefte auf. Ich versuche gerade zu recherchieren, wie viele Intensivbetten mit Beatmungsgeräten es in welchen Krankenhäusern gibt. Die Geräte werden allmählich knapp. Und dann kommt es zur Triage. Dann müssen die Ärzte entscheiden, wessen Leben sie retten und wen sie sich selbst überlassen.

Elena wusste nicht, was sie sagen sollte. Das ist ja schrecklich, sagte sie. Ja, sagte Dino. Die Zeit läuft uns davon. Dann schwiegen beide.

Am nächsten Tag kam die Nachricht. Sie ist positiv. Infiziert. Sie liegt im Krankenhaus in Bergamo. Ich habe für sie gebetet. Geht es ihr schlecht?, fragte Elena. Sie hat starke Atemprobleme. Sie hatte als Kind Asthma. Belastungsasthma, hieß es damals. Das hat später nachgelassen. Aber die Lunge ist wohl nicht so fit. Wenn sie beatmet werden muss, wird es kritisch. Und ich sitze hier fest und kann ihr nicht helfen. Nicht mal in ihrer Nähe sein. Ich habe noch nie gebetet. Aber mir fiel nichts anderes ein. Möchtest du einen Kaffee?

Ja, gern, einen Cappuccino, wenn es geht. Wenn Dino Probleme hatte, tat es ihm gut, dass er an seinem großen Kaffee-Automaten hantieren konnte. Mit einem Cappuccino war er besonders lange beschäftigt. Dann musste er nicht sprechen, konnte nachdenken und überlegen, ob er etwas sagen wollte. Meine Tochter ist in Bergamo, im Krankenhaus, sagte er schließlich, sie müsste beatmet werden, aber es gibt zu wenig Plätze. Jetzt liegt sie in einem Lazarettzelt und wird dort notdürftig beatmet. Als Kind, weißt du, wenn sie zu weit rausschwamm, bekam sie Angst zu ertrinken, obwohl sie gut schwimmen konnte. Aber wenn sie keinen Grund mehr hatte, überfiel sie Panik und die Panik löste bei ihr Asthma aus, sie bekam keine Luft, drohte zu ersticken. So war es auch jetzt. Sie hatte sich angesteckt. Sie war jung, die meisten in ihrem Alter hatten einen milden Krankheitsverlauf. Aber sie dachte sofort an ihre Lunge. Und bekam Panik. Das Virus trat völlig unbemerkt in ihr Leben, sozusagen durch die Hintertür. Es ließ ihr strahlendes Lachen unversehrt, drang aber ganz einfach und direkt in ihre Atemwege und ihre Lunge ein. Ihre Lunge, die sich bei Panik verkrampfte und ihre Bläschen schloss und erstarren ließ. So jedenfalls stellte Dino es sich vor. Und da sie keinen Sauerstoff mehr aufsog, musste er ihr mit Gewalt eingeblasen werden. Wie bei einem Luftballon.

Ich müsste zu ihr fahren, sagte Dino. Aber ich darf nicht. Sie würden dich gar nicht zu ihr lassen, auch wenn du da wärst, sagte Elena, um ihn zu beruhigen. Aber es beruhigte ihn nicht. Im Fernsehen sahen sie das Militär immer noch die viel zu vielen Särge abtransportieren. Bergamo war ein Ort des Grauens geworden. Und mitten drin seine Tochter. Elena schwieg. Sie wusste nicht, wie sie ihn trösten sollte. Was konnte sie sagen? Sie konnten nur hoffen, dass alles gut ging. Es wird schon gut gehen, sagte sie. Andrà tutto bene.

Sie sah aus dem Fenster. Der leere Platz vor der geschlossenen Grenze kam ihr plötzlich vor wie eine Bühne, eine Theaterbühne, die von den Schauspielern betreten wurde, wenn sie dran waren. Zwischen den Szenen war sie leer. Und im dunklen Zuschauerraum wartete das Publikum gespannt darauf, dass die Bühne wieder von Menschen betreten wurde, dass wieder etwas geschah. Aber das Warten im Dunkeln, das Blicken auf die leere Bühne und die freudige Erwartung der nächsten Szene war ebenso aufreibend wie das Eintauchen in die Szene selbst. Die Pause mit der leeren Bühne dauerte manchmal lang, unerträglich lang, aber die Zuschauer harrten aus, starrten gespannt, erwartungsvoll, hoffnungsvoll auf die leere Bühne, die sich bald, bald wieder füllen würde. Die Zeit stand still.

Die Zeit läuft uns davon, sagte Dino jeden Morgen, wenn Elena zum Frühstück in die Bar ging. Bis eines Tages die Nachricht kam: Sie haben sie ausgeflogen, zusammen mit vier anderen Intensivpatienten. Nach Bayern. Sie wissen noch nicht, wohin sie kommt.

Verena Rabe

Corona und ich

16. März 2020: Präsident Macron schaut beschwörend in die Kamera. Das ist pathetisch, denke ich, seine Mimik, seine Dringlichkeit in der Stimme, hinter sich die französische Fahne, die Anrede: Französinnen und Franzosen. Und diese starken Bilder in den Worten: Wir sind im Krieg. Wir kämpfen nicht gegen ein anderes Land, nicht gegen eine andere Nation. Aber der Feind ist da, unsichtbar, nicht zu fassen, der zunimmt. Und das bedarf unserer generellen Mobilmachung. Erst freue ich mich darüber, dass meine Französischkenntnisse ausreichen, um ihn zu verstehen. Dann denke ich: Respekt, der erreicht seine Bevölkerung damit sicher. Angela Merkel folgt ihm am nächsten Tag. Das war zu erwarten. Also Lockdown wegen Corona. Und das Bild dieses Virus, das man jetzt überall sieht, ist eigentlich so hübsch.

Funktionieren in einer akuten Krise: Als erstes die erwachsenen Kinder und den mexikanischen Freund der Tochter in Emden und in Amsterdam einsammeln. Mein Arbeitszimmer auflösen und einen Gartentisch im Baumarkt kaufen, der mir in den nächsten Wochen als Schreibtisch im kleinen Zimmer unterm Dach dienen wird. Auf unbestimmte Zeit mit den erwachsenen Kindern und einem 28-jährigen zusammenleben, der ein wunderbares Grün zu den Farben unserer Familie beisteuert. Im Sturm ist man besser nicht allein haben wir schon unseren kleinen Kindern beim Segeln beigebracht.

Kurz bevor alles zugeht, fahre ich nach Norderstedt zur Übergabe eines Bildhauersteines und eines Bildhauerbocks. Mein Lehrer, der beim Bildhauen nie Handschuhe trägt, hat welche an. Wir halten penibel Abstand, es ist ungewohnt. Ich spüre seine Angst vor dem Virus und meine Unsicherheit. Bei bildhau.de bestelle ich Werkzeug und erfahre, dass ich nicht die Einzige bin, die diese Idee hat.

Den Umgang mit den Masken üben, sich vorkommen wie in einer der Endzeitfilme, die ich so gerne schaue. Mich packt eine Mischung aus journalistischem Interesse und Aufregung, dass mal etwas wirklich anderes geschieht. Sorgen um die Mutter, die nicht mehr in der Reha besucht werden kann. Ich bin aber auch stolz auf unsere fantastisch funktionierende binationale Wohngemeinschaft, die bis nach Ostern bestehen bleibt. Klatschen am Fenster für die Pflegekräfte. Fast keiner in der Siedlung macht mit.

Jeden Tag ntv, Euronews, CNN, heute journal, Tagesthemen etc. Corona, Corona, Corona. Die Infektions- und Todeszahlen, die Bilder von Patienten in Intensivbetten an Beatmungsgeräten, deren Füße man immer sieht. Die Särge, die Menschen in Schutzanzügen. Auch das gleicht dem Endzeitszenario eines Spielfilmes. Als Historikerin denke ich, alles wiederholt sich. Jetzt also Corona, vor hundert Jahren die Spanische Grippe. Ich halte unerschütterlich daran fest, dass wir jetzt durch den Fortschritt in der Medizin und Hygiene und auch durch die Digitalisierung besser vor dem Tod gefeit sind. Die Gefahr dieses Virus ist mir früh bewusst durch Ärzt*innen und Naturwissenschaftler*innen in der Familie.

Den Kopf oben behalten und sich einreden, dass man keine Angst davor hat selbst zu erkranken. Sich um diejenigen sorgen, die man liebt, aber auch zu wissen, dass man sie nur bedingt schützen kann. Maske auf, Maske ab, nicht zu nahe kommen, Hände desinfizieren, nicht zu nahe kommen, Hände desinfizieren, Maske auf, Maske ab. Die Panik der anderen spüren, sie bei sich selbst nicht zulassen. Es wird schon, es wird schon, von uns wird niemand Opfer der Pandemie werden. Das weiß ich, das ahne ich, das hoffe ich.

Jede Woche einmal Corona Blues, sich eingeengt fühlen, sich überfordert fühlen von den vielen Menschen in unserem Haus und der Distanz zu Freunden und der restlichen Familie; mit dem Auto ziellos durch die Gegend fahren, bis es besser wird und ich wieder merke, dass es jenseits unserer Siedlung am Rande der Stadt noch eine Welt gibt. Und Hamburg ist so schön. Seine Gebäude in der Innenstadt rufen: Ich brauche euch Menschen nicht, ich bin die kühle Schöne, die auch ohne Lebendigkeit strahlt, vielleicht sogar mehr, als wenn ihr meine Straßen bevölkert. Berlin liegt währenddessen am Boden. Diese riesengroße Bühne für so viele Nationen und Paradiesvögel braucht Menschen und Lebendigkeit um zu strahlen.

Die Trauer über abgesagte Veranstaltungen macht sich breit. Besonders darüber, dass die Leipziger Buchmesse nicht stattfindet, denn ich bin mit meinem achten Roman *Und über uns das Blau des Himmels* Finalistin des DELIA-Literaturpreises und wir wären alle bei einer Preisverleihung auf der Buchmesse gefeiert worden. Eine kurze Präsentation ersetzt sie jetzt online. Mir fehlt das Anstoßen und Quatschen mit den Kolleg*innen danach. Die Arbeit als Initiatorin und Jurymitglied des ersten Writers' Room Stipendiums findet auch in der Schlussphase per Mail statt. Das ist enttäuschend, aber wir kommen dennoch zu einem tollen Ergebnis und vergeben die Stipendien an Tamar Noort und Johanna Sebauer. Zoom habe ich noch nicht entdeckt. Die Gala im Hamburger Literaturhaus zum 25-jährigen Jubiläum des Writers' Room, für den ich mich seit 1999 engagiere, wird abgesagt; die PEN-Tagung, die Anfang Mai in Hamburg stattfinden sollte, auch. Mein 55. Geburtstag findet nicht im Feierrausch statt, sondern mit wenigen Freunden, die für eine halbe Stunde auf unsere Terrasse kommen. Immer nur zu zweit mit viel Abstand. Eine weint und lacht zugleich, als sie mich sieht. Ich kann sie nicht umarmen, freue mich aber über dieses Geschenk der Freundschaft.

Ich stelle fest, dass es richtig war, als dotbooks-Autorin auf den Verkauf von Ebooks zu setzen. Aber ich kann auch keine Lesungen ausmachen. Das quält, das bremst. Sorge um die Kolleg*innen, deren Romanveröffentlichungen verschoben werden, Sorge um Kolleg*innen, die nicht auftreten können. Sorge um die Stille im Land ohne kulturelle Veranstaltungen.

Ich finde keine Worte für den aktuellen Roman und befürchte, diese Geschichte nicht weiterschreiben und beenden zu können. Zuerst sind zu viele Menschen in unserem Haus, dann lähmt mich die lähmende Welt da draußen.

Aber Mitte Mai nach Ende des Lockdowns folgt dem Aufatmen in der Außenwelt ein inneres Aufatmen. Mein Mann, der seit März im Homeoffice ist, arbeitet mit mir Tür an Tür und ich freue mich über die kurzen Kaffeepausen während der Arbeitszeit. Meine Figuren kehren zurück, ich versinke in meinem Text. Ich bin dankbar für unser Haus und den Garten, unser Segelboot auf der Elbe. Die Natur, die bis dahin oft in meinem Alltag eine Statistenrolle gespielt hat, wird langsam zu einer überzeugenden Hauptdarstellerin. Ich feiere jede Blume, jedes Blatt, die vielen Schattierungen von grün auf den Spazierwegen in der Umgebung.

Die Wendung: Ein Ausspruch bei einem Essen im Freundeskreis von jemandem, den ich gut zu kennen meinte: Für mich ist Corona vorbei, gefolgt von dem Hinweis auf neue politische Facebookfreunde aus Süddeutschland. Unglauben und dann Vorsicht auf meiner Seite und die Erkenntnis, dass man bestimmte Leute, die das Virus plötzlich nicht mehr ernst nehmen, lieber meidet.

Ich frage mich, was hinter dem Verleugnen der großen Gefahr steckt. Ich vermute Verzweiflung, Angst und die Unfähigkeit sich damit abzufinden, dass man das gewohnte Leben mit uneingeschränkter Bewegungs- und Entscheidungsfreiheit, das Gesicht hinter Masken versteckt, führen muss und auf einige wenige Freunde und die Familie zurückgeworfen ist. Ich höre Strategien, wie man Kontaktbeschränkungen umgehen kann. Ich teile meine Bedenken mit, werde aber als zu ängstlich abgestempelt. Die Isolation hat bei einigen zur extremen Beschäftigung mit alternativen Medien geführt. Ich erschrecke über deren halbstündige krude Posts. Und ich denke, so funktioniert das also, wenn in einer existenziellen Krise die falschen Propheten auf den Plan treten und diejenigen, die nicht mit ihr umgehen können, nach dem trügerischen Strohhalm greifen. Die Konsequenz im Privaten ziehen wegen der erhöhten Gefahr eines erschwerten Krankheitsverlaufes beim Lebenspartner. Niemanden treffen, der Corona klein redet, über die AHA-Regeln schimpft und nicht mit den bleibenden Beschränkungen zurechtkommt. Aber auch mutig sein, beruhigend auf die Angst der Menschen wirken, die in sehr fortgeschrittenem Alter sind und sich in ihre Wohnung wie in ein Fort zurückgezogen haben. Kontakt nur mit Abstand und Maske, Schwierigkeiten in der Kommunikation, die früher schon bestanden, werden dadurch noch verstärkt, aber manchmal kann man sich auch hinter der Maske verstecken.

Ich führe ein Gespräch vor dem wiedereröffneten Fitnessstudio mit einer, die Maske nur mit unverhohlener Verachtung trägt. Andeutungen von Verschwörungen einer politischen Elite gegen die Demokratie. Ich höre interessiert zu. Ich locke die Meinung, die mir so fremd ist, hervor. Mit meiner journalistischen Ausbildung weiß ich, wie das geht. Ich will begreifen, was die Bekannte dazu bringt, so zu denken. Es ist der Umsatzeinbruch in ihrem vor der Krise sehr gut gehenden Geschäft, das auf Büroleute angewiesen ist, die jetzt schon seit Monaten nicht mehr kommen. Es ist die Sorge um die Mitarbeiter*innen und die Frage, ob sie in Kurzarbeit geschickt werden müssen. Soweit kann ich folgen, aber alles andere ist mir fremd, macht mir Angst, lehne ich ab. Ich beziehe vorsichtig Stellung, weil ich die Gesprächspartnerin nicht verschrecken will, aber sie ist schon auf einem Ohr taub und ich befürchte, wohl auch bald auf dem anderen. Gespräche mit Ladeninhaber*innen im Viertel. Sie erzählen vom eingebrochenen Umsatz und von noch nicht eingegangenen Staatshilfen. Reinigungen haben geöffnet, aber einen hohen Umsatzverlust, weil wenige Flugzeuge fliegen, so viele im Home Office sind und keine Anzüge tragen. Die Liste ist lang, die Aussichten sind trübe. Ich versuche Mut zu machen, denke darüber nach, wie ich helfen kann, aber die Dinge, die ich zur Reinigung bringe, sind nur ein kleiner Tropfen auf den heißen Stein. Und die Fragen überall: Hilfen beantragen, wie, wo, wann kommt das Geld? Es reicht nicht, reicht es? Selbst Starthilfe beantragt – abgelehnt, da Betriebskosten zu gering. Zweifel daran, dass die Regierung auch nur im Ansatz begreift, wie es Künstler*innen so geht. Sorgen um die Studierenden, die am Anfang ihres Studiums in der Isolation eines Einzimmerapartments online Vorlesungen und Seminaren folgen. Wer ist der blasseste Mann an der Nordseeküste? Stolz, dass auch unter diesen Umständen in Amsterdam Masterarbeiten und Prüfungen erfolgreich absolviert werden.

Sonnige Tage in Amsterdam. Familie hat einen unschätzbaren Wert, besonders wenn auch in diesen widrigen Zeiten ihr Grundstock Harmonie, Liebe und Verständnis bleibt.

Ich habe eine Lesung im Sommer am heißesten Tag unter freiem Himmel in Eutin. Die Zuhörer*innen sind im Modus für leichte Unterhaltung. Stattdessen bekommen sie von mir die volle Breitseite. Ich unterstelle ihnen pauschal vertuschte nationalsozialistische Vergangenheiten älterer Familienmitglieder. Ich rufe auf, für die Freiheit, die Demokratie und gegen die AFD und die »Querdenker« zu kämpfen und ernte zwar Beifall, aber nicht von allen. Die Kapitel, die ich vorlese, tragen nicht gerade zu einer entspannten Atmosphäre bei: Es geht um Frauen, die als Azsoziale abgestempelt, erst im Gefängnis und dann im KZ Ravensbrück landeten. Teile der guten Gesellschaft von Eutin sind verschnupft. Aber beim Signieren höre ich die berührende Geschichte einer Frau, die erst spät von der Gefängnisvergangenheit ihres Vaters erfahren hat und ich weiß, warum ich das mache, trotz des Gegenwindes und des Unmutes Einzelner darüber, dass ich die Idylle am See durch so harte Themen getrübt habe. Dennoch kreise ich danach tagelang gedanklich um diese Lesung. Diese Empfindlichkeit bestand nicht vor dem Beginn der Pandemie, denn um Leute für ernste Themen zu sensibilisieren, muss man sie erst einmal wachrütteln.

Im Oktober eine Verschnaufpause in Mecklenburg in unserer Oase nahe Röbel. Es gibt noch etwas anderes als Corona. Pause vom Schreiben und Abstand vom 50er Jahre Szenario und der Geschichte, die erzählt wie es Frauen jenseits der kitschigen Klischees 1957 wirklich in Westdeutschland ging und die Nazivergangenheit von Juristen unter die Lupe nimmt. Die Hamburger Starthilfe beruhigt, denn der Roman wird wohl erst Monate später als geplant fertig.

Freude, Freude und noch mal Freude über Trumps Niederlage und Bidens und Harris Triumph. Aber vorher Entsetzen über den versuchten Sturm auf das Capitol.

Und dann diese Bilder von den Demonstrationen in Deutschland: Der Vergleich mit Sophie Scholl von Jana aus Kassel auf der »Querdenker«-Demo im November. Mir wird übel und ich bin entsetzt, dass so viel Dummheit überhaupt möglich ist. Ich lese vermehrt positive Kommentare zum »Querdenken« von Freunden von Freunden auf Facebook, die mal kommentiert, mal ignoriert, aber dann nach dem dritten unsäglichen Post, der in meiner Timeline landet, geblockt werden.

Winter, Dunkel, Lockdown, spazierengehen, spazierengehen, spazierengehen. Weihnachten, Lichtblick, warm, familiär, nah. Dann schreiben, netflix, netflix, netflix, amazon prime, Essen bestellen, Essen bestellen, schreiben, schreiben, schreiben. Sorge um Kinder, Mutter, Sorge darum, wie lange man diesen Zustand noch durchhält. Gleichzeitig dankbar, dass die Krise die eigenen Leute verschont. Aber Sorge um die anderen und das Unverständnis, dass ihnen so wenig geholfen wird. Weiterzahlen des Theaterabos, der Gebühr im Tanzstudio, obwohl die Onlineangebote nicht genutzt werden. Solidarität. Vorstandsarbeit für den Writers' Room per Zoom, PEN-Mitgliederversammlung per Zoom, verschobene Veranstaltungen verschieben, verschieben, zu Grabe tragen, hoffen auf irgendwas, irgendwann.

Lockdown, spazierengehen, spazierengehen, steinbildhauen, schreiben, kochen, Essen bestellen, netflix, netflix. Die Frage, wie viele »Querdenker« im September die AFD wählen werden. Hilft die Kritik an den »Querdenkern« in der eigenen Blase überhaupt?

Frühlingsanfang, leichtes Aufatmen. Und dann ein Gespräch en passant. Ich höre aufmerksam zu. Eine wirklich lebenserfahrene intelligente Person unterbreitet mir die Verschwörungstheorie inklusive des absichtlich freigesetzten Virus zur Dezimierung der Bevölkerung. Die Reichen werden durch den Verkauf des Impfstoffes noch reicher. Ich höre freundlich zu, halte freundlich dagegen, denn nur so findet man vielleicht Gehör. Ich nehme die Person ernst und verstehe, dass das Aufwachsen in einem diktatorischen Regime mit fanatischen und korrupten Politikern sicher auch zu dieser Einstellung, dass alle in der Politik lügen, die Presse ein Sprachrohr ist und man nur den alternativen Medien glauben kann, beigetragen hat. Aber ich habe auch Angst davor, was noch geschehen kann, wenn selbst so eine intelligente, im Leben stehende Person einer Verschwörungstheorie zum Opfer fällt.

Mai 2021: Wir werden das erste Mal geimpft. Ein Stein plumpst mir vom Herzen. Ich wusste nicht, dass er da lag, denn die Angst um mich selbst habe ich im letzten Jahr nicht zugelassen. Wir veranstalten ein Essen mit einem Freundespaar bei uns zu Hause. Alte, neue, vertraute, wunderbare Nähe. Der Ausblick auf einen freieren, leichteren Sommer. Der Ausblick auf eine Zeit, in der wir die Masken wieder abnehmen können, uns umarmen können, dicht an dicht in einem Konzert- oder Theatersaal sitzen. Lesungen veranstalten, nichts mehr absagen, sondern planen und auch umsetzen. Freude und gleichzeitig Bedenken, ein Blick auf die Prognose. Die AFD steht momentan bei 11 Prozent, wenn Bundestagswahlen wären. Was werden die vielen Unentschiedenen machen? In einer Krise radikalisieren sich immer einige Menschen aus Angst um ihre Existenz, aus Angst vor dem Unbekannten, aus Angst vor Kontrollverlust, aus Überheblichkeit, aus Unwissen, aus Angst als ältere Generation nicht mehr dazuzugehören. Aus Überforderung durch die Anforderungen der Familie mit Kindern, die immer zu Hause waren und nicht ausreichend von den Schulen betreut worden sind.

Wie weit werden sie gehen? Werden sie mehr? Oder erkennen sie, dass sie falschen, gefährlichen Propheten gefolgt sind? Und ich warte mit Spannung auf das Deutschland nach September 2021.

Bernhard Laux

Weit und nah

Was schreibe ich
nach so einem Jahr, in dem
die konsumgeblähte, waffenstarrende Welt
vor winzigen Viren in die Knie geht
über und für uns?

Wichtiger denn je: dass du da bist.
Selbst unter diesen Bedingungen
kann ich so den Morgen
mit dem Gedanken begrüßen
es könne ein schöner Tag werden

Wenn wir uns gemeinsam
auf den Weg ins Freie machen
haben wir trotz Abstands-Gebot
und Einkaufs-Maskerade
die Gewissheit, wir sind nicht
eingeschlossen, haben die Aussicht
auf einen lebendigen Abend

Nicht einmal meine lange Mähne
gerät trotz Friseur-Abstinenz
in allzu wildes Chaos
da du mit kleiner Schere
ordnende Wirkung erzielst
(wie mit anderem Werkzeug
in so vielen anderen Fällen)

Gemeinsam haben wir wieder eifrig
in die Lebenspedale getreten
sind beweglich geblieben
in der Weite unserer Nähe

II. Abschnitt
Von Menschen und Masken

Maren Schönfeld

Munaschu

**MUNASCHU
UMUNASCH
HUMUNASC
CHUMUNAS
SCHUMUNA
ASCHUMUN
NASCHUMU
UNASCHUM
MUNASCHU**

Maren Schönfeld

Corona – Haiku

Böllerverbot
ein Mann ruft aus dem Fenster:
Kein Feuerwerk!

Erster Frühlingstag –
am Ende des Parks zieht sie
die Maske runter

Tag der Poesie –
den Laptop verkabeln
mit dem Fernseher

Seit einem Jahr blüht
trotz neuer Normalität
meine Orchidee

Corona-Lockdown –
der Hund im Park trägt
eine blaue Schleife

Kontaktbeschränkung –
die Telefongespräche
nehmen kein Ende

Jakob Krajewsky

Der Papagei und der König
im Ziehharmonikabus Nummer 25

Es begab sich aber zu der Zeit, als Kaiserin Angela alle Welt einbestellte, sich ins Verzeichnis einzutragen, um sich impfen zu lassen. Und Assad war Statthalter Putins in Syrien und Donald Trump war Statthalter Putins in Amerika und die heilige Ursula, Schutzpatronin der Raumfahrer, regierte das Heilige Römische Reich und Suleiman, der Schmächtige, erigierte am Bosporus. Es war am letzten Chanukkatag und kurz vor Weihnachten zur Coronahauptzeit im Winter, der fast ein Sommer war, mit milden Temperaturen von neun Grad Celsius. Ich stieg am Hamburg-Haus vorne in den Gelenkbus Nummer 25 Richtung Altona ein. Der Bus war voller Leute. Ich musste mich durchkämpfen durch den Gang, mich bis zum Mittelteil mit der großen Tür vorarbeiten. Dort gab es einen Sitz mit einer Art Balustrade, die einem auch Beinfreiheit gewährte. Der Fahrgast saß dort etwas erhöht, wie in der Loge im Amphitheater oder vielleicht doch eher wie im Zirkus? *Bread and Circus.* Der Blick auf die Manege war frei. Passagiere drängten sich recht dicht aneinander. Sie trugen vorschriftsmäßig Masken. Im Türbereich standen sich Menschen gegenüber. Selbstredend war die Tür während der Fahrt von Station zu Station geschlossen. Die Beleuchtung, Heizung und Belüftung waren an. Es war spät nachmittags und dämmerte. Auf der Bühne des Busses fiel mir ein älterer Herr mit grauseidenen Haaren auf. Er hatte einen lustigen Schnauzbart, der links und rechts aus der Maske hervorbrach. Dieser Herr trug ein Casquette, einen schwarzen, flachen Hut wie einen Pfannkuchen auf dem Kopf und ein samtenes dunkles Wams mit lila Schal. Ihm vis-a-vis befand sich ein junger Mann mit ganz kurzen Haaren, mit Jeans und Trainingsjacke bekleidet. Die kurzen Haare waren keine politische Willenserklärung. Einfach nur modisch aktuell. Zeitweise kamen sich die beiden *Passengers* von Angesicht zu Angesicht immer näher.

Der Bus schwankte manchmal, bog sich, als ob der Boden in der Mitte durchbrechen, sich auftuen wolle. Das geschah natürlich nicht. Doch etwas anderes brach sich Bahn im Bus. Der ältere Herr kam dem jungen Mann gefährlich nahe. Fast wäre es zu einem Kuss von Maske zu Maske gekommen. Daraufhin blickte der junge Mann etwas erschrocken. Er zog sich zurück, lehnte sich mit dem Rücken an die Plexiglasscheibe, die den Sitz rechts neben dem meinem von dem Türbereich mit Ausgang trennte, und konnte so den alten Herrn im Visier behalten.

Als der Ältere sah, wie der Junge erschrocken zurückwich, wanderte nun etwas wie ein spitzbübisches Lächeln über sein Gesicht. Seine blaugrauen Augen leuchteten. Er lüftete die Maske. Ich sah seinen Spitzbart nun vollkommen und formvollendet. Er öffnete den Mund und sprach mit einem leichten Akzent zum Jungen: »Die Maske 'ilft sowieso nichts. Es ist die Regierung, die das beschlossen hat, das vier das tragen müssen. Die verdienen alle daran. Es 'ilft nix.« Der junge Mann wich erneut, fast belustigt zurück, neben ihm stand noch ein Freund gleichen Alters. Etwa 18 Jahre alt waren die beiden, wohl schon volljährig. Sie schauten sich vielsagend an. Mit »Die Maske hilft, dass wir uns nicht anstecken,« versuchte der Kurzhaarige eine vollmundige und rationale Erklärung zu geben. »Du bist du Papagei,« sagte der Alte mit dem lustigen Schnauzbart, der sich leicht nach oben zwirbelte. Der Junior guckte erstaunt und sagte: »Es geht darum, dass Sie uns nicht anstecken!« Daraufhin sagte der Alte, der mich an einen König in einem alten Film, vielleicht Ludwig den XVI. aus Frankreisch erinnerte, während er die Maske spielerisch auf- und absetzte: »Du bist Papagei. Du blappert alles nach, eh, was die Regierung sagt, eh.« Die Menschen um mich herum bekamen furchtsame Augen und ich fing an, das Schauspiel zu genießen. Papageienhaft wiederholte der geheimnisvolle Bourbone: »Du bist Papagei«, während er zum Schrecken aller, und zum Ärger des jungen Mannes in der Trainingsjacke, an seiner eigenen Maske spielte, sie von Mund und Nase zog, sie auf- und absetzte. »Die Regierung belügt uns alle und will uns auch noch impfen lassen. Isch bin nischt bereit dazü!«, skandierte der König und hielt triumphierend seinen entblößten Kopf in die Runde. »Isch bin gläubisch und wenn meine Zeit gekommen iest, dann werde isch sterben, verschtehst du es?« Nun, jetzt wurde es interessant – auch für die Umstehenden – diesem jetzt unvermittelt metaphysisch anmutendem Diskurs, ja Disput, im Bus Nummer 25 Richtung Altona zu folgen. »Mon Dieu«, stieg es in mir auf.

»Es ist die Strafe Gottes für das böse Tün des Menschen. Die Pestilenz und die Klimaerweichung. So steht es in der Offenbarung und im zweiten Petrusbrief: »Indem ihr das Kommen des Tages Gottes erwartet, an dem die ’immel in Glüt sich auflösen und die Elemente vor ’itze sich auflösen werden. Vier erwarten aberr nach Seiner Ver’eißung neue ’immel und neue Erde, in denen Gerechtischkeit wohnt.«

Da entgegnete der junge Mann: »Das mit dem Virus ist Biologie und Chemie, aber mit Gott hat das nichts zu tun. Den gibt es gar nicht.« »Ah, Bioloschie und Khemie, eh. Wer ’at die denn geschaffen, eh? Ist es nischt der Schöpf ERrr?«

Möglicherweise haben wir schon die letzten Tage des Seins erreicht, aber wie können wir uns sicher sein, so kurz vor Weihnachten am Chanukkatag im Bus Nummer 25. »Sie werden uns alle veraschen, wir werden es sehen«, tönte Roi Louis XVI (Seizième)? Mein Französisch ist nun überwiegend auf dem Schulniveau von 1979 stehengeblieben. Quel domage! Das können wir jetzt auch nischt mehr ändern. Je suis pardon!

Plötzlich fuhren wir an der Neuen Flora vorbei, die noch ganzflächig mit einer Impression des Cirque du Soleil auf der Gebäudeoberfläche neben dem Eingang warb. Niemand indes konnte mehr in die Darbietungen dieses exquisiten Zirkus der Sonne, des Lichts mit Sonnenkönigen und Mondgesichtern gehen. Die Restriktionen aufgrund der Pandemiegesetze der Kaiserin Angela machten es unmöglich. Der König hatte gerade wieder seine Maske abgenommen und Tröpfchen drangen aufgeregt aus dem Mund in die Menge: »Sie wollen uns gefügisch machen und spritzen Mikrosensorengels, um dann unsere DNA umzuwandeln, ihr werdet es alle sä(h)en.« Der junge Mann warf die Augen nach oben. Verzweifelung. Seine rationale Argumentation hatte er nun aufgegeben und ballte die Fäuste vor Wut, biss seine Zähne zusammen. Der Hoodie stand in der Mitte der sich nun öffnenden Tür, während die Tröpfchen aus dem Munde des Königs an ihm vorbeischossen. Wir waren angekommen. Es war vollbracht. Schon Endstation? Zumindest an diesem Punkt. Auch diese Geschichte muss hier enden. Der Bus hielt ordnungsgemäß unter der S-Bahnüberführung an der Bushaltestelle Holstenstraße. Wie nach einem gewaltigen Koitus entlud der Gelenkbus stöhnend die ihm innewohnenden Menschenmassen auf die Straße des Lebens. Sie enteilten und verflüchtigten sich, Tröpfchen für Tröpfchen. Der König und der Papagei waren meinen Augen entschwunden. Nun, wie würde es weitergehen? Wird der König kopflos? Werden wir es? Wem schenken vier den Glauben? »Au revoir, Sire« et »bye, bye Papagei.« A bientôt.

Alexandra Rau

Vervirte Gedanken

ELTERNTEIL: Da kommt ja endlich die Bahn.

KIND: Ich will die Tür aufmachen.

ELTERNTEIL: Fass das nicht an, ich drücke auf den Knopf.

MENSCH MIT HUT: Lassen Sie doch erstmal die Leute aussteigen.

ELTERNTEIL: Halt dich fest.

MENSCH, BARFUSS: Bitte entschuldigen Sie die Störung, ich bin obdachlos und würde mich freuen, wenn Sie eine Unterstützung für mich …

MENSCH MIT HUT: Gehen Sie mal durch.

ELTERNTEIL: Nicht so, nimm hier das Tuch und wisch über die Stange, dann kannst du sie anfassen.

MENSCH, BARFUSS: … haben, gerne auch was zu essen, oder …

KIND: Das stinkt aber.

ELTERNTEIL: Das muss stinken, das desinfiziert.

KIND: MaPa, wann sind wir da?

MENSCH, BARFUSS: … auch ein paar Cent, ich brauche neue Schuhe und habe in der Kleiderkammer keine passenden gefunden.

OFF: Nächste Station Hauptbahnhof. / Next stopp Main Station.

MENSCH MIT JEANS, TELEFONIEREND: Ey, Alter, ich bin's.

MENSCH MIT HUT: Hier ist Maskenpflicht!

MENSCH MIT JEANS, TELEFONIEREND: … ja, in der Bahn, …

MENSCH MIT TROLLEY: Ha'm Sie nicht gehört: Maske aufsetzen!

KIND: MaPa, der hat keine Maske auf.

MENSCH MIT JEANS, TELEFONIEREND: Alter, die nerven hier.

MENSCH MIT TROLLEY: Das ist eine Vorschrift. Halten Sie sich dran.

MENSCH MIT JEANS: Wenn jemand sagt: »Spring« springen Sie doch auch nicht.

KIND: MaPa, wohin springen die denn?

MENSCH MIT HUT: Das ist doch kompletter Unsinn.

MENSCH MIT JEANS: Mischen Sie sich nicht ein.

113

KIND: MaPa, die streiten sich.

MENSCH MIT TROLLEY: Man wird doch wohl noch was sagen dürfen.

KIND: Warum sagst du immer, dass ich nicht mit Thorsten streiten darf?

OFF: Ausstieg links.

MENSCH MIT HEMD: Ich setze keine Maske auf, ich habe einen Negativtest.

MENSCH MIT TROLLEY: Wie verantwortungslos. – Lassen Sie mich durch!

KIND: Kuck mal, da sind ja Leute mit Koffern – fahren die in den Urlaub?

ELTERNTEIL: Pssst, nicht so laut.

KIND: Aber die dürfen doch gar nicht in den Urlaub fahren.

ELTERNTEIL: Vielleicht fahren die zur Arbeit.

MENSCH MIT HUT: Lassen Sie mich mal aussteigen.

KIND: Fahren wir auch bald in den Urlaub?

ELTERNTEIL: Geh von der Tür weg.

OFF: Nächste Station Jungfernstieg. Next stopp Jungfernstieg.

MENSCH MIT KRAWATTE, TELEFONIEREND: So sieht es normalerweise aus, aber jetzt ist es schwierig.

MENSCH MIT BRILLE, TELEFONIEREND: Mama, du musst ins Telefon sprechen.

MENSCH MIT KRAWATTE, TELEFONIEREND: Also was wir suchen ... und ... genau ...

MENSCH, BARFUSS: Ja, ich nehme auch gerne ein Franzbrötchen, vielen Dank.

MENSCH MIT BRILLE, TELEFONIEREND: Du musst lauter sprechen.

MENSCH MIT KRAWATTE, TELEFONIEREND: Und was wir suchen ...

MENSCH MIT MÜTZE: Lassen Sie mich mal vorbei.

OFF: Ausstieg links

MENSCH MIT TASCHE: Bitte Abstand halten!

MENSCH MIT MÜTZE: Ich will doch nur vorbei.

MENSCH MIT BRILLE, TELEFONIEREND: Ich verstehe dich kaum, sprich mal lauter.

Mensch mit Tasche: Halten Sie Abstand, das kann doch nicht so schwierig sein.

Off: Nächste Station Stadthausbrücke. Next stopp Stadthausbrücke.

Mensch mit Tasche: Nehmen Sie mal Ihren Rucksack runter.

Elternteil: So, hier lang, halt dich fest.

Mensch mit Krawatte, telefonierend: Genau – so bis 1.200 €, setzen Sie sich mit denen in Verbindung.

Kind: Guck mal, ich kann mich hier festhalten.

Mensch mit Krawatte, telefonierend: Sehr schön, dann machen wir das, perfekt, haben Sie vielen Dank.

Off: Ausstieg links.

Mensch in Begleitung: Da, kuck mal die da, …

Begleitung: Die vier dort?

Mensch in Begleitung: Ja, die stehen so nah und unterhalten sich – dürfen die das?

Mensch mit Zopf, telefonierend: Ich habe morgen meinen ersten Impftermin.

Mensch in Begleitung: Mensch darf sich doch nur mit einem Menschen aus, also nur mit einem …

Mensch mit Hemd: Rutschen Sie mal.

Mensch mit Shirt: Nein, setzen Sie sich nicht neben mich, das ist zu eng.

Mensch mit Hemd: Ach, hier ist doch genug Platz.

Mensch mit Zopf, telefonierend: In den Messehallen.

Mensch mit Trolley: Wieso dürfen Sie zur Impfe? Sie sind doch noch jung.

Mensch mit Hemd: [Hust]

Mensch mit Zopf: Das geht Sie gar nichts an.

Mensch mit Trolley: Einfach vordrängeln, das geht ja gar nicht.

Mensch mit Zopf, telefonierend: Warte mal, ich steige mal aus, hier mischen sich Menschen in fremde Gespräche.

Mensch in Begleitung: Aber sagt da denn niemand was, also bei denen da …

MENSCH MIT TROLLEY: Mensch muss sich doch an die Impfreihenfolge halten.

KIND: MaPa, was ist Impfreihenfolge?

ELTERNTEIL: Da wird festgelegt, wer wann dran ist mit impfen.

KIND: So wie Oma?

MENSCH MIT KRAWATTE, TELEFONIEREND: Ja, ich bin's – ich habe wegen der Wohnung telefoniert …

MENSCH MIT HEMD: [Räusper]

Mensch mit Shirt packt hektisch seine Sachen zusammen.

MENSCH MIT HEMD: Aber Sie müssen doch nicht weggehen. Ich habe einen Negativtest.

ELTERNTEIL: Wir steigen jetzt aus.

Reimer Boy Eilers

Das Prinzip des Maskentragens

Welcher Tag ist heute? Was für ein Tag wird sein? Abstand halten ist das Gebot. Räumlich wie reglich. Nur keine Regungen und Erregungen. Keine Umarmung, aber auch keine Mimik. Stattdessen Masken. Was gestern noch höflich war, ist heute die schiere Unvernunft und morgen suizidal. Welcher Tag ist heute? Der Winter ist gekommen. Die Tage der Krise gleiten wie Kettenglieder ineinander. Seit Januar verfolgt die Welt jede Bewegung des Erregers und jede Gegenreaktion. Welcher Abend ist's? Keine Sorge, es ist schon Mitternacht. Fünf nach zwölf ist es genau genommen, und du kannst schlafen gehen. Auch Engel ruhn, und der Größenwahn der Mittelgebirge hat bis zum Morgen Pause. Dann folgt die Auferstehung der Medien in der nächsten Covid 19 Sause. Es gibt keine milden Utopien mehr. Heiner Müller ist auch schon tot. Lange vor der akuten Virenschwemme hatte er einen Verdacht. Vielleicht ist der Mensch gar nicht die Krone der Schöpfung. Sondern nur so eine Art Kneipe für Viren. Der Dramatiker als Orakel, eine Generation vor Twitter. Wenn wir alles an uns heranließen, könnten wir nicht schlafen.

An den Rändern des Tages ist digitales Händewaschen angesagt. Nur keine viralen Fakes weiterleiten. Der Hammer und der Tanz. Lockdown, die Menschheit einsperren oder durchseuchen. Welcher Schrecken ist der bessere? Peak Panic feiert ihren Durchmarsch in den Medien. Mit Atemschutz geht es ins Niemandsland. Wir müssen schnell sein. Dürfen nichts bereuen, was verordnet wird. Es gibt keine milden Utopien mehr. Frauen, die ich nie verführte. Deren Gegenwart ich spürte. Dior produziert Desinfektionsmittel. Die Lehre von der zweckorientierten Ethik schleicht sich in den Schlaf und vom Bett bis in das Morgen. Wie spät ist es? Und welcher Tag? Entscheidungen sollten daran gemessen werden, ob sie der größtmöglichen Zahl von Menschen das größtmögliche Wohlbefinden garantieren. Was ist, wenn ich zu lange schlafe? Vielleicht bis fünf nach acht? Gerate ich über Nacht in das Alter, wo ich der Ethik zum Opfer falle? Fremdenhass, wer hat die neue Lungenseuche zu uns Menschen getragen? Panikkäufe und die Vergötzung von Quacksalbern schmieren am Morgen die Mediensause. Was hilft das digitale Händewaschen?

Ich taumele durch den Tag. Er gibt mir nicht die Hand, ist nicht im Einvernehmen mit mir. Misstrauen gegenüber anderen Menschen und der zivilisierten Außenwelt sind das Gefühl der Stunde. Nie bin ich allein zu Hause. Das Kriegsgebiet im Kopf begleitet mich. Wenn das Außen schrumpft, dehnen sich die inneren Landschaften aus. Virale Worte summen durch den virtuellen Raum: Respekt, perfekt, verreckt. Der Tag vermummt mir das Gesicht. Wieder ein Tag, der sich vor Menschen ekelt. Ein Tag, der uns nicht die Hand gibt. Meine Miene wird zur Maske. Wer krank und gefährlich ist, hält mich für krank und gefährlich. Wer gelangweilt, frustriert und ängstlich ist, streut das weiter. Ein Super Spreader viraler Worte: Denunziant, Blockwart, Vaterland. Notstand von unten. Der Herr nutzt alle Hände. Weinläden haben geöffnet und die Bibliotheken schließen.

Höher hätte ein Christo nicht greifen können, das Virus als Verpackungskünstler, der es nicht beim Reichstag belässt, sondern die ganze Menschheit einpackt. Ist das die virale Kunst der Menschheitsverfremdung? In der Krise werden die sozialen Netze enger geknüpft. Zugleich wird die Freundschaft hinter den Masken austauschbar. Auf Facebook kann ich mich mit einem Klick entfreunden. Eine Runde Social Media und dann Homeoffice. Durchschaue ich mich selber noch, wenn die Trauer Atemmasken trägt? Wenn die Körper Abstand halten müssen, bleibt das Herz, um zueinander zu finden. Virale Worte: Zoom für die Seele. Komm ins Offene, Freund! Und schau der Gesellschaft beim Denken zu.

Emina Čabaravdić-Kamber

Die Geduld

Wenn die Corona Welle
Voller Wucht
Gegen den Felsen schlägt
– Jeder Schlag, eine Hoffnung –

Wenn Covid 19
Gegen den Uhrzeigersinn
Sich verliert
– Jeder Schmerz neue Freiheit –

Wenn die Pandemie
erbarmungslos
Um sich greift
Jede Liebe eine Sehnsucht –

Emina Čabaravdić-Kamber

Das Licht

Heute ist besser als gestern
Vielleicht wird sich das Licht
Morgen
Durch die Fensterritzen
In meinen Raum einschleichen

So bin ich immer noch
Im Zeichen der Pandemie
Auf der Suche nach Licht

Das Leben wird vergehen
Die Schatten bleiben
Für Suchen und Finden

Die Welt ruht
Auf meinen Schultern
Als wäre sie gegen Jeden

So bin ich immer noch
Auf der Suche nach Licht
Ohne Pandemie

Emina Čabaravdić-Kamber

Durchhalten

Gesucht habe ich dich
In meinem Herzen
Du bist nicht tot

Jeder Mensch stirbt zweimal
Den ersten hast du hinter dir
Ich denke an dich

Ich erzähl' dir
Auch wenn nur im Traum
Dass ich vom Leben

Müde bin
In dieser Corona Welt
Auf die Knie
Gefallen bin

Meine Worte sind schwer
Auch wenn nur im Traum
Treffen das Herz
Das Schweigen
Auch

Emina Čabaravdić-Kamber

Die Mundschutzmaske

Mit Straßenbahn 3
Fährst du in Sarajevo
Die Straßen entlang
Deiner neuen Liebe entgegen

Übst dich in Gedanken für das erste Date
Du schaust aus dem Fenster
Flüsterst in die Mundschutzmaske
Eine Liebeserklärung

– Hi
Es gibt etwas zwischen uns
Nur zwischen dir und mir
Sollten wir
Nebeneinander gehen
Vielleicht
Werden uns die Schritte
Zu uns führen –

Die Straßenbahnfahrt endet
Eine unbekannte Hand
Hinter deinem Rücken
Nimmt dir die Mundschutzmaske
Von deinem Mund ab

Dass hast du so schön gesagt
Lass unsere Schritte sprechen –
Sagt die Unbekannte
– Ohne Schamgefühl –
– Ohne versteckte Blicke –

Emina Čabaravdić-Kamber

Ein Märchen

Vom Ende der Liebe
Will der Mensch nichts wissen
– Sie stirbt mit dem Tod –

Es wäre schön
Wenn nur eine Nacht
Aus unserem Lebensmärchen
Wahr würde

Wenn uns nur einmal ein Atemzug
Aus der Ferne erreichen kann
Dann würden wir erfahren
Was uns
Das Vermissen und die Sehnsucht bedeuten

Wenn die Entfernung uns die Liebe raubt
Wie in einem Märchen
Dass in allen Sprachen der Welt eingraviert ist
Ohne jemals es zu leugnen

Dann
Werden wir wissen
Das, was geschrieben
Wird nie vergessen

Emina Čabaravdić-Kamber

Der Raub innerer Freiheit

Nicht einmal der Schleier
Einst in dem Orient
Aus dem sie ausgebrochen
In einer Vollmondnacht
Konnte ihre innere Freiheit
Rauben

Angekommen in einer Welt
Ohne Schleier
Lebt sie unter uns
Trägt eine Schutzmaske
Einst ihren längst vergessenen Schleier

Auch hier
Eingeengt in einem Vakuum
Das ihre innere Freiheit raubt
Ihr Blut heftig in Wallung bringt
Will, muss, möchte sie ausbrechen
Doch wie?

Die dunklen Augen sind geblieben
Schwarz wie die Oliven
Verzaubern jeden mit dem Blick
Dem Mundschutz-Schleier zum Trotz

Wohlwollend
Mit ihrem eifrigen Interesse
Die gleichgültige Corona-Welt zu verändern
Doch wie?

124

Bala Lys

Demaskierung

Als alles begann, waren die Menschen nicht gut drauf. Der Zwang, hier in Hamburg und an den meisten Orten der Erde Masken aufzusetzen und dann auch noch welche, die Mund und Nase bedecken sollten – ein Unding. Geschichten wie »kleine Kinder fürchten sich vor ihren Eltern…« … »wir werden alle Segelohren bekommen…«, »…unsere Aussprache wird nuschelig…«, »…keiner wird uns mehr verstehen…« – diese Liste ließe sich ins Endlose fortsetzen. In der Boulevard-Presse wurden auch gleich die dazugehörigen Experten zu Wort gelassen.

Die Ärztin Antje O. aus K. warnte: »Die Masken richten psychologischen Schaden an.« Nach Beispielen befragt, erklärte sie: »Was ich oft erlebe, ist, dass Menschen sich nicht wahrgenommen fühlen. Das ist auch in engen Beziehungen… beispielsweise bei Ehepaaren… ein Problem.« Sie führte weiter aus, dass die Personen sich als Gefahr für andere sehen (vor allem, wenn sie die Masken auch noch mit Fratzen anmalen… Anm. der Autorin). »Sie versuchen, ihrem Gegenüber zu sagen, sie sind keine Gefahr und der andere beharrt auf der gegenteiligen Ansicht.«

Nee, alles nicht schön. Das versteht sich. Ich erinnere mich, dass meine Tochter, als sie noch klein war, Angst vor Clowns hatte. Vor allem vor denen, die einfach wie Clowns aussahen. Selbst bei Roncalli. Und ich schwöre es, sie kannte »ES« von Stephen King nicht. Woher diese unerklärliche Angst kam, haben wir nie herausgefunden. Ich hätte vielleicht mit ihr zur Psychologin Antje O. aus K. fahren sollen. Wer weiß, was uns und unserer Tochter erspart geblieben wäre.

Damals, ja, damals, als die Maskenpflicht über uns herfiel und unsere Gesichter halbierte, mussten die Augen umso bemühter sein, das Gegenüber freundlich zu stimmen. Die Gewöhnung erfolgte nur langsam. Wenn überhaupt. Noch Monate nach dem Gesichts-

Lockdown zerrten verzweifelte Einkäufer und Einkäuferinnen vor den immer noch geöffneten Supermärkten an der FFP2 – ja, so hieß dieses abschirmende Stoffteil –, um sie in die schickliche und vorgegebene Richtung zu bringen – über Mund und Nase. Das war eine Übung für sich. Viele dürften sich einen zusätzlichen Spiegel in den Hausflur gehängt haben und probten den richtigen Sitz der Maske. Wie früher meine Großmutter, die nie ohne Hut aus dem Hause ging. Auch nicht mal eben zum Briefkasten im Erdgeschoss.

Ich schweife ab und wenn ich mich weiter so verzettele, komme ich gar nicht mehr zum Wesentlichen. Der Demaskierung. Die stand irgendwann an. Oder immer mal wieder. Bei dem einen oder der anderen sowieso. Das waren – war das nicht auch Kassel? – diese »Querdenker«, die sich zu Hauf versammelten und anderen Leuten auf den Hut hauten, ganz so wie in Brechts Drei-Groschen-Oper: »Der Mensch ist gar nicht gut, dann hau ihm auf den Hut, hast du ihm auf den Hut gehau'n, dann wird er vielleicht gut …« Aber ich glaube, das hat Brecht ganz anders gemeint. Vor allem gab es zu der Zeit, als er diese Bettler-Oper schrieb, gar keine Maskenpflicht. Andere Pflichten gab es damals sehr wohl. So viele Pflichten, dass die Menschen kurze Zeit nach der Uraufführung sich überhaupt nicht mehr frei bewegen konnten. Da wäre die Maskenpflicht aus dem Jahr 2020 zur Lachnummer geraten.

Wäre die Lage in den zurückliegenden Monaten nicht so ernst gewesen, hätte man auch über die lachen können, die sich »Querdenker« nannten. Aber die Sache war ernst und deshalb lachte auch niemand darüber, dass ausgerechnet dieser Haufen von zusammengewürfelten Maskenverweigerern die Freiheit beschränkt sah. Also ihre. Im Grunde genommen wollten sie die Demokratie abschaffen. Davor warnte Bodo Wartke schon in seinem Lied »Es wird Zeit!«, auch wenn er ihnen im ersten Teil nach dem Mund redete. Aber ich fürchte, die Ironie in diesem Lied hätten die Obengenannten wohl nicht verstanden.

Ich bin schon wieder abgeschweift. Dabei wollte ich aufzeigen, was eine Demaskierung mit sich gebracht hat und wie es vor sich gehen wird. Ich erinnere mich an die Befreiung der Frauen von den

BHs, die sie sich eines Tages runtergerissen hatten und über ihren Köpfen schwenkten. Einige hingen später an Laternenmasten. Was wäre das für ein lustiges Wimpeltreffen an Büschen und Bäumen, an Hecken und – ja, vielleicht auch an Laternenmasten, wenn alle gleichzeitig die entbehrlichen Masken an einem Tag X aufgehängt hätten. Oder wäre es wie früher bei den Maskenbällen am Hofe? Um Mitternacht lüften alle gleichzeitig ihr Geheimnis und geben preis, wer sich dahinter verborgen hatte? Und dann? Was kommt zum Vorschein nach der langen Corona-Masken-Zeit? Vor allem erschlaffte Segelohren, möchte ich meinen. Von dem vielen Tragen der Masken, die mit Schlaufen hinter die Ohren geklemmt worden waren. Und was nicht zu unterschätzen ist – wir haben alle eine Scharlach-Maske um den Mund behalten. Diesen weißen Kreis, den das Sonnenlicht im letzten Sommer der Maskenpflicht nicht berühren konnte. Wusste man früher ganz genau. Wenn ein Kind so eine weiße Fläche um den Mund hatte und das übrige Gesicht war rot, musste das Kind isoliert werden. Scharlach war eine schlimme Krankheit. Heute gibt es wirksame Medikamente für die Behandlung. Das verschleiert, dass es immer noch eine schlimme Krankheit mit vielen Spätfolgen ist. Das ist in Vergessenheit geraten. Genau wie es in ein paar Jahrzehnten niemand mehr weiß, was diese Corona-Pandemie uns auferlegt hat. Des Menschen Gedächtnis ist ein sehr kurzes.

Ich für meinen Teil hoffe und bete – wenn ich denn eine Gläubige wäre – dass die Menschheit aufhört, in alle Winkel der Erde zu kriechen, um sich Exotisches auf den Tisch zu holen. Es steckt noch viel Potenzial in den Dschungeln dieser Erde. Anerkannte Virologen vermuten, dass es mindestens noch weitere 300 unterschiedliche Corona-Viren gibt, die alle nur darauf warten, sich Wirte mit für sie günstigem Entwicklungsraum zu suchen. Denn wie alle anderen Lebensformen streben auch sie nur danach, sich zu vermehren. Der Mensch mag der König unter den Wirbeltieren sein – unter denen ohne Wirbel ist er es nicht. Wetten?

Esther Kaufmann / Theaterbox Team

Oma geht online
(ein Ausschnitt)

2. Szene

OMA: Aber wo kommt das denn jetzt rein? Eben hat das doch geblinkt und jetzt ist das schon wieder weg. So ein Teufelszeug. Ich hab zwei Kinder großgezogen und die Sturmflut mitgemacht, aber das hier … nein, was ist das denn jetzt?

OLE: Oma?

OMA: Ole?

OLE: Oma, bist du online?

Oles Bild erscheint.

OMA: Ole, mein Olelein! Nein, ich glaub es nicht. Endlich seh ich dich. Meine Güte, haben wir uns lange nicht gesehen. Bist du es wirklich? Kannst du mal winken?

Ole winkt.

OMA: Ach, ich seh ja auch dein Zimmer. Hast du aufgeräumt?

OLE: Ja, Oma, aber … ich seh dich nicht

OMA: Und deine Haare sind so lang geworden. Und gewachsen bist du! Aber dünn bist du geworden, isst du denn auch genug?

OLE: Ja, Oma, aber …

OMA: Mein Gott. Ach … Meine Güte, hab ich dich lange nicht gesehen! *(schluchzt)*

OLE: Ja, Oma, aber … Oma? Was ist denn los? Alles okay? *(Oma schnäuzt sich)* Oma, weinst du etwa?

OMA: Nein, also, ich meine, naja. Ach, es ist nur… Es ist so schön dich zu sehen.

OLE: Aber Oma, ich kann dich nicht sehen.

OMA: Wie, du kannst mich nicht sehen?

OLE: Ich sehe dich nicht!

OMA: Aber ich sehe dich doch.

OLE: Aber ich dich nicht.

OMA: Aber ich bin doch hier!? Ich meine, ich bin doch da!

OLE: Aber nicht auf meinem Bildschirm …

OMA: Also das verstehe ich jetzt nicht – wo bin ich nicht?

OLE: Auf meinem Bildschirm –

OMA: Wo soll ich sein?

OLE: Auf meinem Bildschirm, deine Kamera ist nicht an!

OMA: Welche Kamera? Oh Gott, Ole, jetzt sag nicht, ich muss noch was machen?

OLE: Oma, das ist nicht so schwer, das schaffst du auch noch. Du siehst doch da unten am Bildschirmrand ein Kamerasymbol?

OMA: Ah ja – das soll eine Kamera sein? Naja.

OLE: Und da klickst du einfach drauf.

OMA: Mit diesem Pfeil-Dings-Bums?

OLE: Ja, genau.

OMA: Das hat geklappt!

OLE: Hä?

OMA: Jetzt ist es nicht mehr durchgestrichen!

OLE: Aber, Oma – kann ja nicht sein, ich seh dich immer noch nicht.

OMA: Also dann weiß ich auch nicht mehr, ich komm hier nicht weiter. Ich will das jetzt auch nicht mehr. Ich mach das dann morgen – in Ruhe.

OLE: Nee, morgen ist zu spät, ich will dich jetzt sehen.

3. Szene

OLE: Hi Oma.

OMA: Du meine Güte, jetzt hast du mich aber erschreckt.

OLE: Sorry, Oma, das wollt ich nicht.

OMA: Und n bisschen spät bist Du auch.

OLE: Aber es ist doch grad mal eins.

OMA: Was hab ich dir immer gesagt? 5 Minuten vor der Zeit –

OLE: – ist die wahre Pünktlichkeit. Ja, ja, aber Oma: Ich war nochmal auf Klo.

OMA: Ach so.

OLE: Sag mal, hast du dich irgendwie schick gemacht extra?

OMA: Och, naja.

OLE: Sieht aber super aus.

OMA: Danke. Und, Ole – kommst du mal ran?

OLE: Wieso denn?

OMA: Komm doch mal näher …

OLE: Okay?

OMA: Riechst du was?

OLE: Was denn? Gibt's heute Bratkartoffeln?

OMA: Nee, mein gutes Parfüm.

OLE: Mmmmh … Riecht gut!

OMA: Danke. *(Pause)* Sag mal, hast du das jetzt wirklich durch das Online gerochen?

OLE: Nee, Oma, natürlich nicht. Aber ich hab gehört, vielleicht geht das bald sogar in echt, dass der Geruch dann hier ankommt.

OMA: Durch das Online?

OLE: Ja klar, die erfinden ja andauernd weiter mit der Technik. Es gibt ja zum Beispiel schon diese Riesenbrillen, hast du bestimmt schonmal gesehen, Oma, die sehen so aus wie so schwarze große Taucherbrillen. Wenn du die aufsetzt, siehst du plötzlich ne andere Welt und denkst, du bist wirklich da drin.

OMA: Kann man da auch zu zweit rein?

OLE: Klar, wenn du zwei Brillen hast.

OMA: Und was macht man dann da?

OLE: Alles, was du willst! Du kannst auf Berge klettern, du kannst bis zum Meeresgrund … Du kannst sogar fliegen, wenn du willst – bis auf dem Mond! Online ist alles möglich!

OMA: Und kann dich diese Brille dann auch in mein Wohnzimmer bringen?

OLE: Ja, da müssten wir dann aber dein Wohnzimmer da rein programmieren.

OMA: Du meine Güte! Das ganze Wohnzimmer? Kann man das?

OLE: Ja schon, virtuell. Das ist dann aber nicht dein richtiges Wohnzimmer. Virtuell.

OMA: Aber ich hätte dich doch so gerne in meinem richtigen Wohnzimmer.

OLE: Ja dafür bräuchte man wahrscheinlich noch ganz andere Maschinen, damit das geht.

OMA: Hm … Und was meinst du, wann gibt es dann diese Maschinen?

OLE: Weiß nicht.

OMA: Ich hab ja nicht ewig Zeit.

6. Szene

OLE: Du, Oma? Ich will dich sehen.

OMA: Du siehst mich doch?

OLE: Nee, ich meine, richtig sehen, in echt.

OMA: Ja, ich dich auch.

OLE: Und ich will bei dir sein, in der Küche und neben dir sitzen.

OMA: Das verstehe ich.

OLE: Und ich will dich umarmen, so richtig.

OMA: Mensch, Ole … *(Pause)* Du, Ole, ich will das alles ja auch. Ich hab dich lieb, online und offline, das ist ja mal klar, ne.

OLE: Das ist doch alles so bescheuert, Oma.

OMA: Ja, echt, das ist ein riesiger Affenpopo … Hör mal. Also ich bin ja erst ganz kurz online und da kennst du dich ja viel besser aus als ich. Aber in anderen Sachen kenne ich mich auch ganz gut aus. Für mich als alte Oma vergeht die Zeit ja ganz anders als für dich, weißt du, und ich kenne das, wie schwer das ist mit dem Warten und so. Aber ich kann dir eins versprechen: Irgendwann … und nicht erst in 3000 Jahren wird alles wieder gut und dann mach ich dir deine Bratkartoffeln. Und dann tanzen wir den Roboter in meiner Küche, hm?

OLE: Mhm.

Beide versinken im Schal.

OMA: Besser?

OLE: Mhm.

OMA: So, mein Ole, ich trink dann jetzt auch erstmal meinen Kaffee. Sehen wir uns dann später um eins?

OLE: Okay. Tschau, Oma.

OMA: Tschüssi, mein Ole.

Bernhard Laux

Maskeraden

Die Epidemie ist nicht einfach zu besiegen. Nachdem sie im Sommer des ersten Jahres nahezu verschwunden zu sein scheint und die Menschen fast zu ihren alten Gewohnheiten zurückkehren, gewinnt sie im Winter nach Weihnachten und zu Beginn des folgenden Jahres vehement an Kraft. Mehr Menschen als je zuvor werden infiziert, noch mehr Menschen sterben.

Hektisch werden die Lockerungen des Sommers zurückgenommen – und wiederum scheint sich die Seuche abzuschwächen. Doch im Frühjahr folgt eine dritte Infektionswelle, die noch verheerender ist als die vorhergehende. Wieder müssen die Bewegungsfreiheit und das Wirtschaftsgeschehen rigoros eingeschränkt werden.

Obwohl die überwiegende Mehrheit der Bevölkerung die Notwendigkeit dieser Maßnahmen einsieht, sind nun vor allem junge Leute immer weniger bereit, sich aus Rücksicht auf die Alten und Schwachen zurückzuhalten.

Auch Naomi Rüthlisschwager, der Erbin eines großen Konzern-Vermögens, erscheinen die Maßnahmen gegen das Virus als absolut übertrieben. Einige ihrer Freunde gehen deutlich weiter und behaupten, das Virus existiere gar nicht, es sei vom Staat als angebliche Bedrohung erfunden worden, um die Einschränkung oder allmähliche Abschaffung der Grundrechte begründen zu können. Manche sehen das gar als Teil einer jüdischen Weltverschwörung.

Andere, esoterische Bekannte sind davon überzeugt, das Virus würde durch Mobilfunkmasten übertragen.

Im Internet verbreitet ein selbst ernannter Guru, das Tragen von Masken sei gesundheitsgefährdend. Unter Tränen verkündet er, einige Kinder seien daran gestorben. Auch ihm glauben seine Follower.

Naomis Freundin Norma verbindet das Ganze zu einer spezielleren Verschwörungstheorie. Sie ist davon überzeugt, die Pandemie sei vom Milliardär Bill Gates erfunden worden, um sein weltweites

Impfprogramm durchsetzen zu können, das ihm zu noch mehr Macht verhelfen würde.

Naomi belächelte all diese Panikreaktionen, denn sie hielt die Epidemie eher für eine starke Grippe. Und wegen einer Grippe wollte sie sich nicht länger vorschreiben lassen, mit wem und wie vielen sie sich treffen durfte. Schon kurz bevor die Infektionen auch in Europa auftraten, hatte Naomi mit den langwierigen Vorbereitungen für ein geradezu königliches Fest begonnen. Es sollte als barocker Maskenball in einem abgelegenen, schlossartigen Gebäude, das ihrer Familie seit mehreren Generationen gehörte, gefeiert werden und drei Tage dauern.

Nun lud sie unter strengster Geheimhaltung zweihundert Menschen, von denen sie mit Sicherheit wusste, dass sie das Virus zumindest für harmlos hielten, über private E-Mail-Verbindungen dazu ein. Auf das Motto war Naomi, wie sie ihrer Freundin Alexa gestand, geradezu ein wenig stolz:

Life Matters.

Als sie sieben Jahre war, hatte die Kinderfrau ihr eine Gruselgeschichte vorgelesen, die sie nicht vergessen konnte. Aber weniger als das düstere Ende der Erzählung hatte sich die Beschreibung der sieben Räume, in denen eine grandiose Maskerade stattfand, in ihr Gedächtnis eingeprägt. So ungewöhnlich und überraschend wollte auch sie die sieben Zimmerfluchten ihres Schlosses gestalten sehen.

Deshalb waren die verschiedenen Gemächer mit erheblichem Aufwand verändert worden.

Alle Fenster schienen aus farbigem Glas gefertigt zu sein, dessen Tönung auf die Farbe der jeweiligen Einrichtung des Raumes abgestimmt war.

Das erste Zimmer war in Blau gehalten, also leuchtete das hereinfallende Licht in der Farbe eines wolkenlosen Morgenhimmels.

Im zweiten Zimmer bestimmten die Nuancen zwischen Rot und Violett die Ausstattung, die Scheiben glänzten in Purpurrot.

Der dritte Raum war komplett in Grün gehalten, ebenso die Fenster.

Der vierte hatte orangene Möbel und wurde entsprechend beleuchtet, der fünfte strahlte komplett in Weiß, der sechste in Violett.

Das siebte Zimmer war schwarz – die Samtbehänge der Wände waren schwarz, ebenso die Decke und der schwere samtene Teppich. Hier aber stimmte die Farbe der Fenster nicht mit der Einrichtung überein. Die blutroten Scheiben verwandelten bereits das Tageslicht zu einem unheimlichen Farbstrom. Im Schein der Kerzen und Feuerschalen, die auf alle Räume verteilt waren, konnte man sich jedoch des Eindrucks nicht erwehren, auf dem schwarzen Samt pulsiere Blut.

Naomi war überzeugt, dass die fantastische Ausstattung der Zimmerflucht ihre Wirkung nicht verfehlen würde, umso mehr, wenn man sie erst am Sonntag, dem dritten Tage des Festes, öffnete.

Sie hatte sich nicht getäuscht.

Waren schon der Freitag und Sonnabend wunderbar verlaufen, kannte die Begeisterung der Gäste angesichts der überwältigenden Farbspiele im bisher abgeriegelten Teil des Schlosses kaum Grenzen.

Zudem sollten als abschließender Höhepunkt an diesem Abend die besten Kostüme prämiert werden.

Es war bereits späte Nacht, als die letzten Bewerber ihre üppigen Goldbrokat-Krinolinen und mit Goldstickereien, Tressen, Borten und Zierknöpfen versehenen Justaucorps der begeisterten Menge im weißen Zimmer präsentiert hatten.

Da richtete sich plötzlich das Interesse der Feiernden auf den siebten Saal.

In der Mitte des schwarzen Raumes stand im blutrot flackernden Licht ein in einen Isolationsanzug gehüllter Mensch. Er war offensichtlich an ein Beatmungsgerät angeschlossen.

Quer über seine Brust war eine Aufschrift zu lesen, die sich aus einer Unzahl kleinster Viren-Darstellungen zusammensetzte:

Ich bin die Hybris, ich bin der Tod.

Naomi empfindet diese Art Maskerade denn doch als unpassend, zumal etliche ihrer Gäste sich verärgert, manche sogar abgestoßen zeigen.

Als Gastgeberin sieht sie sich gefordert und geht mit Elan auf die Person zu. Aber je mehr sie sich der absurden Gestalt nähert, desto unsicherer werden ihre Schritte. Im Sicherheitsvisier des Anzugs ist nichts zu erkennen, weder Augen noch Stirnansatz; Mund- und Nasenbereich sind durch eine zusätzliche FFP2-Maske verdeckt.

»Reiß dich zusammen, Naomi!«, ermahnt sich die Gastgeberin und stößt der Person auffordernd in die Seite. Aber da ist kein Widerstand. Trotzdem steht die Figur weiterhin fest in der Mitte des Raumes.

Nun gerät Naomi in Wut und schlägt mit aller Kraft gegen die Brust mit der lästerlichen Aufschrift. Ganz allmählich, als werde die Luft aus ihm herausgepumpt, sackt der Anzug in sich zusammen.

Aus dem Dunkel des Raumes tönt ein röhrendes Lachen, das aber schnell von Hustenanfällen unterbrochen wird. Provo Immerdar, ein von Naomi geförderter Aktionskünstler, bewegt sich schwerfällig in die Mitte des Raumes. Er ringt nach Luft und ruft in die Runde:

»Habe ich euch nun doch erschreckt?!«

Einige Gäste beginnen zu lachen, die meisten aber warten auf eine Reaktion von Naomi.

»Du hast also auch Edgar Allen Poe gelesen«, erwidert sie, »aber bei ihm endet die Geschichte mit der Verbreitung der Pest!«

»Es ist zwar nicht die Pest«, stößt Provo Immerdar schwer atmend hervor, »aber das neue Virus könnt ihr haben – ich bin positiv. Und ich kann euch sagen, es ist weitaus härter, als ich gedacht habe.«

Er macht einen weiteren Schritt auf Naomi zu und fällt ihr in die Arme. Die aber weicht instinktiv einen Schritt zurück und Provo sinkt auf den Fußboden.

»Er braucht einen Arzt!«, flüstert Elisabeth, die älteste Freundin Naomis.

»Besser einen Krankenwagen«, meint Alexa.

»Das fehlte mir noch – damit ganz schnell publik wird, dass wir illegal gefeiert haben! Ich rufe Klaus an, der hat eine eigene Klinik und ist mir noch was schuldig.«

Unter den übrigen Gästen aber breitet sich Panik aus.

»Wir wollten sowieso gerade fahren!«, entschuldigt sich Franco und murmelt dabei noch ein paar Worte, die ein Dank für die Einladung sein könnten. Viele tun es ihm gleich und versuchen dabei, ihren Aufbruch nicht allzu sehr als Flucht erscheinen zu lassen.

Die meisten allerdings eilen noch in den Kostümen zu ihren Autos. Nach kurzer Zeit ist der Schlossparkplatz wieder eine große Wiese, auf der nur noch vier Fahrzeuge stehen.

Elisabeth, Norma und Alexa sind bei Naomi geblieben.

»Schließlich sind wir deine besten Freundinnen«, sagt Alexa und gönnt sich einen kräftigen Schluck Champagner.

»Ich glaub, ich hab Fieber«, murmelt Elisabeth etwas kleinlaut.

»Ach was, das ist der Alkohol!«, ruft Norma übertrieben fröhlich und prostet ihr zu.

»Oder nimm etwas Besseres – hier, probier' mal.«

Sie reicht ihr eine blassblaue Pille.

»Nicht zu stark, macht aber wunderbar high!«

Eine halbe Stunde später trifft tatsächlich der Arzt ein. Er untersucht in Schutzausrüstung den fast bewusstlosen Aktionskünstler und erklärt, dass der unbedingt in ein Krankenhaus gebracht werden müsse.

»Dann nimm ihn doch mit in deine Klinik«, bittet Naomi. Nach kurzem Zögern willigt Klaus ein und verfrachtet Provo mit Hilfe der Frauen in seinen SUV.

»Auf jeden Fall hat mir der Arsch das ganze Fest verdorben«, schimpft Naomi, als sie wieder in der Eingangshalle des Schlosses stehen.

»Ich hab auch keine Lust mehr, hier zu bleiben. Ich sag dem Hausmeister Bescheid, er soll klar Schiff machen lassen. Wir fahren gemeinsam mit meinem Bentley.«

Am darauf folgenden Tag machte die größte Morgenzeitung der Region mit einer Unfallmeldung auf.

Todesfahrt nach heimlicher Feier.

Die bekannte Unternehmerin und Kunstmäzenin Naomi Rüthlisschwager ist heute Nacht bei einem Wild-Unfall ums Leben gekommen. Sie war trotz Ausgangssperre in ihrem Luxus-Pkw mit drei weiteren Personen unterwegs. Auch die Mitfahrerinnen konnten nicht mehr gerettet werden.

Offensichtlich fuhr der Wagen extrem schnell, obwohl die Geschwindigkeit für diesen Streckenabschnitt wegen starken Wild-

*wechsels auf 60 km/h begrenzt ist. Nach ersten Erkenntnissen
standen alle Insassen unter Alkohol- und Drogeneinfluss.*

*Unklar ist, aus welchem Grunde sich eine professionelle Virus-
Schutzausrüstung und ein voll funktionsfähiges Beatmungsgerät
im Kofferraum befanden.*

Ansonsten hatte die Feier keine allzu üblen Folgen. Zwar war etwa
die Hälfte der Gäste infiziert worden, doch nur zweiunddreißig von
ihnen hatten einen schwereren Krankheitsverlauf.

Provo Immerdar allerdings fand sich nach drei Wochen Klinik-
aufenthalt zwar einigermaßen gesund, aber ohne finanzielle Unterstützung als nahezu mittelloser Solo-Selbstständiger vor eine völlig
neue Situation gestellt.

Ein halbes Jahr später hatte die Impf-Kampagne der Regierung endlich den lang erwarteten Erfolg. Mehr als 60 Prozent der Bevölkerung waren immunisiert.

Doch die Seuche kostete beinahe hunderttausend Menschen das
Leben. Von den Genesenen litten viele lange an den Folgen der Infektion.

Und die Pandemie war damit nicht völlig aus der Welt. In den
ärmeren Ländern blieb die Gefahr noch einige Zeit gegenwärtig –
die Impfstoffe waren dort in ausreichendem Maße erst später ein-
getroffen als in den entwickelten Regionen.

Die Benachteiligung der sogenannten Dritten Welt allerdings
war seit jeher globaler Alltag, und so kehrten die reichen Industrie-
nationen ohne viel Aufhebens zum gewohnten Leben zurück.

Die meisten Länder hatten in ihren Regierungsprogrammen den
Klimaschutz und einen schonenden Umgang mit den Ressourcen
der Natur zu vorrangigen Zielen ihrer Politik erhoben, die Wirklichkeit jedoch blieb weit davon entfernt.

Die Erde wurde weiterhin vor allem als unerschöpflich auszu-
beutender Rohstoff- und Nahrungslieferant betrachtet, das ständige Wachstum der Wirtschaft als Voraussetzung für Wohlstand
und glückliches Leben. Der Weg dorthin geebnet über nahezu un-

kontrollierte Marktbeziehungen, in denen es nichts gab, das nicht als Ware gehandelt werden konnte. (Selbstverständlich auch Fledermäuse und exotische Tiere, deren Lebensraum man immer weiter zerstörte.)

Und wieder gab es neben Umweltaktivisten Künstler und Literaten, die versuchten deutlich zu machen, wie aktuell das globale Menetekel sei, das schon lange nicht mehr auf einer Wand erschien, sondern in der Luft, auf dem Lande, in den Meeren.

Ferdinand Blume-Werry

Vom Sprechen hinter Masken

Hamburg im Winter 2021. Die Pandemie zwingt Menschen hinter Masken und wird zur Ohrfeige für Kulturschaffende, die um ihre Existenz ringen. Mein Konzertbesuch in der Laiszhalle war bereits für den 24. Mai des vergangenen Jahres geplant und wurde gerade zum zweiten Mal um ein weiteres Jahr verschoben. Auch die Theater sind trotz umgesetzter Hygienekonzepte geschlossen. Das Lessingdenkmal am Gänsemarkt friert mit dem von Heine am Rathausmarkt, zum Sinnbild geworden, um die Wette. Apropos Ohrfeige. Lessing schreibt im 56. Stück seiner ›Hamburgischen Dramaturgie‹ darüber. Dort drückt er auch sein Bedauern über die Abschaffung der Masken aus. Wohlgemerkt im Theater, was einen Unterschied macht. Wir lesen: »Der Schauspieler kann ohnstreitig unter der Maske mehr Contenance halten; seine Person findet weniger Gelegenheit auszubrechen;« Theatermasken und medizinische Masken lassen sich nicht vergleichen, dienen sie doch einem unterschiedlichen Zweck; ebenso wie dramaturgische Anweisungen und politische Anordnungen. Umso mehr aber kann der Sachverhalt einer Contenance hier in Deckung gebracht werden, weil das Maskentragen in beiden Fällen eine innere Haltung zum Ausdruck bringt. Aus ihr auszubrechen hat Folgen, die außerhalb der Bühne dramatisch sein können.

Ein Drama indes ist der wissenschaftliche Diskurs. Die Beurteilung einer Lage ohne hinreichend Fakten an der Hand zu haben, ohne Rückgriff auf vergleichbare Erfahrungen und Daten. Dissens in den Wissenschaften ist Ringen um besseres Wissen, ist Annäherung an Wahrheit und ständige Korrektur. Besserwisserei hingegen ist die Clownerie derer, die Unwahrheiten als Faktenwissen ausgeben und »alternative Fakten« in die Welt posaunen. Ein Ausdruck, den die Pressesprecherin des inzwischen abgewählten Herrn Trump ins Leben rief und damit eine Welle lostrat, die inzwischen leider auch

manche europäischen Politiker erreicht hat, deren Neigung zum
Rückfall in nationale Gesinnungsmuster unverkennbar autokra-
tische Züge trägt, die sie zugleich ihren politischen Gegnern nicht
selten unterstellen; auch was das alles beherrschende Thema der
Viren betrifft. – Die massive Unterminierung wissenschaftlicher Dis-
kurse durch Besserwisser mit »alternativen Fakten«, und damit die
Verbreitung eines Scheinwissens, das gezielt Unwahrheiten in den
wahrheitssuchenden Diskurs streut, führt zu einer, vor allem in den
sozialen Medien sich tummelnden, Vermischung von Fakten (Wahr-
heiten) und alternativen Fakten (Unwahrheiten), so dass Unsicher-
heiten sich breit machen, die den Boden für Verschwörungstheorien
zusätzlich nähren. Ihr Einfluss auf öffentliches Leben und politisches
Handeln ist inzwischen keine Marginale mehr und äußert sich nicht
zuletzt durch perfide Selbstdeklaration der Verschwörer, wenn etwa
das aus dem Zeitalter der Aufklärung stammende Querdenken für
die Bezeichnung der Gruppe der Verklärer als »Querdenker« dient.

Verheerend sind nicht zuletzt die ethischen Folgen für eine Gesellschaft. Denn wer die Faktizität eines Virus leugnet, bestreitet
zugleich die schützende Wirkung einer Maske und trägt damit fak-
tisch zur Verbreitung des Virus bei, wenngleich es in der Fiktion
der Leugner als inexistent fortlebt. Umso dringlicher scheint eine
realistische Denkweise zu sein, die solchen Fiktionen nicht ihren
ontologischen Status abspricht, womit sie einer Fallibilität beraubt
wären, sondern sie dem Wirklichkeitsbereich zuordnet, der ihnen
zukommt; in diesem Fall dem der Phantasterei. Nicht nur die Philosophie der Fiktionen, sondern auch deren sprachwissenschaftliche
Betrachtung hat deshalb Hochkonjunktur, wenngleich die lesens-
werten Publikationen zum Thema vermutlich von der politischen
Rechten ignoriert werden. So gibt es viel zu sagen mit Blick auf die
Sprache in Krisenzeiten. Neben der Rhetorik politisch extrem rechts
Gesinnter, auch zum neuerlichen Aufleben kabarettistisch anmuten-
der, sprachlicher Kontaminationen à la »Medizyniker« und »Wirro-
loge«. In schwierigen Zeiten erfreuen sich solche Ausdrücke stets
zunehmender Beliebtheit. Sie können als Unsicherheitsindikatoren
angesehen werden. Als Ausdruck einer Hilflosigkeit und verhöh-

nender Stichelei gegen ein derzeit nicht minder hilflos wirkendes Establishment, deren Vertreter vorsorglich eine »pandemüde« Bevölkerung um Verzeihung bitten.

Unverzeihlich wäre es, wenn meine Künstlerfreunde, darunter Musiker, die von Bühnenauftritten leben und praktisch keine Fixkosten geltend machen können, in den Ruin getrieben würden. Es ist demütigend genug, Briefe vom Finanzamt zu erhalten, um sich nach vier Jahrzehnten Wortarbeit anzuhören, die Schriftstellerei als Liebhaberei betrieben zu haben. Regieren denn nur noch Zahlen unsere Welt? Solche Seitenhiebe schmerzen. – Als Schriftsteller ist uns ein laterales Denken nicht fremd. Mit jedem Gedicht versuchen wir einen uneingeübten Blickwinkel einzunehmen, eine Sprache zu finden, die ausgetretene Pfade vermeidet und das vermeintlich sichere semantische Terrain einzelner Wörter bewusst verlässt, stets auf der Suche nach einem Feld unverbrauchter Sinnzusammenhänge. Hingegen verbietet es sich, die Lateralität des Blickwinkels der Kulturschaffenden mit der seitlich eindringenden Scheinwelt der Verschwörungstheoretiker zu vergleichen. Der kreative Alltag ist ein anderer. Ein noch so subversives Kunstwerk schleust keine Störer in den Bundestag, sondern verstört, notfalls indem es sich selbst zerstört, wie unlängst Banksy's »Girl with Balloon«. Das Honorar für die Veröffentlichung eines Gedichts brachte mir kürzlich exakt ein Zweihunderttausendstel ein, gemessen an dem Erlös der Banksy-Versteigerung bei Sotheby's. Kein Neid, nur die schlichte Feststellung einer Wahrheit. An dieser Stelle unterbreche ich mein Schreiben …

Hamburg im Winter 2021. Ein scharfer Ostwind. Minusgrade und draußen wütet das Tief Tristan, schlägt Wagners gleichnamigen Akkord in kahlen Ästen an. Sie biegen und brechen. Sie zwingen mich. Zwingen, neben all den herrschenden Einschränkungen während der Pandemie, mich zusätzlich ins Haus. Dort warten Homepage, Homeoffice, Hausarbeit und häusliche Pflege. Und die Ungeduld der Bücher, in denen sich Antworten verborgen halten, gelegentlich auch auf Fragen, die sich während des Lockdowns stellen. Es sind

Antworten jenseits virologischer und epidemologischer Erkenntnisse. Auswege, auch aus der Pandemie der Zahlen in sich überschlagenden Nachrichten, während die Zahlen in den Büchern, die ich gerade lese, sich auf Seitenzahlen beschränken, selten die Marke von Sechshundert übersteigend. Inzidenzwerte, Seitenzahlen, Todeszahlen. Und immer noch kein Impftermin wegen zu geringer Mengen verfügbaren Impfstoffs. Auch das ist eine Zahl neben neuen Namen. Wenn die Namen Wieler und Drosten, so mag man denken, in diesen Tagen Bekanntheitsgrade erlangen, die den Grad der Bekanntheit eines Wieland und einer Droste übersteigen, wird es Zeit, die Flut der Talkshows einzudämmen. Ich ziehe den Stecker und wage mich vors Haus.

War es doch meine Ärztin, die mich im vergangenen Sommer bereits ermahnte, ich solle mich mehr körperlich bewegen, während ich zugleich darüber nachdachte, ob sie wisse, was mich wirklich bewegt. In der Hoffnung, dass beim Gehen so manches in Gang kommt, folge ich ihrem Rat und bewege mich, oftmals verbunden mit den notwendigen Erledigungen außer Haus. Es geht über vereiste, spiegelglatte Wege. Sie könnten eine Metapher sein für diese Zeit des Eingeschlossenseins, des Wettstreits der Meinungen derer, die, zum Handeln gezwungen, nicht wissen, worauf zu setzen ist. Ein Aussitzen von Problemen war noch nie zielführend. Die besondere Lage ist es, die diesem Satz einen Wahrheitswert zuordnen lässt, der unbestreitbar geworden ist. Jede Gesellschaft ist nun mal eine Gemeinschaft jeweils Andersdenkender. Dissens, als wüssten wir das nicht, ist der unvermeidliche Normalfall unter Primaten und der Grund für Normen, deren Anpassungsintervall derzeit merklich kürzer geworden ist. Meldet sich die Kanzlerin zu Wort, liegt etwas im Argen. Arg ist die Einschränkung der Grundrechte als nicht verhandelbares gesellschaftliches Fundament.

So schafft sich das Abwarten als ohnedies zweifelhaftes Remedium ab und auch das Wort »Aussitzen« erhält während der Pandemie eine neue Konnotation. In meiner Apotheke liegt ein dringend benötigtes Medikament. Langsame Schritte bis zur Hauptstraße, dann nach links, als meine Hand in der Brusttasche überprüft, ob auch die Berechtigungsscheine für weitere Masken mitgenommen wurden. Eine letzte, offiziell zugelassene »Mundnasenbedeckung« – ein ausgesprochen hässliches Wort – verhüllt mein Gesicht, als ich die Apotheke betrete und meine Brille im warmen Innenraum beschlägt. Jedenfalls erkennt mich meine Apothekerin an Kleidung und Stimme. Welch Glück! Und die Frage, die ich mir dabei stelle, lautet: Gibt es eigentlich noch ein freies Sprechen, wenn wir uns maskiert gegenüber stehen, jeglicher Mimik beraubt? Und was bedeutet dieses maskierte Sprechen; was geht hier verloren oder wie verändert sich unsere Sprache hinter verordneten Masken? Und zwar jenseits von Wortneuschöpfungen wie dem Wort und Unwort des Jahres 2020.

Zur Erinnerung, sie lauteten »Coronapandemie« und »Corona-Diktatur«. So mancher Kleingärtner sinnierte, ob das, was durch Wort und Unwort ausgedrückt wird, zugleich Ursache und Wirkung bezeichnet. Dann hätten wir es mit einer Diktatur als Folge der Pandemie zu tun. – Doch Halt! – Das Wort »Corona-Diktatur« ist bekanntlich eine Schöpfung der »Querdenken«-Bewegung; es ist deswegen ein Unwort, weil es, mit Blick auf bestimmte Demonstrationsverbote hierzulande, das Leben in tatsächlichen Diktaturen verharmlost. Doch dieser zeitgeschichtliche Hintergrund wird bald vergessen werden, nicht aber das Wort, das aus Sicht ihrer Benutzer zu weiteren Handlungen »legitimiert«, die zunächst unser Denken und dann unsere Wirklichkeit verändern können. Das steht zu befürchten. Liegt doch in jedem Wort die Potentialität seiner Wirkung. Glaubte ich nicht an die Wirkmächtigkeit der Wörter, ich hätte nie ein Gedicht geschrieben und wäre wohl Pharmazeut geworden.

So verlasse ich die Apotheke. Auf dem Rückweg denke ich weiter über das Sprechen hinter Masken nach, erinnere mich an eine Passage bei Kleist, die ich später in seiner kleinen Schrift *Über die allmähliche Verfertigung der Gedanken beim Reden* wiederfinde, um nicht zu sagen neu entdecke: »Es liegt ein sonderbarer Quell der Begeisterung für denjenigen, der spricht, in einem menschlichen Antlitz, das ihm gegenübersteht; und ein Blick, der uns einen halbausgedrückten Gedanken schon als begriffen ankündigt, schenkt uns oft den Ausdruck für die ganze andere Hälfte desselben.« – Diese andere Hälfte ist es, die mich umtreibt. Jene mir plötzlich seltsam einleuchtend erscheinende Verschränkung, die sich während eines Gesprächs vollzieht. »Ich weiß schon …«, sagte meine Apothekerin, während ich mich noch dafür entschuldige, sie, der beschlagenen Brillengläser wegen, kaum richtig erkannt zu haben, nachdem ich unbeholfen, den roten Pfeilen und Abstandsmarkierungen auf dem Parkett folgend, an den Tresen getreten war.

Man kann die Kleist-Stelle interpretieren wie man will. Galt sie mir doch bisher eher als ein Beleg für das Erahnen eines Satzsinns, noch bevor der Satz fertig ausgesprochen war, so kam sie mir plötzlich vor, als habe Kleist – und er war ein genauer Beobachter – hier nicht nur Erkenntnisse der Quantentheorie vorweggenommen, sondern auch noch eine Erfahrung während der Pandemie. Wie dem auch sei, es gibt verschränkte Zustände, die ganz offensichtlich auch außerhalb mikrophysikalischer Bereiche gelten. Etwa, wenn wir miteinander reden. Auch hier verändern Beobachtungen das Beobachtete. Die Reflexion des Wahrnehmenden greift ins Wahrgenommene ein, das sie verändert. Vorläufig gehe ich davon aus, dass dieser Sachverhalt auch für die Sprache gilt, zumindest für die gesprochene Sprache unter sich begegnenden Menschen, wozu es gehört, dass Wörter auch mimisch begleitet werden. Warum sonst enden so viele Telefonate, gerade in dieser Zeit, mit dem Wunsch und der noch dringlicheren Hoffnung, sich bald wiederzusehen. Ein Wunsch, den diejenigen mehr äußern, welche der analogen Welt beharrlich den Vorzug geben. Es lebe die Bildschirmkamera, vor der manch maskenfreier Akteur zuvor den Weg in die Maske mied.

Die These lautet also: Masken verändern unsere Wirklichkeit. Und zweitens: Sprache vermag jegliche Wirklichkeitsveränderung aufzunehmen. Sie ist ein offenes System, lebendig wie jedes uns begegnende System. Das aber bedeutet zugleich eine Unüberschaubarkeit aller systemischer Elemente. Genau dieser Umstand ist es, der uns in den Zeiten der Pandemie ungenügend erscheint, ja gesellschaftliche Intransparenz bewusst werden lässt und in gewisser Weise unser Ausgeliefertsein gleichsam sichtbar vor Augen führt.

Nichts und niemand stellt uns einen vollständigen Rahmen der Erklärung zur Verfügung. Ihn gibt es schlichtweg nicht. So verdeutlicht sich, dass die unterschiedlichen Bereiche des Wirklichen, zu denen auch die Sprache zählt, realistisch betrachtet offen sind. Und sie bleiben es auch. Anders gesagt: endgültige Antworten gibt es nicht. Das zeigen uns derzeit nicht nur Virologen und Politiker. Was es gibt, ist stets ein Ringen um Lösungen. Es ist bisweilen ein geschwätziges Ringen, jenseits der Fähigkeit, auch einmal einzuhalten oder gelegentlich zu schweigen.

Larventräger schweigen nicht. Nur Totenmasken schweigen. Und auch sie sprechen noch zu uns aus der Stille musealer Räume. Dante Alighieri aus Florenz, Tutanchamun von der zurzeit toten Museumsinsel, die deshalb keine Toteninsel ist, nur ein Bild, nicht Böcklins, für das Rachmaninow noch sinfonisch dichten konnte. Sprache, diese Begleiterin unendlicher Endlichkeit unseres assoziativen Denkens mit ihrer Kraft der Demaskierung!

Sprache, das wusste Maurice Merleau-Ponty in seinem Spätwerk *Das Sichtbare und das Unsichtbare* zu sagen, sei keine dem Sein aufgesetzte Maske, sondern dessen zuverlässigster Zeuge. Weiterdenkend ließe sich erneut fragen, wenn doch die Sprache nicht das Sein maskiert, reagiert dann Sprache auf ein »maskiertes Sein« entlarvend?

Indes wird nicht hinter allen Masken gesprochen, nicht mal hinter jeder Theatermaske. Die Frage reicht tief in die Kultur- und Ideengeschichte der Masken herab. Sie berührt nicht nur unser gegenwärtiges Ringen mit dem für bloße Augen unsichtbaren Virus. Chirurgen hinter Masken sprechen; wie auch wir während der Pandemie hinter diesen Masken sprechen können und auch nicht wesentlich anders sprechen. Eine solche Maske ist kein Maulkorb. Sie ist bestenfalls lästig, solange man sich noch nicht daran gewöhnt hat. Nicht-medizinische Masken hingegen dienen nicht der Virenabwehr, sondern seit der Antike weitestgehend einem Abwehrzauber. Sie sind rituelle Gegenstände. Und als solche stehen sie in einer völlig anderen Beziehung zum Sprechen. Meist verstummt das Sprechen beim Anlegen ritueller Masken, wenn der Darsteller in seine Figur fährt. Die Sprache wird von der Gestik übernommen, die eingefrorene Mimik der Maske spricht für sich. Was tönt, ist bestenfalls die begleitende Musik. Leise wie etwa beim japanischen Nō-Theater, oder lautstark wie im brasilianischen oder den zahlreichen Formen des europäischen Karnevals. Erst die zunehmende Verwässerung durch Unkenntnis der alten Rituale, durch ihre zeitgenössische Vermarktung und Entregionalisierung ist es, die neue Formen des Sprechens auch hinter Masken erlauben, hinter denen sich das Sprechen seit Jahrhunderten verbat. Wer das Glück hatte, etwa den venezianischen Karneval vor Ort miterlebt zu haben, hat einen Begriff vom Schweigen hinter Masken, das erst mit deren Abnahme zum Anbruch des Mercoledì delle Ceneri ein behutsames Ende findet.

Beeindruckt haben mich Masken seit meiner Kindheit und ich habe den Schauder vor ihnen nie völlig verloren, vor den stumm sich durch Straßen bewegenden Figuren, deren furchteinflößende Namen mich selbst verstummen ließen. Hier erinnere ich mich an eine Sardinienreise, an die Mamuttones des Carnevale di Mamoiada mit ihren schwarzen, aus Holz geschnitzten Masken, deren Wirkung geisterhaft ist. Nicht zuletzt weist das sardische Wörterbuch für den um Mamoiada gesprochenen zentralsardischen Dialekt auf Ausdrücke mit der Bedeutung ›Gespenst, Geist‹ hin. Diese Semantik des ›bösen Geistes‹ ist seit ältester Zeit geläufig. Als würde dieses Erbe des Gespentischen neuerdings wieder auferstanden sein, lohnt sich nicht zuletzt, das Thema betreffend, auch ein Blick auf Mythologisches und Linguistisches.

Hier lässt sich zunächst an Lara, die alt-italische Dea Muta, Göttin des Schweigens, denken, deren Söhne die Laren (lares) waren und als Schutzgötter nicht nur über die römischen Haushalte als Lares familiares wachten. Sie waren sozusagen die »guten Geister«, denen die »bösen« gegenüberstanden, die Larven (lārvae). Ausdruck für die dem Menschen Unglück und Tod bringenden Schreckensbilder und gespensterhaften Erscheinungen. Das lateinische »lārva« diente in der altlateinischen Form »lārua« als Schimpfwort im Sinne von »Du Fratzengesicht!« und fand schon damals in der übertragenen

Bedeutung als »Maske« Verwendung, wozu wir ja mancherorts heute noch »Larve« sagen. – Erst im Mittellateinischen findet sich das Wort »masca« in ähnlicher Bedeutung. Als Quelle dient das auf den im 7. Jahrhundert lebenden Langobardenkönig Rothari zurückgehende Edictum Rothari, ein Gesetzestext, wo das Wort »masca« inhaltlich mit »striga« (strix) gleichgesetzt wird, einem hexenähnlichen Wesen, von dem man glaubte, dass es den Kindern in der Wiege das Blut aussauge. Eine spätere Quelle sind die »Kaiserlichen Mußestunden« (Otia imperialia), die Gervasius von Tilbury (1160–1240) König Otto IV widmete; es enthält im dritten Band eine Mirabiliensammlung, in der es von Monstern nur so wimmelt, u. a. von einem vampirähnlichen Wesen (lamia), das angeblich auch »masca« genannt wurde, eine Bezeichnung, die ganz offensichtlich aus der Volkssprache stammt, wenn der Autor schreibt, dass man zu der »lamia« gewöhnlich »masca« sage (lamias, quas vulgo mascas … dicunt).

Damit ist »masca« jedenfalls ein Fremdwort im Lateinischen. Zudem ist es nicht eindeutig in der Bedeutung »Maske« zu greifen, sondern bezeichnet eher eine Schreckgestalt, deren äußere Erscheinung maskiert war oder wirkte. Aufschlussreich ist eine frühmittelalterliche Quelle des 7. Jahrhunderts, in der die beiden Ausdrücke »larva« (»larba« in volkssprachlicher Schreibung) und »masca« beide genannt werden. Es handelt sich um den Text *Die acht Todsünden (De octo principalibus Vitiis)*, ein in Hexametern verfasstes Werk des Aldhelm von Sherborne. In der entscheidenden Textstelle wird die Wirkung der »larba« und »masca« genannten Gestalten miteinander verglichen. Frei übersetzt heißt es: »So [ein der Larva eignendes Erschrecken] verrichtet auch das geschmückte [d. h. maskierte] Gesicht der Mascas / Wenngleich Larva und Masca der kühne Krieger nicht fürchtet / Der aufgrund seines Schlagriemens Zutrauen fasst.« (Sic quoque mascarum facies cristata facessit/ Cum larbam et mascam miles non horreat audax / Qui proprio fretus praesumit fidere cestu).

Aus sprachwissenschaftlicher Sicht wird vermutet, dass das mittellateinische »masca« eine latinisierte Form des volkssprachlichen »mascara« ist, was auf eine Entlehnung aus dem arabischen »masḥara« hindeutet. Diese These ist aber nach wie vor umstritten, wenngleich phonetisch unproblematisch und auch die Semantik »lächerlich machen, verspotten« des arabischen Wortes verführerisch für diese Annahme ist. Die Wortherkunft bleibt vorläufig ungeklärt, zumal man zunächst sämtliche, schon im Frühmittelalter einsetzenden Übersetzungen aus dem Arabischen ins Mittellateinische und die einzelnen Regionalsprachen konsultieren müsste; bis hin zum Okzitanischen, wo sich ein »masc(o), Zauberer« findet, das zumindest mit der arabischen Wurzel »masḫ, Verwandlung« lautlich und semantisch korrespondiert ... – Unstrittig dürfte die Herkunft unseres Wortes »Maske« aus dem französischen »masque« sein, das seinerseits auf das italienische »maschera« zurückzuführen ist. Hingegen sind die beiden lateinischen Wörter »larva« und »masca« nicht zu verwechseln mit der Charakterdarstellung einer bestimmten Person mittels einer Maske im antiken Theater. Im klassischen Latein würde man »persona« dafür sagen, nachzulesen etwa in Senecas *De clementia*, mit dem schönen Satz: »Nemo enim potest personam diu ferre.« Zu deutsch: »Keiner kann auf Dauer eine Maske tragen.«

Absurderweise ist es zugleich diese millionenfach in sozialen Netzwerken produzierte »persona«, die als Maske der Selbstdarstellung ein ungeheuerliches »Theater aufführt«, das Privates öffentlich zur Schau stellt. Bei allen sinnvollen Anwendungen von digitaler Welt und Internet wird hier ein Wirklichkeitsbereich erzeugt, mit dessen Posts sich Individuen, von fremdbestimmten Algorithmen dominiert, in Rollen versklavt haben. In eine zweifelhafte Maskerade des wie auch immer gearteten Scheins, welcher jenseits der analogen Welt, der sie als Menschen doch angehören, noch nicht einmal mehr die Möglichkeit freien Sprechens zulässt. Spätestens in dieser geistfernen Welt werden »Follower« zu Verfolgten, deren Sprechen hinter Masken nichts mehr sagt; ja die Doppelbedeutung des Gespenstischen und des Maskenhaften der Maske endgültig in Eins setzt und damit die angerissene Wortgeschichte ins Virtuelle fortschreibt.

Lutz Flörke

Lieferverkehr

Denn, um es endlich auf einmal herauszusagen, schrieb mein Onkel, der Mensch spielt nur, wo er in voller Bedeutung des Worts Mensch ist, und er ist nur da ganz Mensch, wo er spielt. Also nicht da, wo er sich gedankenlos den Notwendigkeiten unterwirft.

Ist das Leben dir zu fad, such dir ein Zitat, denke ich. An der Wand hängt eine Verbraucherinformation Trinkwasser zur Legionellenprüfung, Datum von vor acht Monaten. Die Haustür fällt ins Schloss. Damals lebte mein Onkel Friedel noch.

Und du bist ja der Schriftsteller in der Familie, schrieb er. Der Mensch erzählt nur, wo er in voller Bedeutung des Worts Mensch ist, und er ist nur da ganz Mensch, wo er erzählt. Ich jedoch, schrieb er, stehe morgens auf und denke, ich könnte genauso gut liegenbleiben. Ich sitze am Tisch, schrieb er, das Frühstück arbeitet an mir herum, ich denke, ich könnte genauso gut wieder ins Bett kriechen. Wenn ich mich ins Bett verkrieche, könnte ich lesen oder Musik hören. Wenn ich Musik höre, möchte ich wieder frühstücken. Oder doch lieber Fernsehen. Wenn ich alles ebenso gut tun könnte, dann lasse ich es doch lieber, erklärte er. Denke aber sofort, ich sollte es nicht lassen, und schon tue ich es, aber ohne Sinn. Das alles kostet mich mehr und mehr Selbstdisziplin. Wie soll ich da in voller Bedeutung des Worts Mensch bleiben?

Ich mag niemanden sprechen, schrieb er, man sagt doch immer das Gleiche. Ich mag längst nicht mehr reden. Bei unserem letzten Telefonat sagte er: Du solltest davon erzählen, wie die Pandemie unsere verbrauchten kommunikativen Beziehungen sichtbar werden lässt. Die Kontaktbeschränkungen zerstören meine Hoffnung, mit anderen zu reden als mit denen, mit denen ich immer rede. Ich komme ja nicht mehr unter neue Leute, denen ich neue Geschichten erzählen kann oder die alten in neuen Varianten. Naja, man findet ja auch sonst selten jemanden, aber man hofft doch jeden Tag, oder?

153

Wenn dagegen jetzt das Telefon klingelt, zeigt der Apparat mir den Namen des Anrufers, schrieb er, und ich stelle mir sofort das komplette Gespräch vor. Ich brauche gar nicht erst abzuheben. Ich lasse es, ich hasse es.

Er hat recht, denke ich, die Pandemie lässt sichtbar werden, wie verbraucht unsere kommunikativen Beziehungen sind. Deshalb habe ich ihn am Schluss kaum noch angerufen. Immer und immer wieder erklärte er mir: Du bist der Schriftsteller in der Familie. Ich kann reden, aber du hast Talent. Also nutz es gefälligst!

Es ist totenstill im Treppenhaus. Nicht einmal eine ferne Waschmaschine im Schleudergang.

Als Corona ausbrach, schimpfte mein Onkel Friedel: Wenn ich die Experten schon höre! Expertenhaft wie eh und je. Wollen nicht vermitteln. Sagen schlicht und autoritär: So und nicht anders ist es mit dem Virus, mit einem Virus kann man nicht diskutieren, mit mir schon gar nicht, daraus folgt, wir müssen. Punkt! Vier Wochen später modifizieren die Fernsehexperten ihre Meinung, und wieder: Punkt. Sie mögen ernsthaft nach einer Lösung suchen, sprachlich betreiben sie Aufklärung als Zwangsveranstaltung. Aber als ich das am Telefon einer Freundin erkläre, raunzt sie mich an: Was sollen sie denn sonst sagen? Was schlägst du vor, na! Das ist nicht mein Job, sage ich. Ich sehe lediglich, wie sich der Expertendiskurs unauflöslich mit autoritärem Reden verbindet, um mich zum Schweigen zu bringen.

Regelmäßig schrieb er mir Mails, die ich selten beantwortete. Was sollte ich einem schreiben, der genau wusste, was ich tun und schreiben sollte.

Jetzt ist er verstorben.

In der Wohnung über meiner Wohnung lärmten schon früh vormittags Kinder, die wegen Corona nicht in die Kita konnten. Also zog ich in seine Wohnung, 5. Stock, Endetage, ohne Fahrstuhl und bewohne fortan die Wohnung eines Mannes, der mich mein Leben lang unter Druck setzte. Eben will ich mit dem Aufstieg beginnen, denke noch, wenn dies eine Novelle wäre, träte jetzt das seltsame, unerhörte Ereignis ein, das die Handlung in Gang brächte, da klopft es auch schon an der Haustür.

Es klopft. Energisch, wie jemand, der ein Recht auf Einlass hat. Steht da draußen vor der Haustür eine Frau mit FFP2-Schutzmaske vor Mund und Nase. Hat eine Karre vor sich mit zwei Weinkartons und zwei Kisten Mineralwasser mit Sprudel. Ruft etwas, das ich nicht verstehe. Ich öffne die Tür.

– Kann ich helfen?

Zwei Masken im gedämpften Dialog:

– Lieferung für den Fünften.

– Der Herr ist verstorben, sage ich und atme den merkwürdig chemischen Geruch der Papiermaske. Ich bin der Neffe.

– Tut mir leid.

Was soll sie sonst sagen.

– Soll ich sie trotzdem raufbringen? Rundum-Sorglos-Abo. Sie brauchen nur zu trinken.

Was soll ich sagen außer:

– Okay. Und pro forma: Soll ich anfassen?

– Danke, geht.

Ich nehme trotzdem einen Weinkarton. Nach zwei Treppen weiß ich, ich hätte besser nicht. Aber ich reiße mich zusammen. Nach der dritten Treppe kann ich nicht mehr. Es ist peinlich, klar, aber die Ausgangsbeschränkungen haben meiner Fitness nicht gut getan. Ich lasse ihn stehen.

Hinauf! Hinauf strebt's, rezitierte mein Onkel gern, wenn wir gemeinsam hinaufstiegen. Es schweben die Wolken Abwärts, die Wolken Neigen sich der sehnenden Liebe. Mir! Mir! Wenn sie's mal täten!

Ich höre, dass die Lieferfrau innehält. Sie flucht. Vermutlich hat sie den stehengelassenen Karton entdeckt.

– 'tschuldigung, rufe ich, dass Telefon hat geklingelt.

– Schon gut, Ihr Onkel hat erzählt, dass Sie außer Form sind.

So ein Schwätzer! Das geht die doch gar nichts an. Es war doch sonst nicht seine Art, wildfremden Leuten Familiengeschichten zu erzählen.

Als Kind habe ich ihn bewundert. Auf Familienfeiern erschien er selten, und wenn, dann brachte er eine Bekannte mit, wie meine

Mutter sagte, um das Wort Geliebte zu vermeiden. In den letzten
15 Jahren erschien er nicht mehr und hatte wohl auch keine Bekannte mehr. Wer soll es bei ihm schon aushalten?, meinte meine
Mutter.

Bei Onkel Friedel gab's kein Wohn-, kein Schlaf- und kein Kinder-
zimmer, sondern Salon, Boudoir und Bibliothek. Niemand sonst las,
was er las, Proust, Novalis, Gertrude Stein, aufregend und friedlich.

Er ist dein Kultur-Onkel, erklärte meine Mutter. Was heißen
sollte: Der hat noch nie im Leben richtig gearbeitet. Das wollte ich
auch gern, nie im Leben richtig arbeiten.

Ich schließe die Tür auf. Die Wohnung duftet angenehm nach
Büchern. Über die Hausdächer hinweg grüßt das ferne Container-
Terminal. Ich denke wieder: Der Mensch spielt nur, wo er ganz
Mensch ist, und er ist nur da ganz Mensch, wo er spielt. Und kom-
munikative Beziehungen verbrauchen sich, weil man zu wenig mit
Sprache spielt, sondern nur die üblichen Anekdoten austauscht.

Im Grunde bin ich der Schriftsteller in der Familie, hat mein
Onkel Friedel erklärt, leider ohne die Fähigkeit kreativer Konzen-
tration. Du dagegen ... Du bist der wirkliche Schriftsteller.

Ich habe ihn enttäuscht. Sein Leben lang. Hinter mir astet die
Lieferfrau Kartons und Kisten hinauf. Müde Schritte, schwere Tritte.
Als ich mein Lehramtsstudium aufnahm, meinte Friedel: Viele Wege
führen zur Weisheit. Aber werd bloß nicht Lehrer! Als ich mich ums
Referendariat für das Höhere Lehramt bewarb, erklärte er: Seminar-
leiter sind Leute, denen Praxis zu anstrengend ist und Theorie sus-
pekt. Die haben soviel Angst vor Fehlern, dass sie ständig welche
bei denen suchen, die von ihnen abhängen.

Die Lieferfrau drängt sich an mir vorbei, öffnet die Speisekam-
mertür und zieht Leergut heraus. Nanu, das gehört doch gar nicht
zu ihren Aufgaben.

– Sie sind also der berühmte Neffe, sagt sie. Angenehm, ich bin
Magdalena. Friedel hat viel von Ihnen erzählt. Dass Sie schreiben.

– Hat er noch mehr ausgeplaudert?

– Als Sie Ihre erste Stelle am Gymnasium antraten, hat er Sie mit
dem alten Witz aufgemuntert: Wer Erkenntnisse hat, sucht nach

neuen. Wer keine hat, erklärt anderen die Welt. Und wer das nicht schafft, gibt Sport.

Die Lieferfrau Magdalena verstaut Wasserkisten neben der Obststeige mit verschrumpelten Äpfeln, räumt Wein ins Regal.

– Zwei Jahre später warfen Sie den Schuldienst hin. Friedel lobte: Aus ihm kann noch was werden. Als Sie mit Ihrem literarischen Kabarett auftraten, lud er alle seine Freunde zur Premiere ein und brachte einen Toast aus: Auf den Etablierten der Offseller-Literatur.

Magdalena dreht an der Küchenspüle den Wasserhahn auf, nimmt die Maske ab, hält ihr Gesicht in den Strahl.

– Und Sie heißen Bernd.

Was hat er sich dabei gedacht?

– Sie müssen nicht reden, sagt Magdalena, ich dachte nur, dass wir unsere verbrauchten kommunikativen Beziehungen ein bisschen auffrischen könnten. Man muss doch im Training bleiben, oder? Denn der Mensch ist nur da ganz Mensch, wo er spielt.

Sie hat das von meinem Onkel.

– Friedel hat gern erzählt. Außerdem wollte er, dass ich Sie kennenlerne, und da wäre ein Wissensvorsprung nicht zu verachten. Denn, erklärte er, der Mensch ist nur da ganz Mensch, wo er spielt. Aber: Er spielt nur dort, wo er in voller Bedeutung des Worts Mensch ist. Und wo ist das?, fragte er. Beim Liebesspiel und beim ästhetischen Spiel und genau genommen gehört beides untrennbar zusammen. Da dachte ich erst, er wollte mich anbaggern. Hat er aber nicht. Oder nur intellektuell. Gibt es das?

– Was?

– Sie haben sich ja nicht gemeldet. So war ich die Ersatzlösung, ist doch verständlich, oder?

Sie mag recht haben, aber es gefällt mir nicht.

Magdalena greift sich eine Flasche Sprudel aus der Speisekammer und trinkt und trinkt.

– Sie können das Getränke-Abo jederzeit kündigen, sagt sie und angelt ein paar Waffeln aus der roten Keksdose im Regal. Soll ich uns Kaffee aufsetzen?

Als ob sie hier zuhause wäre, zählt sie die gehäuften Löffel ab.

– Friedel sprach kaum noch mit jemandem außer mir. Die sind mir alle zu verbohrt, sagte er. Oder zu langweilig. Oder ich treffe sie gar nicht erst, keine Ahnung, wo die alle stecken. Und mein Neffe, der Schriftsteller in der Familie, meldet sich nicht aus Angst, dass ich sein Leben rezensiere. Naja, hat ja recht. Aus purer Langeweile hat Ihr Onkel sich beliefern lassen, vom Supermarkt, vom Bio-Laden, Tapas vom spanischen Restaurant. Die Lieferanten haben natürlich keine Zeit zum Plaudern. Oder komplette Menüs zum Selberkochen, obwohl er nicht kochte. Das sollte ich dann übernehmen, aber meistens haben wir das Zeug bei Nachbarn vor die Tür gestellt und was Fertiges geordert. Ich kam immer erst ganz am Schluss meiner Runde vorbei.

– Ich hatte wenig Zeit in letzter Zeit.

– Friedel hielt viel von Ihrem Talent. Allerdings, sagte er, ich glaube nicht, dass er es schafft, seine künstlerische Freiheit gegen Familie, Frauen, Freunde, Arbeitgeber und das eigene Über-Ich zu verteidigen. Als Ihr erster Roman vom Feuilleton ignoriert wurde, tröstete Ihr Onkel sie mit den Worten: Eine Prosa, die wirklich lebendig ist, stellt Anforderungen, die gewöhnliche RomanleserInnen nicht zu erfüllen gewillt sind. Dann bist du eben ein ambulanter Schriftsteller, der seine Bücher direkt zum Publikum bringt und dadurch die Innovation des Erzählens in Gang hält. Und wer weiß, vielleicht entdeckt dich eines Tages doch noch die kulturverarbeitende Industrie.

Sie weiß alles.

– Was ist ein ambulanter Schriftsteller, frage ich, wenn er aufgrund der Corona-Bestimmungen nicht ambulieren kann? Ein Nichts!

Ohne hinzuschauen, angelt Magdalena sich zwei Mini-Florentiner aus der Dose. Der Kaffee blubbert in der Maschine. Sie sagt:

– Nichts muss nicht nichts bleiben.

– Und wie lange ging das so mit Ihnen beiden?, frage ich.

– Eines Tages, während des ersten Lockdowns, erklärte Friedel: Wir wollen unser Leben festlich gestalten und der Traurigkeit entfliehen. Und lud mich zum Essen ein, Tapas. Laut Umfrage eines Meinungsforschungsinstituts, erklärte er, als er mir Wein einschenkte, geben 44 Prozent der Deutschen an, die Corona-Pandemie habe negative Auswirkungen auf ihre psychische Gesundheit. Die anderen 56 Prozent machen mir Sorgen. Die glauben felsenfest daran, die Pandemie würde nichts ändern an ihrer Lebensgeschichte. Aber man kann nicht weitermachen, als ob ihrem Leben nichts geschähe. Es geschieht doch etwas Neues. Da muss man neue Geschichten erzählen. Nur mein Neffe kommt mal wieder nicht zu Potte.

– Mindestens einmal die Woche rief er an, erkläre ich. Na, Herr Autor, wie sieht's aus. Ich konnte sagen, was ich wollte, ich war der Schriftsteller in der Familie und er wartete auf mein nächstes Werk. Er hatte keine Ahnung, wie's wirklich aussieht. Heute Vormittag erhielt ich diese Mail: … gern hätten wir Ihre Erzählung in unserer Anthologie *Etwas Besseres als den Tod finden wir überall.*
– Über Armut schreiben veröffentlicht. Aber ich glaube nach dieser schrecklichen Coronazeit mit so vielen Pleiten und Todesfällen hat keiner mehr Sinn für Armut in Hamburg – wir möchten von positiven Nachrichten und Menschen lesen. Deswegen werde ich mich von dem Projekt verabschieden.
– Verstehe, lacht Magdalena, freundliche Grüße, Eure Süße.

Sie ist witzig, denke ich. Und sonst? Sie stellt Tassen aufs Tablett, schnappt sich die Milch aus dem Kühlschrank und trägt alles hinüber in den Salon:
– Lassen Sie uns einen Kaffee trinken im Gedenken an Friedel. Kleine Trauerfeier.
– Jetzt, wo mein Onkel tot ist, werde ich aufhören mit dem Schreiben, sage ich. Mir ist klar, dass die Schriftstellerei einer der kläglichsten Wege ist, die zu allem und jedem führen.

Sie schenkt uns Kaffee ein.
– Wie komme ich denn dazu, ein Buch schreiben zu müssen?! Mich hat doch eine Mutter geboren und kein Tintenfass!
– Grand Marnier?, fragt sie und kredenzt zwei Gläschen. Auf Friedel.
– Auf Friedel. Und damit ist es entschieden. Keine Zeile mehr! Aus, vorbei. Mein Onkel ruhe in Frieden.

Wir trinken. Sie sagt:

– Es ist ein Brauch von alters her: Wer Sorgen hat, hat auch Likör!

Wir atmen gemeinsam ein, gemeinsam aus, ein, aus, ein, aus. Eine Stunde später:

– Ich muss jetzt.

– Tja.

– Das Trinkgeld liegt in der Kommodenschublade oben rechts, sagt sie.

Tatsächlich, Münzen und kleine Scheine.

– Was gab er?

– Zwanzig.

Ich reiche ihr vierzig. Sie steckt einen Schein in die Hosentasche, legt den anderen auf die Kommode:

– So nötig habe ich's nicht.

Und springt die Stufen hinab.

Zwei Tage später keucht sie wieder herauf.

– Was soll das?, ruft sie und reißt sich die Maske herunter. Fühlen Sie sich einsam und lassen sich 'ne Frau kommen?

– Ich habe eine Geschichte geschrieben.

– Ich dachte, sie wollten es sich abgewöhnen.

– Sie wissen doch, sage ich, wir Menschen sind nur da ganz Mensch, wo wir spielen. Und wir spielen, bis uns der Tod abholt.

Rüdiger Stüwe

Corona-Lied

Ich will mein Leben zurück
gebt mir alles
nicht nur Stück für Stück.

Wir sollen nicht mehr
beieinander stehn
keine Freunde wiedersehn
nur weil angeblich Viren wehn
keiner hat sie je gesehn.

Ich will meine Freiheit zurück
jetzt jetzt zurück zurück.
Nicht mehr Freunde nur winken sehn

Wir wollen wieder voreinander stehn.
von einem Event zum andern gehen
ins wahre Leben auferstehn.

Gebt was uns gehört zurückrückrück
hinein ins schrankenlose GlückGlückGlück.

Rüdiger Stüwe

Rückwärts

Wer in Corona-Zeiten
so in die Gegend schreit
ist kein einsamer Rufer
in der Wüste eher ein
Notrufer aus gedanklicher
Wüstenei / ein Event-Sucher.

Rüdiger Stüwe

Corona II

Die Krone der Schöpfung
ist nicht der Mensch
es gibt ganz andere
Wunder,

vielleicht den Virus der
Millionen Menschen infizierend
sie dazu bringt einem Verbrecher
die Krone aufs Haupt zu setzen,

oder die Pilze mit ihrem
Gemeinschaft knüpfenden
die Erde erneuernden
Überlebensgeflecht.

Anna Würth

Vertreibung aus dem Paradies

So köstlich der
Granatapfelkern
bitter die Frucht
vom Baum der Erkenntnis
sich ducken
unterm Flügelschlag
der Fledermaus

Anna Würth

Retardierendes Moment

Tief sitzt der Stachel
festgetackert
in der Hüfte
wollte sollte
doch bis heute
keinen Hula-Hoop gekauft
nicht für die dance moves
noch für Distanz
muss selbst
mein Plätzchen
abstecken im Park
wie einen Claim

Anna Würth

Tempi passati

Unterm FFP-Schutz
herbeigesehnt
den Duft des Wandels
nach der Welle
Herbstlaub fällt
und auch die Maske
es wendet sich das Blatt
der Faden reisst
kein Surfbrett mehr
für unsren Ritt zu zweit

Anna Würth

Klarer Fall

Wohin?
Zum besten Ort
für Musik
Musik und Gerstensaft
wo wir gestern noch
vibrierten zu den heissen Sounds
halten wir nun stille
für das Stäbchen
mach mal Ah
Yeah der Test ist negativ
darauf ein Corona extra
Logo! Cooler Club

Anna Würth

Achterbahn

Dichtefrust im Bus
mit Covidioten
ohne Snutenpulli
beim Nachhaken knallt's
mir »Nazi« an den Kopf
Blitz im Blick
verschnür ich meine Lippen
heimfliehen
auf sicheres Terrain
da wartet viel Geschenk um uns
kleine Dinge
springen mir ins Herz
und endlich
auch das grosse Ding
der heissersehnte Stoff
aus dem die – kein Traum!
der Piks sitzt
der Schuss kommt an
und mit ihm
ein neuer Ausblick
auch im kleinen Radius
freier Raum
ausgesuchte Nähe
absichtslose Kunst
und ein Atem
der durch Schieflagen trägt
so fahrn wir
weiter auf Sicht

Anna Würth

Lockdown in 17 Silben –
6 Haiku 2020

Kein Flieger nirgends
atmen das blaueste Blau
unseres Lebens

Mein Bett so bleiern
vorm Fenster Nebel Nebel
im Kopf Blei am Fuss

Ostermarsch meine
Pace-Fahne bleibt am Balkon
Indoorwalking

Chaos verwandeln
Ja sagen Nein Ja Maskenball
und Abstandstanz

Tage in Aspik
wütend waten in Watte
trostreich Lied und LOL

Support your Locals
Take Away am besten täglich
ein Brunch ein Buch

Anna Würth

Lockdown in 17 Silben – 6 Haiku 2021

Diese leeren Stühle
nur als Luftnummern
Umarmungen und Kuss

Der Terminkalender
voll mit fetten Strichen
rot alles Schiebung

Nacht so schräg gestrickt
Albmonster und Mutanten
kippen Astra aus

Wenn ZoomZoom den Kopf
verwirbelt raus ins Glücksgrün
zu Eichhorn und SummSumm

Nicht aufzuhalten
der Lockdownblues doch sieh es
knospt die Zaubernuss

Magischer Moment
heimkommen in mein Tipi
der Himmel offen

III. Abschnitt
Dunkle Mythen

Mahmood Falaki

Virusträger

Der Mann: Vorsicht, einer kommt!

Die Frau: Wer, Wo?

– Dieser Mann, da, etwa zweihundert Meter entfernt. Wir müssen Abstand halten.

– Na gut.

– Noch mehr.

– Mehr geht nicht, die Straße ist eng.

– Soweit wie möglich, wir müssen uns besonders auf Abstand halten.

– Ja …, es geht aber nicht weiter. Ich kann die Mauer nicht einreißen. Warum besonderen Abstand halten?

– Es ist ein Ausländer.

– Na und? Jeder kann Coronavirus-Träger sein, egal ob Ausländer oder Einheimischer.

– Nein, sie haben dieses Virus hierher gebracht.

– Ach, Albert! Hör auf mit dem Quatsch! Dieser Mann kann hier geboren sein. Außerdem, vergiss nicht, dass dieses Virus von deutschen Reisenden hergebracht wurde.

– Nein, das ist kein Quatsch. Das ist eine Tatsache.

– Was ist eine Tatsache?

– Dieses Virus ist kein deutsches Produkt.

– Corona ist kein Produkt, sondern, wie alle anderen Viren, ein natürliches Wesen.

– Egal was es ist, diese Ausländer bringen viele Viren mit sich. Alle gefährlichen Krankheiten stammen aus fremden Ländern. Letztes Jahr war es das Ebolavirus, das in Afrika ausbrach.

– Die Hühnergrippe wurde aber hier bei uns …

– Das haben die ausländischen Vögel verursacht, die hierher einwandern.

– Ach, Albert! Die Vögel kennen keine Nationalität. Auch die Vögel, die von hier nach Afrika oder irgendwohin in die Welt fliegen, können unsere Krankheiten irgendwo anders hin mitschleppen.

– Ja, aber solche Vögel gehören nicht zu uns. Unsere Vögel sind anders, heimattreu.

– Bist du verrückt geworden? Das ist bei Zugvögeln ein saisonaler Rhythmus. Wenn die modernen Menschen, Homo Sapiens, nicht aus Afrika hierher gewandert wären, existierten wir vielleicht nicht einmal.

– Ach …, das sind Fake-News!

– Ja, alles, was dir nicht gefällt oder nicht zu deiner Weltanschauung passt, sind für dich Fake-News. Du suchst die Schuld immer bei anderen.

– Pass auf! Er kommt.

– Ja …

– Hast du gesehen?

– Was?

– Wie er uns angegrinst hat?

– Er grinste nicht.

– Doch!

– Er hat uns nur angelächelt und ich habe ihm den Gruß erwidert.

– Was? Du hast ihn angelächelt? Er kann uns anstecken!

– Was hat das bitte mit einem Lächeln zu tun? Wir können ihn auch anstecken.

– Wir sind aber gesund.

– Hoffentlich! Wer weiß. Jeder kann Virusträger sein. Egal, aus welchem Land er stammt.

– Du verstehst es nicht …

– Du verstehst aber wie immer alles besser, du Allwissender! Was für ein egoistisches, arrogantes Arschloch du geworden bist. Ich weiß nicht, warum ich immer noch mit dir lebe?

Hamburg, April 2020

Reimer Boy Eilers

Gespräche in Baumwipfeln

An einem unscheinbaren Tag des Jahres
betrat ich einen Wald,
der sich über Wochen und Monate erstreckte,
vorläufig unabsehbar,
dunkel und kalt.

Eben noch eingehüllt
in das Geräusch der Moderne,
war die Waldesruhe schwer erträglich.

Ich suchte nach Gefährten,
um mit ihnen über diesen Ort zu reden,
er schien das Gegenteil vom Garten Eden.
Aber die einzigen Gespräche
fanden in den Baumwipfeln statt,
das Gezwitscher der Vögel.

Ich lieh ihnen mein Ohr
und lernte eine neue Sprache.
Den Blick nach oben gerichtet,
auf der Suche nach dem Licht,
stolperte ich über die Baumwurzeln.
Eine Warnung gab es nicht,
da wollte das Zwitschern nichts taugen.

Mir wurde schwarz vor Augen,
statt die Sonne wieder zu sehen.
Es blieb mir, blind voran zu gehen,
nahm später mit dem Mond vorlieb,
dem bleichen, der mir übrigblieb.

Das Zwielicht umfing mich,
in dem die Rufe der Vögel
sich unversehens verwandelten
in einen schwächlichen Pöbel.
Wenn sie die Rufe steigerten,
die Hilfe sie verweigerten.

Schon fasste eine Hand mich an,
die war eiskalt, mein lieber Mann,
ich war nicht mehr gescheit.
Nur eine Frage war's der Zeit,
bis ich mich rettungslos verirrte
und der Verstand in diesem Wald
sich ohne Hilf' verwirrte.
Nicht meine Schuld.

Die Bäume neigten sich mir zu,
das war ein reiner Todeskult.
Die Brust beengte sich unsäglich,
der Wald wollt' mich begraben,
der Druck schier unerträglich,
schon fraßen mich die Raben,
bis ich mich zwang und überwand,
und mir die Not die Augen öffnete.
Ein Hammer, plötzlich war da Licht
und keine Spur von Jüngstem Gericht.

Als ich meine Lage endlich kapierte,
da war das allerhand,
weil ich nämlich fand,
dass dieser Wald nicht existierte.
Ich war bloß von Nacht und Nebel gerührt,
war vom Gezwitscher der Vögel
in megakrasse Gefilde geführt.

Jetzt hielt ich mir die Ohren zu,
war mit der Wahrheit schon per du.
Es schrumpften die falschen Gewalten
zu machtlosen Schattengestalten.
Mein Freund, das war ein guter Tag,
dass ich es in Baumwipfeln weitersag'.

P.S. zwitschern = engl. to tweet

Maren Schönfeld

Mandepie

CORONAPANDEMIE
ECORONAPANDEMI
IECORONAPANDEM
MIECORONAPANDE
EMIECORONAPAND
DEMIECORONAPAN
NDEMIECORONAPA
ANDEMIECORONAP
PANDEMIECORONA
APANDEMIECORON
NAPANDEMIECORO
ONAPANDEMIECOR
RONAPANDEMIECO
ORONAPANDEMIEC
CORONAMANDEPIE

Jakob Krajewsky

💗 Liebe – Nächstenliebe – in Zeiten der Coronakrise

Fast über Nacht – also doch recht plötzlich – ereilt uns eines der größten Krisengeschehen der Nachkriegszeit weltweit. Vorher lief gerade alles sehr gut, zumindest in Deutschland, oder nicht? Virologen, Mediziner, Politiker, die Wirtschafts- und Fachleute, ja wir selbst, wussten nicht recht, wie wir mit der Virus-Situation umgehen sollen. Wer ist schuld? Gott oder »die Chinesen«, Fledermausschiete, die vom Himmel fällt, oder doch wir alle mit unserem grenzenlosen Streben? Hamsterkäufe: Nudeln und Klopapier in Deutschland, in Frankreich Kondome und Rotwein. Wir saugen ständig neue Nachrichten auf – auch Fake News – also irreführende Infos. Düstere TV-Bilder aus China, Italien, Frankreich, USA und aus anderen Regionen der Welt sowie aus Deutschland erinnerten an postapokalyptische, gespenstische Science-Fiction Filme, die wir noch kürzlich aus ›Spaß‹ im Kino oder zuhause gesehen haben. New York und Peking, Berlin und Hamburg, Rom und London – menschenleer – Ghost Towns! Nun ist aus Fiktion Realität geworden – über Nacht waren Kino, Kita, Uni, Schule, Theater, Oper, Sport, Spiel, Reisen und selbst die Gottesdienste für Juden, Christen, Moslems etc. immer wieder per verlängerter Verordnung monatelang gebannt worden. Versammlungs- und Religionsfreiheit waren ausgesetzt. Die Grenzen der Nachbarländer und der Bundesländer waren geschlossen. Läden und Restaurants waren zu, mussten auf Catering umstellen, oder ganz schließen. Auch in Hamburg fiel vieles flach, HSV und St. Pauli Spiele u. v. a. m. Im Kontorhausviertel wurde die Feier zur fünfjährigen Ernennung des Chilehauses und des angrenzenden Kontorhausviertels zum UNESCO-Weltkulturerbe gecancelt. Was bleibt, ist die Erinnerung … Gastronomen wie etwa Tim Mälzer waren betroffen, bangten um ihr Lebenswerk, weinten öffentlich in Talkshows. Karlheinz Hauser vom Hotel Süllberg ist verschnupft. Auch da liegt vieles brach. Jetzt müsste Geld in die Hand genommen werden, um sein Restaurant zu renovieren. Keiner will es tun. In 2021 will Hauser in Blankenese noch weitermachen, dann neue Lebensziele realisieren. Luxusprobleme oder Neues Denken?

Milliarden für die Volxwirtschaft – Schwarze Null passé – Kryptowährung für alle

Langsam lief dann alles wieder an. Der moderne Massentourismus ergießt sich im Sommer 2020 wie in den 1950ern und 1960ern an die Nord- und Ostseestrände. Kreuzfahrten sind immer noch schwer zu realisieren, es gibt kaum Rock- und Popkonzerte, Fußball ist nur noch TV-Angelegenheit. Wer, welche Clubs und Geschäfte in der Innenstadt und auf dem Kiez überleben den Lockdown wirtschaftlich? Viele Freiberufler und kleine Geschäftsleute kämpfen um ihre Existenz. Zum Glück gibt es Onkel Scholz. Der Bundesfinanzminister (SPD), früher mal Schröders Scholzomat, hat großspurig die Bazooka in die Hand genommen und mit Bundeswirtschaftsminister Altmaier (CDU) dem leidenden Volkskörper Finanzspritzen gegeben. Eine Bazooka ist eigentlich eine smarte Panzerfaust mit der man feindliche Objekte in die Luft jagt. Sie sucht sich ihr Ziel selbst. Wahrscheinlich ist in dieser Analogie, die etwas honkt und sehr martialisch klingt, als Feind das Virus gemeint. Selbst die »Märchensteuer« (korrekt: Mehrwertsteuer) wurde gesenkt. Wo gibt es denn sowas? Unglaubliche Summen kommen ins Spiel, laut Pressemeldungen der Bundesregierung aus dem März 2020 »Zig Milliarden«: Kurzarbeitergeld, Übergangskredite, Liquiditätshilfen für Unternehmen etc. Besonders die Lufthansa und Flughäfen, die Deutsche Bahn, Busunternehmen sowie Hotels waren schwer betroffen, aber auch Opernhäuser, Theater, Tanzstätten und Museen. Es drohte eine Massenpleite durch den lock-down. Im EU-Raum geht es mit Ursula von der Leyen, deutsche EU-Kommissionspräsidentin von Merkels Gnaden, nach tagelangem Gezerre mit den Regierungsspitzen der

EU-Länder um 750 Mrd. Euro an Sonderfonds zur sogenannten Coronakrise (Covid 19) für notleidende europäische Volkswirtschaften. Darlehen oder Zuschuss? Die Streitfrage zwischen den nordeuropäischen Staaten aus Skandinavien, den Niederlanden, Österreich und den Südeuropäern. Frankreich und Deutschland ließen sich schließlich breitschlagen für eine nichtrückzahlbare Maßnahme. Bei der Niedrigzinspolitik im Allgemeinen keine leichte Entscheidung im Hinblick auf die EZB (Europäische Zentralbank) und die Verschuldung öffentlicher Haushalte der EU-Länder. Oh weh, Schwarze Null passé! Die Gerüchteküche kochte dann über. Deflation, Inflation und Hyperventilation des Geldsystems! Kommt nun bald die weltweite Kryptowährung für alle?

Not – Macht – Erfinderisch: Liebe und Nächstenliebe

Die große Abrechnung kommt noch für die kommenden Generationen, die es eh nicht leicht hat angesichts von Globalisierung, Digitalisierung, Jobverlust- und globaler Umweltkrise – eine gewaltige Transformation steht uns bevor. Die ausgebreiteten Finanzteppiche und die die Wirtschaft stabilisierenden Maßnahmen lassen an den New Deal von US-Präsident Franklin D. Roosevelt in den 1930er Jahren denken. Nach der großen Depression, dem Börsencrash und der Weltwirtschaftskrise von 1929, gab es dort jede Menge Konjunkturprogramme für Landarbeiter über Büroleute bis zum Hollywoodpersonal. Im großen Stil war alles nach dem Gießkannenprinzip bedacht worden, inklusive der Kriegsindustrie. Auch in der finanzstarken Handels- und Hafenmetropole Hamburg hat das gesamte Leben im Frühjahr 2020 wochenlang stillgestanden. Es kam zu großen Verlusten finanzieller Art. Auch hier wurden vom rotgrünen Senat große Konjunkturprogramme aufgelegt. Der Hamburger Bürgermeister Peter Tschentscher ist Ex-Laborarzt, kennt sich aus mit Versuchsanordnungen und Populationen. Es konnte alles Mögliche an Unterstützung beantragt werden. Manchmal war für die Betroffenen allerdings nicht klar, was Zuschuss und was rückzahlbar war. Doch Not macht erfinderisch: Online-Uni, Webinare,

Zoom-in Konferenzen, Home-Office und Home-Schooling waren für tausende von Menschen neue Erfahrungen, die nicht nur schlecht waren. In Venedig traten durch den Stillstand die blauen Lagunen wieder zutage. In den Kanälen war das Wasser nicht mehr faulig, eingetrübt und schwarz. In Hamburg sah man erst kaum jemanden auf der Straße, herrliche frische Luft, dann vermehrt Fahrradfahrende – ein Traum für Grüne Stadtpolitiker.

Traum und Traumata – Corona, die Pandemie, ist immer noch überall – ist mit uns. Menschen sind gezwungen, sich von Zerstreuungen zu lösen und sich mit sich und den Nächsten aus-einander-zu-setzen – durch social distancing oder gar Quarantäne. Es gab drastische Strafen. In Hamburg wurden plötzlich gutbürgerliche Rentner, die gemeinsam auf einer Bank saßen, aber aus zwei Haushalten stammten, mit saftigen Ordnungsgeldern belegt. Gastronomen zahlten an der Alster € 1.000 und mehr, weil sich vor ihrem Restaurant Leute mit bei ihnen erworbenen Getränken und Speisen illegal zusammenrotteten. Mittlerweile war der Sommer da und es wurde wieder demonstriert und ›gecornert‹ – gegen die Hygieneschutzmaßnahmen der Regierung. Tausende waren ohne Maske auf den Straßen Berlins und andernorts. Hier trafen sich Normalos, besorgte Leute, Prepper, rechte und linke Verschwörungstheoretiker, Impfgegner, Bill-Gates-Hasser, Reichsbürger und Endzeitjünger. Dunya Hayali versuchte einen ZDF-Dreh auf einer Demo gegen staatlich angeordnete Hygienemaßnahmen zum Schutz und zur Eindämmung von Covid 19 mit über 10.000 Leuten in Berlin, wurde beschimpft und konnte ihre Reportage nicht zu Ende bringen. In Hamburg ist/war der Kiez ganztägig geschlossen, Clubpersonal und Besitzer, Geschäftsinhaber, Bars und Sexarbeiterinnen hatten kein Einkommen. Letztere sind zu illegalen Hausbesuchen übergegangen. Plötzlich steht die Reitlehrerin gestiefelt und gespornt vor der Tür. Unten vor dem Haus sitzt im roten Lamborghini mit Kennzeichen PI-MP … ein kleiner Kerl vom Balkan mit Totenkopftatoos auf den Armen und der Glatze und wartet. Nur was macht Mann dann mit den Kindern und der Ehefrau – rechtzeitig zum Einkaufen schicken? Achtung Klischee und nur ein Gedankenspiel!

Liebe in Zeiten der Coronapandemie erfordert viel kreatives Potential und kühne Vorstellungskraft. Es gab auch wahre Nächstenliebe: Menschen kauften für ihre Nachbarn ein, brachten Leute zum Arzt, waren solidarisch in der Hausgemeinschaft, unterstützten die Restaurants und Kulturschaffenden im Viertel mit Gutscheinen oder anderweitig.

Junge Leute – Alte Leute, neue deutsche (Corona-)Welle und ›auf die Fresse‹?

Junge Leute kauften sich im aufkeimende Jahrhundertsommer Fusel und Diesel und andere betörende Stoffe und drifteten von St. Pauli aus in die Schanze. Hier saß man dicht beieinander im Rinnstein und auf dem Pavement und spielte Malle nach, denn auf die Malediven und nach Mallorca kam man nicht, es fehlte das Kleingeld. Die wiedereröffnenden Gastronomen vor Ort schauten in die Röhre. Die Leute, die da wohnen waren not amused! Wer jung ist, will eben feiern, denn durch Zusammenhocken und als Schluckspecht vertreibt sich der Mensch die Sorgen und Ängste vor der Zukunft. Die Wärme der Herde. Das Leben will leben, besonders nach wochenlangem Hausarrest und einer Form von extrem gefühlter ›Isolationshaft‹. Und dann der Staat mit seinen Verordnungen, plötzlich Polizei, in Stuttgart und Frankfurt gab es ›auf die Fresse‹, wie man in Hamburg sagt. Barrikaden vor dem Schlosspark und Remmi Demmi auf dem Opernplatz. In der Hansestadt blieb es allerdings relativ friedlich. Neue Verordnung: nun dürfen Kioskbesitzer und andere kleine Geschäfte keinen Alkohol mehr am Wochenende in der Schanze verkaufen. Na, dann Prost. Tipp: Supermärkte gibt es in der ganzen Stadt! Das wussten schon die Fußballfans vor dem Stadionevent und die Typen mit dem Saturday Night Fever. Stichwort: Vorglühen. Viele leben jetzt nach dem Motto: Wir lassen uns das Feiern nicht verbieten – Carpe Diem, nach uns die Sintflut, wer weiß was morgen ist. So leben auch die meisten Leute in Tel Aviv. Maskenball ade! Lebensgefühl pur im Hier und Jetzt – irgendwo mutt de lüüd ok hin!

Kinnings – also, was ist mit den Kindern? Die sind harmlos, also in Bezug auf das Virus. Die Forscher wissen zwar nicht genau warum, doch eigentlich werden die nicht wirklich krank. Aber übertragen sie das Virus? Nichts Genaues weiß man nicht. Kitas und Schulen sind wieder offen. Atemmaske – ja, nein, vielleicht? Der Weltärztefunktionär Montgomery aus Hamburg äußerte sich im Frühjahr skeptisch über den Nutzen der Masken. Verwirrung überall. Mittlerweile kostet Fahren im Öffentlichen Nahverkehr ohne Schutzmaske € 40,–.

Aha, dann sind da noch die Alten und Risikoleute, eine bedrohte Spezies der besonderen Art. Zu denen gehören wir z. T. selbst! Macht nix – wir halten durch für euch! Doch es gab auch Menschen, die sich nicht angemessen von ihren Sterbenden verabschieden konnten, nicht mal das Händehalten war erlaubt. Da bleibt unter Umständen ein ewiges Schuldgefühl, zumindest ein Unbehagen bei den Hinterbliebenen. Tatsächlich gibt es auch Coronaleugner. man kennt ja eigentlich keinen Kranken, jemanden der gestorben ist, oder … Gibt es das Virus denn wirklich? Hat es die Regierung (wenn ja, welche und wie viele) vielleicht erfunden, um die Leute in den Griff zu kriegen? Selbst Hausärzte aus Hoheluft traten im Internet auf und suggerierten das. Vorsicht Verschwörungstheorie: Lesen Sie die Packungsbeilage, oder fragen Sie einfach Ihren Arzt und Apotheker. Das Schwierige bei Verschwörungstheorien, z. B. zum 11. September 2001 ist, sie sind nicht zu beweisen und schwer zu widerlegen. Sind sie erst einmal in den Köpfen, gehen sie da schlecht wieder raus und wer weiß, vielleicht ist ja doch was dran, glauben sogar Rationalisten. Es gibt nicht nur Desinfektion, sondern sogar Desinformationskampagnen durch (ausländische) Regierungen. Wem glauben wir? Das Zeitalter der Vernunft nach Kant und Descartes haben viele verlassen. Hatten wir es denn jemals wirklich erreicht? Das 21. Jahrhundert, ist es nur ein Fake?

Also, bevor die ›neue deutsche (Corona-)Welle‹ kommt, nochmal richtig auf die Pauke hauen. Oder doch ein AHA-Erlebnis haben

(Abstand-Hygiene-Alltagsmaske)? Brecht sagte mal, wenn die Regierung mit dem Volk nicht zufrieden ist, soll sie sich ein anderes wählen. Heute muss man fragen, was macht die Regierung, wenn das Volk ausstirbt? Sucht sie sich ein neues? Wenn wir vernünftig und weitsichtig bleiben, Gott bewahre, wird das nicht geschehen. In Deutschland und auch besonders in Hamburg sind die Folgen der Pandemie noch glimpflich abgegangen, der Wirtschaftseinbruch liegt landesweit bei »nur« 10 Prozent, in Großbritannien ist es mehr als doppelt so viel. Bei Redaktionsschluss sind es bald über 10.000 Tote in Deutschland, die mit Covid 19 in Verbindung gebracht wurden. Ein Ende ist nicht absehbar. Überwiegend ist das die Altersgruppe der 60 plus Generation. Das sieht in anderen Ländern wesentlich schlimmer aus. In den USA waren Ende Juli 20 bereits 150.000 Menschen daran gestorben. Den Impfstoff (Reizthema) wird es wohl auf absehbare Zeit nicht im Handel geben. Der nächste Winter kommt bestimmt – der nächste Lockdown – ja, nein, vielleicht? Man weiß es nicht. Für die Wirtschaft in Deutschland könnte eine neue Totalschließung der Republik tödlich sein.

Eine neue Strategie der Virologen muss her. In Japan identifiziert und isoliert man ›Super-Spreader‹, also Leute, die viele andere in hohem Maße unbewusst anstecken. Das hält auch SPD-Gesundheitsapostel Karl Lauterbach, selbst Epidemiologe, für sinnvoll, um die Mitarbeiter der Gesundheitsämter und anderer Behörden zu entlasten, die hinter den Infizierten her telefonieren müssen. Ein Dank auch an die Schwestern, Pfleger, Ärzte!

AHA – der Sprayer RAZOR hat heimlich im Lokschuppen einem ICE eine Mund-Nasen-Maske auf die Schnauze gesprayt. Früher galt das schlicht als Sachbeschädigung, nun fand die Deutsche Bahn das per twitter sogar gut! Banksy lässt grüßen! Kunst kommt von Können und der Fähigkeit, Menschen dazu zu bringen, ihr Verhalten zu überdenken und zu ändern. Eine Krise kann auch immer eine kreative Chance sein – zum Umdenken für viele, im Leben an sich und besonders im Geschäftsleben. Auf die Kunst des (Über-)Lebens … l'Chaim!

Jörgen Bracker

Gebet an die Nothelfer

›Gottes Freund‹, Sankt Störtebeker!
Schrecken aller Goldverstecker,
Komm vom Himmel hoch herab,
Oder steig aus deinem Grab.

Ruf die Engel aus den Lüften,
zerr Piraten aus den Grüften.
Kommt herbei, Vitalienbrüder!
Störtebeker braucht Euch wieder,

Um das Geld zurück zu holen,
Das die Bänker uns gestohlen.
Pah! Was kriegten wir dafür?
Hedschgefonds auf Klopapier!

Knackt der Gobal Player Höhlen,
die dort Wuchergelder zählen.
›Alt‹ und ›Dumm‹ und ›Dumm‹ und ›Alt‹
brachten sie um ihr Gehalt,

um die Rente, um Erspartes,
Anvertrautes und Verwahrtes.
Störte-Held, Du kannst es besser:
Schreck die Heuschreck-Geldverfresser!
Hokuspokus, Mäusedreck –
Furz die Parasiten weg!

Jörgen Bracker

Feuersturm

Als sei es jetzt, seh ich vor mir
die Höllenfahrt des Himmels,
so unvergesslich eingebrannt
in eines Kindes Seele,
dass Nacht für Nacht
sie wiederkehrt,
die Höllenfahrt des Himmels.

Da werden Sterne neu geborn
Und haargenau platziert:
Erst vier Mal rot, dann vier Mal weiß,
zuletzt ein grüner Weihnachtsbaum,
bestimmen neu den Himmelsraum,
markieren einen Todespfad
zur Höllenfahrt des Himmels.

Dann überqueren sie die Stadt.
Die Bomber hör' ich knurren
Moskitos singen uns den Tod,
Der Himmel glüht jetzt feuerrot
Und saugt uns in den Feuersturm,
die Höllenfahrt des Himmels.

Hellweiße Zungen spucken weit
Und fangen scheinbar Fliegen.
Die Flak erwischt ein Opfer noch,
das sich im Sturzflug nahebei
in Schrott und Tod verwandelt.

Noch dröhnt, noch röhrt mir in den Ohrn,
was ich als Kind erlebte.
Die Todesschreie der Verbrannten,
der längst Vergessnen, nie Genannten.
Verflucht sei der, dem sie verdankten
Die Höllenfahrt des Himmels.

Margret Silvester

Impf und Schande

»Die Zahlen beindrucken mich überhaupt nicht.« Petula hatte es sich auf einem der neuen Klappstühle bequem gemacht. Was war das für eine naive Zeit im vorletzten Herbst, als ich sie gekauft hatte. Die Überlegungen, welche es werden sollen, die vielen über den Haufen geworfenen Ideen. Alles ist doch möglich gewesen. Alles ist noch möglich gewesen. In Dutzenden von Geschäften mit Beratungen direkt am Ort, Probesitzen und daneben Kaffee trinken.

Im Spätherbst, als die Stühle und ein passender Tisch bei mir angeliefert wurden, um sofort ihren Platz auf der Terrasse einzunehmen und die alten auf den Sperrmüll zu verbannen, war alles noch so normal. Jetzt war der Winter vorbei und der Frühling eingekehrt, ein Frühling so anders als alle vorherigen in meinem Leben.

Die Einladung an Petula beruhte zu einem auf unserer Freundschaft und weil wir uns länger nicht gesehen hatten, zum anderen darauf, dass sie schwungvoll mit Quast und Farbe umgehen kann. Es gab zwei Zimmer zu streichen. Gegen einen kleinen Obolus und ein Süppchen war sie bereit, mir bei der anstehenden Renovierung zur Hand zu gehen.

März war und mit ihm der erste Lockdown anstelle von Neubeginn nach dunkler Winterzeit. Hamburg hatte gute Zahlen vorzuweisen, bis die Menge der Urlauber nach den Skiferien in die Stadt zurückkam. Und mit ihnen reiste es in ihren Körpern an. Das VIRUS!

Schnell war klar, dass kein Land verschont bleiben würde. Das Virus kroch von Süd nach Nord. Die Route war ablesbar. Jeden Abend auf dem Bildschirm zur Tagesschau. Es hinterließ Kranke und Tote. Vor allem in Italien.

Die veröffentlichten Zahlen waren es, die Petula nicht beeindruckten. Wir saßen an einem dieser mit Vogelgezwitscher und explodierenden ersten Blüten reichen Märztage auf meiner Terrasse und Petula schlürfte ein »wänziges Schlöckchen« Kaffee.

Jedes Jahr im März unterzog sie ihren Körper einer Reinigungszeremonie. Der Hauptbestandteil davon war Kräutertee und da durfte sie nicht mal eben eine ganze Tasse Kaffee in sich reinschütten. »Alles wäre umsonst«, erklärte sie, »sofort! Kaffee ist das reinste Gift in dieser Zeit.«

Gleiches galt auch für den Kuchen, den ich bereitgestellt hatte. »Alles, was Zucker enthält, geht gar nicht.«

Ich hatte schon gelernt, dass auch nichts mit Sahne geht und auch mit Hefe nicht. Warum auch immer.

Die Zahlen, die Petula nicht beeindruckten, bezogen sich auf die Infektion dieses aus Asien in unser beschauliches Leben migrierte Virus, was zu Beginn Corona hieß, aber mehr und mehr als Covid-19 bezeichnet wurde. Hauptsächlich von denen, die es wissenschaftlich betrachteten. Oder Journalisten, die mal was anderes schreiben wollten.

Ich kann nicht verhehlen, dass es ein besonders schönes Virus ist. Also bildlich gesehen. Die Fotos von ihm wurden immer besser, schärfer und kleinteilige Konturen auf seiner Oberfläche gaben dem ganzen etwas Rosiges mit weißer Spitze an den Seiten. Dass Gefährliches oft so hübsch daherkommt! Im Inneren einem verkommenen Charakter nicht unähnlich. Der Unterschied ist: Dieses Virus hat keine Moral. Im Gegensatz zum bösen Charakter. Es will einfach leben. Wie alles hier auf der Erde.

Ich war mit den Gedanken abgeschweift, horchte aber wieder auf, als Petula, betreffend die sie wenig beeindruckenden Zahlen, sagte: »Denke nur mal an die Spanische Grippe von 1918; da gab es Millionen von Toten. Und keiner hat sich einfallen lassen, die Menschen einzusperren.«

Ich muss gestehen, ich war überfordert. Mir fehlten gerade die Argumente, denn ich hatte zwar von der furchtbaren Grippe gehört, wusste aber zu wenig darüber. Wenn man sich mit Petula trifft, ist es ratsam, vorher was zur Sache zu lesen. Also Genaues.

So gingen wir auseinander, ohne uns geeinigt zu haben. Und ein bisschen verkniestert. Ich fürchtete, dass Petula mich mit dem Rest der Renovierung hängen lassen könnte. Ist ja nicht gemacht, so eine Renovierung an nur einem Tag.

Mir ließ es keine Ruhe, das mit der Spanischen Grippe. Und so machte ich mich daran, ein wenig zu recherchieren. Dank des Internets wusste ich schnell, dass die Spanische Grippe vermutlich ursprünglich eine amerikanische Infektion war, die dort »purple death« genannt worden ist. Erschreckend viele Menschen erkrankten und starben. Es ist in einigen Artikeln von bis zu 100 Mio. Toten die Rede. Weltweit. Die vielen Opfer des 1. Weltkrieges verschleierten das übrige Geschehen. Ich zog mir das geschichtliche Wissen über diese Pandemie 1918 und – weil ich schon mal dabei war, auch über die Pest des Mittelalters – förmlich rein. Gut gewappnet für das nächste Petula-Gespräch, falls …

Gerade weil Erfahrungen von damals vorlagen, ging man heute doch anders mit einer Pandemie um. Ärztliches Wissen seit damals, Reisebeschränkungen, Lockdown und Isolation auf den Krankenstationen – das wollte ich ihr sagen. In Kriegszeiten kaum möglich, aber glücklicherweise lebten wir nicht im Krieg. Jedenfalls nicht hier in Deutschland.

Petula ließ mich nicht hängen. Die Renovierung wurde ein paar Tage später gemeinsam fortgesetzt. Aus dem ersten Besuch klüger geworden, hatte ich beschlossen, ihr gar keinen Kaffee oder Kuchen anzubieten. Ich hatte stattdessen Obst in Menge auf den Tisch gestellt. Tiefgefrorene Heidelbeeren von der letzten Ernte bei einem Waldspaziergang im noch so normalen Herbst des Vorjahres hatte ich am Vorabend mit Birkenzucker bestreut und über Nacht ziehen lassen. Lecker!

Derart gerüstet und zusätzlich mit den neuesten Informationen aus diversen Berichten zu Covid angereichert, begrüßte ich Petula zur vereinbarten Zeit an der Haustür. Sie war gut drauf und warf sich gleich in ihren Maleranzug sowie auf Farbe und Pinsel. Es war eine Freude, ihr dabei zuzusehen. Ich übernahm Feinarbeiten an Leisten und Lamperien. Im Radio lief launige Musik.

Irgendwann machten wir eine wohlverdiente Pause. Ich stellte meine vorbereiteten Nahrungsmittel auf den Tisch und fragte Petula, ob sie Lust auf einen Tee habe. Kräutertee. Keinesfalls würde ich ihr heute meinen exzellenten Kaffee anbieten. Das mit den Perlen und den Säuen wende ich nicht an, wenn es um Freundinnen geht. Aber ich finde es immer sehr schade, wenn mein Kaffee von Menschen getrunken wird, die ihn nicht würdigen.

Petula trank heute keinen Tee, sondern gereinigtes Wasser, lauwarm. Was war es für ein Glück, dass mein Wasserkocher die Temperatur anzeigen konnte. Leider musste es auch erstmal kochen und dann abkühlen. Aber wir hatten ja Zeit. Die sich anschließende Reinigung des Wassers war sehenswert. Petula ließ ein paar Steine, die sie mitgebracht hatte, in die leere Karaffe gleiten. Eine hübsche Melodie, als sie gegen die Glaswände des noch leeren Gefäßes schlugen. Nun kam das lauwarme Wasser dazu und blieb für genau sieben Minuten stehen, ehe Petula sich ein erstes Glas vollschenkte.

Ich will mich hier nicht lustig machen, denn ich meine, dass wir alle das Recht auf Alleinstellungsmerkmale haben. Ich koche meinen Kaffee auch auf eine ganz besondere Weise. Und besorge ihn in einem ganz besonderen Geschäft in meiner Nähe. Ich könnte mich jetzt darin verlieren, also in Schilderungen, welche Liebe schon im Handrösten des Kaffees steckt, wie es dann mit genau temperiertem Wasser und Zeit weitergeht … mein Thema sowieso. Jetzt ließ ich ihn mir aber vor allem schmecken, während Petula ihr Wasser trank. In Bezug auf unsere Getränke waren wir uns doch ganz schön ähnlich.

Die gezuckerten Heidelbeeren – ja, Birkenzucker ist auch Zucker – rührte Petula nicht an. Sie hatte heute ein Fläschchen dabei, von welchem sie ein paar Tropfen auf einen Teelöffel abzählte. Auf dem Fläschchen war ein Etikett mit der Abbildung des Corona-Virus. Unverkennbar, wenngleich ein absolutes Fake-Bild seines Selbst. Ich wurde neugierig.

»Diese Tropfen sind das optimale Gegengift bei Corona und anderen Virus-Erkrankungen«, teilte Petula mir mit, »es stärkt die eigenen Abwehrkräfte.«

Auch wenn Petula, wie sie mal geäußert hatte, nicht an das Virus glaubte, schaden konnte es ja nix, so ein Gegengift.

»Hat dir dein Arzt das verschrieben?«

»Der? Nee. Der ist ja Schulmediziner. Den suche ich nur auf bei echten Krankheiten.«

Ich atmete tief durch. Hatte ich damit gerechnet, in eine erneute Diskussion um »beeindruckende Zahlen« gehen zu müssen, war heute diese diabolische Schulmedizin dran. Es ging im weiteren Verlauf der Unterhaltung eben nicht um die »Spanische Grippe« oder die Pest, sondern darum, dass »wir alle im Zuge einer erzwungenen Impfung zeugungsunfähig gemacht werden sollen«. Und nicht genug damit: Die Impfung, die eigentlich gar keine ist, wird einen kleinen Chip in uns einpflanzen, auf dass wir überall und immer aufspürbar sind. Und eventuell sogar ab-schalt-bar! So!

Mich ritt der Teufel. Ich fragte Petula, weshalb um alles in der Welt jemand ein Interesse daran haben sollte, uns unfruchtbar zu machen.

»Merkel.«

Ich war verblüfft. »Wie – Merkel?« Ich wusste wirklich nicht, was sie meinte.

»Merkel will die Deutschen unfruchtbar machen, damit ein Austausch der Völker stattfindet.«

Ah, ich hatte so eine leise Ahnung. Ich hörte natürlich auch Nachrichten und las im Netz. Das hatte doch dieser Typ gesagt, der auch meinte, dass der Zweite Weltkrieg ein Vogelschiss in der »tausendjährigen Geschichte« der Deutschen gewesen sei.

Dass Petula soweit vom Pfad abgekommen war, hatte ich nicht vorausgesehen. Böse Falle.

Noch schockiert von der Zeugungsunfähigkeit der Deutschen, fragte ich sie: »Und weshalb sollte jemand uns alle abschalten wollen?«

Da war er wieder, dieser Blick, der mir durch Mark und Bein ging. Dieses unstete Flackern in ihren Augen, als sie mich aufklärte.

»Bill Gates. Der will die Weltherrschaft an sich bringen. Mit dieser Impfung, die uns als Corona-Impfung untergejubelt werden soll. Der hat doch die Chinesen erst darauf gebracht, dieses Virus in Umlauf zu setzen. Bezahlt natürlich mit Milliarden von Dollar.«

Ich hätte mich ohrfeigen können. Dass ich mich immer auf falsche Themen vorbereitete. Da hatte ich seit der Schulzeit nichts dazu gelernt. Ich sah Petula im Geiste mit Rotstift unter meine Ausführung ein »Thema verfehlt. Sechs!« setzen.

Immerhin fiel mir etwas ein. »Das sind wir doch längst – Handys, soziale Medien, ja sogar unsere Einkaufszettel – die Überwachung benötigt doch keine Impfung.«

Erstaunlicherweise pflichtete Petula mir bei. »Ganz genau. Und deshalb weißt du auch, woher das Geld dafür kommt.«

»Bitte? Was kommt woher?« Ich kam nicht mehr so richtig mit.

»Habe ich doch gerade gesagt. Seit Jahren hat Bill Gates uns in den Fängen. Und nicht nur er. Auch die Rothschilds. Die haben längst alles aufgekauft. Es wird Zeit, dass wir dem ein Ende machen.«

»Ich finde, jetzt übertreibst du.« Mir wurde die Sache wirklich zu bunt. »Ich weiß ja, dass es käufliche Menschen gibt, aber nun … erdenweit?«

Petula schaute mich eindringlich an, und ich fühlte, dass mir der Schweiß auf die Stirn trat. Dieser Blick! Seit meinen Konfirmandentagen hatte ich so einen Blick nicht mehr gesehen. Letztmalig von meinem damaligen Pastor, der mir tief in die Seele schaute, als ich anzweifelte, dass Jesus mit nur fünf Broten und zwei Fischen 5000 Menschen satt gemacht hatte. Die Menge dieser Nahrungsmittel hätten wir zu Hause gern mal gehabt, und dann wären wir zu fünft in der Familie vielleicht an ein paar Tagen satt geworden. Ja, ich habe damals schon sehr gezweifelt. Aber der Pastor kam dann immer damit, dass es nur ein Gleichnis sei. Die Bibel ist voll davon. Ich erinnere mich, dass ich eine Weile darüber nachgedacht habe und zu dem Schluss kam, dass es sich zumindest mit den Broten so verhalten müsste, wie es in der Bibel steht. Wie mit den Vögeln unter dem Himmel. Ein Krümelchen für jeden von ihnen. Ach, das war ein anderes Gleichnis, das mit den Vögeln.

Ich musste ein wenig laut gedacht haben, denn Petula unterbrach mich. »Von wegen Gleichnis. Nein, das ist alles echt. Bill Gates kauft seit Jahren Wissenschaftler – Virologen, Biologen und andere. Ganze Pharmaindustrien sind schon Teil seines Imperiums.«

Ich habe Petula erstmal ausreden lassen. Irgendwann würde sie eine Pause machen und dann könnte ich wieder was Kluges dazwischenschieben, ohne Anspruch auf Wirkung, versteht sich. Und so war es auch. »Meinst du«, fragte ich sie, »dass überall auf der Welt die Politik sich plötzlich und endlich mal einig ist?«

»Wie ….?«

»Na, das müsste doch so sein. Die Nachrichten über eine Pandemie sind doch weltweit. Die Menschen der meisten Länder auf der Erde sind davon betroffen. Eine solche Einigkeit, auf Lügen aufgebaut, wie du mir hier weismachen willst – gibt es einfach nicht. Schau zurück in der Historie und nenne mir eine Zeit, in der das so gewesen ist.« Das war schon etwas gemein, denn mir war aus früheren Unterhaltungen bekannt, dass Petula sich kaum für Geschichte interessierte. Zu anderen Zeiten wäre ich auch anders mit ihr umgegangen, aber nun wollte ich unbedingt das Schwergewicht der logischen Unterhaltung auf meiner Seite haben.

»Du musst dich mal reden hören«, hielt sie mir entgegen. »Diese Regierungen hat Bill Gates längst im Sack.«

Ich merkte, dass meine Denkweise zu einfach war. Es hatte wenig Sinn, diese Unterhaltung fortzusetzen und so wechselte ich das Thema; gleichzeitig beschloss ich, eine Weile Abstand zu Petula zu halten. Und das war auch gut so, denn am Ende der folgenden Woche erhielt ich einen Anruf von ihr. Begeistert erzählte sie, dass sie in Berlin gewesen sei.

»Ich höre immer Berlin«, unterbrach ich sie, »ist doch gar nicht erlaubt – also das Reisen von einem Bundesland in das andere.«

»Das ist mir doch egal.«

»Und? Was hast du in Berlin gemacht?«

»Ich war auf der Demo.«

Ich hatte es befürchtet. »Auf der Demo, zu der die ›Querdenker‹ aufgerufen hatten?«

»Ja.« Petulas Stimme war anzumerken, dass sie noch ganz im Rausch einer agitatorischen Begeisterung war. »Es war einfach toll. Du hättest dabei sein müssen.«

»Nein, danke. Ich möchte nicht wissen, wieviel diese Demo zur Ausbreitung der Infektion beigetragen hat. Die Zahlen sind ja gerade wieder rasant gestiegen.«

»Das ist doch alles Fake. Genau deshalb machen wir ja diese Demos, um zu demonstrieren, dass die Corona-Regeln Blödsinn sind. Das Virus gibt es einfach nicht. An uns ist es abzulesen. Wir sind alle gesund.«

»Und seit wann bist du studierte Virologin?« Ich konnte ein wenig Sarkasmus nicht unterdrücken.

»Sag ich ja gar nicht. Aber ich informiere mich eben nicht nur in der Lügenpresse.« Sie redete sich in Rage. Ich vermutete, ganz ohne sie zu sehen, dass dieses Leuchten in ihren Augen war, welches ich schon früher bei anderen gesehen hatte, deren Guru einer neuen Ideologie Platz machen musste.

»Du musst dir unbedingt mal das Video von Prof. Bakhdi ansehen. Der sagt ganz klar, dass es sich bei Corona nur um eine harmlose Grippe handelt. Und er ist nicht der einzige.« Sie zählte weitere auf, deren Namen in dem Geschwurbel der aus ihr sprudelnden alternativen Fakten, mir nicht im Gedächtnis geblieben sind.

Jetzt war es klar. Petula hatte sich entschieden. Sie schaute sich Videos von Bakhdi und Hildmann an, schenkte Michael Ballweg Geld und ließ sich mit anderen Querdenkern vom Busunternehmer Alexander Ehrlich durch die Republik zu den Demos in Leipzig, Magdeburg und Berlin fahren. Ohne Abstand und Maske. Auf den Bussen stand es plakativ zu lesen: »Mit Maske? – ohne mich.«

»Da ist so eine tolle Stimmung in den Bussen. Wir haben (ja, sie sprach konkret von ›wir‹) sogar ein Lied, was wir gemeinsam singen. Du solltest wirklich mal mitkommen. Alles so nette Menschen.«

›Ganz bestimmt nicht‹, dachte ich. Und laut: »Merkst du gar nicht, mit wem du dich da einlässt? Siehst du nicht, wer da mitfährt? Reichsbürger, AfDler ... – dir kann doch nicht entgangen sein, welche Fahnen neben dir wehen?«

»Siehst du, du fällst auch auf die Lügenpresse rein. Was die im Fernsehen zeigen, ist nachträglich zusammengeschnitten. Du weißt, ich bin immer links gewesen … (nee, wusste ich nicht). Aber ich lasse mir meine Freiheit nicht beschneiden. Und mir ist es egal, wes Geistes Kind neben mir geht – Hauptsache, wir ziehen an einem Strang. Aufstehen! Gegen ein und dieselbe Sache.«

Vermutlich fehlte nicht viel und sie würde das Zeichen der erhobenen Faust dazu machen. Es hatte keinen Sinn. Ich habe schon viel früher festgestellt, dass Diskussionen mit Menschen, die sich entschlossen haben, ihre Gesinnung eher mit denen zu teilen, die ganz rechts stehen, unsinnig sind. Aber dass Petula sich so verändert hatte … hatte sie?

Die Renovierung war geschafft und es gab keinen Grund, Petula in Kürze noch einmal einzuladen. Der Lockdown half sogar dabei.

Als wir viele Wochen später miteinander telefonierten, war das Gespräch eher kurz. Knapp an neuen Eindrücken und reich an der Überlegung, Petula gänzlich aus meinem Freundeskreis auszuschließen. Zumal sie bei der Nachricht, dass zwei unserer gemeinsamen Freunde – ein Ehepaar – an Covid-19 gestorben waren, nur kurz auflachte.

»Für die beiden kam die Impfung zu spät«, hatte ich gesagt, »dabei waren sie noch nicht einmal 50 Jahre alt. Ihre Kinder sind jetzt Waisen. Das ist doch furchtbar – weshalb lachst du?«

»Ja, sorry, klar, ist schon schade um sie«, meinte Petula, »vermutlich hatten sie auch ganz andere Krankheiten. Außerdem – wir müssen alle irgendwann sterben. Und impfen lasse ich mich ganz bestimmt nicht. Denke bitte immer daran, was Bill Gates mit uns vorhat.«

An diesen letzten Satz werde ich noch lange denken. Das Böse ist immer und überall.

Hartmut Höhne

Pustefix

Am Tag nach dem Kummer
ein Röhrchen Pustefix
ich puste fix
paar bunte Hüllen
in den Himmel
zerbrechlich, hauchzart
wie unser bisschen Leben

(Sommer 2020)

Sechs Jahre ist das her, Jahr 1 der Seuche. Sommer auf dem Balkon. Augen wund gelesen und dann einige Verse auf die Schnelle. Nachdenklich optimistisch würde ich sagen, vielleicht naiv. Für viele hat sich der Optimismus verflüchtigt, der Kummer ist geblieben.

2020 also, das Jahr, in dem ich lernte, dass es für Virus zwei gültige Artikelformen gibt: der und/oder das Virus. Ein Begriff aus dem Lateinischen, weiß das Wörterbuch, es steht für »Schleim, Saft, Gift«. Und auch, dass es sich um sehr kleine, überwiegend aus Eiweiß bestehende Körper handelt, die einzig in lebenden Zellen vorkommen und als Krankheitserreger in Erscheinung treten.

Das virologische Wissen in der Bevölkerung hat in den letzten Jahren enorm zugenommen, ebenso, wie die Kenntnisse der medizinischen Statistik. Viele Medizin-Studenten stürzen sich auf die Virologie. Die Berichterstattung in den Medien ist umfassend, sind wir nicht alle ein bisschen Drosten?

2026 und ich lebe noch. Ein Corona-Tagebuch fange ich nicht mehr an, damit hätte ich früher beginnen müssen, gleich als es losging. Jetzt ist schon alles zur traurigen Gewohnheit geworden und die Dauerbeschäftigung mit Covid schleißt und stumpft ab. Wahrnehmungen justieren sich neu. Die Schutzmaske etwa ist zu einem selbstverständlichen Kleidungsstück geworden. Mal ehrlich: Die meisten Leute sehen mit Maske besser aus als ohne.

Längst blühen, je nach Mentalität und Befindlichkeit, Zynismus oder Fatalismus. Was soll man machen, es kommt, wie es kommt, gestorben wird immer. Für mich drücken die Pustefix-Verse noch immer eine Sehnsucht aus, die ich nicht preisgeben will. Eine Sehnsucht nach Normalität, eine Sehnsucht nach dem früheren Leben.

Dabei habe ich täglich mit dem Übel zu tun, ich verdiene meinen Unterhalt damit. Es bedroht mich und es erhält mich.

Ende 2020 war daran noch nicht zu denken gewesen. Hart war es schon damals. Das soziale, wirtschaftliche und kulturelle Leben wurde zweimal spürbar heruntergefahren. Die unbelebten Stadtlandschaften wirkten in ihrer Ödnis geradezu gespenstisch. Keiner war es bis dahin gewohnt gewesen, eine Quarantänezeit in seinen vier Wänden zu verbringen oder auf außerhäusliche Genüsse des Alltags verzichten zu müssen. Man hockte sich in zu engen Wohnungen auf der Pelle, hatte den ganzen Tag die anstrengenden, fordernden Kinder um sich, immer die gleichen Spiele in immer gleicher Umgebung, Homeschooling, dazu die zermürbende Unsicherheit über die Dauer der Maßnahmen.

Wenigstens gab es Hoffnung auf den ersehnten Impfstoff, der in Rekordzeit produziert und im ersten Halbjahr 2021 für alle zur Verfügung stehen sollte.

Zeitgleich waberten dumpfe Gerüchte durchs Netz: Achtung vor dem Impfstoff! Er sei von interessierter Seite so manipuliert, dass er alle Geimpften gefügig und lenkbar mache, auch fernsteuerbar. Was tun? Eine Impfpflicht einführen? Das wäre Wasser auf die Mühlen der Verschwörer. Die Entwicklung eines Schwachmatismus-Blockers als Schluckimpfung? Geht auch nicht.

Die Finsterlinge der Konspirantenfront blieben als Meinungsmacht ständig präsent, erzielten mit ihren fehlgeleiteten Thesen eine ungeheure Reichweite, wurden nicht müde, mit dumpfen Behauptungen zu verunsichern. So tauchten plötzlich Gestalten auf, die versicherten, sie hätten sich impfen lassen und sich kurz darauf infiziert. Im Superwahljahr 2021 mit mehreren Landtagswahlen und der Bundestagswahl im Herbst führte dies zu Unmut in der Wählerschaft. Zum ersten Mal konnten »Querdenker«, im Gleichschritt mit Reichsbürgern, AfD, Pegida-Spektrum, Identitären und der neuen Rechten insgesamt, Erfolge verzeichnen. Plötzlich holte die AfD in den Umfragen auf und punktete vor allem mit der Behauptung, das Virus sei längst nicht so gefährlich wie das Herunterfahren der Wirtschaft. Es war die vertiefende Spaltung einer beunruhigten Gesellschaft, die längst im Gange war und die sich in den folgenden Jahren verstetigen sollte. Der Riss teilte selbst Familien in Pro- und Contra-Vertreter.

Das Virus bildete neue Formen aus, die waren noch ansteckender, drangen noch schneller in die Körperzellen ein. Immer neue Mutationsvarianten machten sich breit, die jeweils gefährlicher waren als die vorherigen. Die Sterberate erreichte neue Höhen, ständig musste nachgeimpft werden. Ein Volk von »Impflingen«. Das Berliner Robert Koch Institut wurde nach mehreren Anschlägen zur Sperrzone erklärt, der prominenteste Virologe des Landes und Institutsdirektor der Charité, Professor Drosten, wurde unter Polizeischutz gestellt.

Die Bundestagswahl brachte die erwartete Mehrheit für die Unionsparteien und die Grünen. Für die SPD verstärkte sich nach den überwiegend desaströsen Ergebnissen bei den Landtagswahlen nun auch bei der Bundestagswahl ihre Bedeutungslosigkeit. Kandidat Scholz sagte sorry und zog sich als Anwalt in sein privates Berufsleben zurück. In den Parteigremien dachte man über einen Auflösungsparteitag nach und tut es bis heute. Die FDP tat sich nun auch offiziell mir der AfD zusammen, die beiden Parteien firmieren seither als AFDP. Die Linkspartei benannte sich ein weiteres Mal um, diesmal als PIM (Partei identitärer Minderheiten). Was sollte sie sich noch für die Mehrheit der Bevölkerung interessieren, wenn die sich nicht für sie interessierte? Vielleicht könnte man ja auch mit einer gruppenbezogenen Interessenpolitik zu einer Art Sozialismus gelangen? Die pure Verzweiflung, sagten manche. Andere meinten, die Linkspartei sei ohnehin nie mehr als der bessere Teil der deutschen Sozialdemokratie gewesen und werde nun mit ihr in den Abgrund gerissen.

Der neue Kanzler und sein Vize, bestehend aus dem neoliberalen Traumpaar Laschet und Habeck – mit Söder als Schattenmann im Hintergrund – konnten in den folgenden Jahren den wirtschaftlichen Niedergang nicht stoppen und gerieten mächtig unter Druck. Ein Staat im Krisenmodus.

Während die Gräberfelder auf den Friedhöfen sich ausdehnten, entspannte sich der Wohnungsmarkt hingegen weitgehend. Selbst in den Metropolen konnten sich wieder Durchschnittsverdiener ansiedeln. Immobilienmakler jammerten noch eine Weile, schließlich hatten sie ein Einsehen und begaben sich geschlossen in die Jobcenter.

Der Export schrumpfte, die Arbeitslosigkeit wuchs konstant, ganze Branchen dümpelten vor sich hin, bevor sie schließlich eingingen. Tourismus findet kaum noch statt, entsprechend entfällt auch der Bedarf an Messen für diesen Sektor. Autobauer wie VW verlegten sich auf die Produktion von Intensivbetten für Krankenhäuser und für reiche Privathaushalte. Zu diesem Zweck erwarben sie die leerstehenden Messehallen von den Kommunen.

Gewerkschaften haben längst an Bedeutung verloren, sie kreisen um sich selbst, verlegen sich zunehmend auf Dienstleistungen für die verbleibende Mitgliederschar. Die Vorsorge-Verträge für den Sterbefall sind für Mitglieder unschlagbar günstig. Ich habe selber eine abgeschlossen, es stirbt sich einfach relaxter und entlastet die Familie. Auch gewerkschaftliche Konsumgenossenschaften stehen wieder hoch im Kurs. Ihre Lebensmittelgeschäfte haben sich in Lockdown-Zeiten bewährt, sie sind durchaus konkurrenzfähig, haben immer geöffnet und sind kundenfreundlich. Schon für 50 Treuepunkte gibt es eine Packung Stimmungsaufheller.

Allen Unkenrufen zum Trotz. International wird Deutschland wegen seiner relativen Stabilität gelobt. Ein Blick über die neu gepflanzten Grenzposten zeigt, wie es auch aussehen könnte. Beispiel Frankreich: Das erschöpfte Land sucht schon seit längerem einen Nachfolger für seinen ehemaligen Staatspräsidenten Macron, der aus dem Land gejagt wurde. Es heißt, sein Exil in der Uckermark wurde von Frau Merkel vermittelt, die ja einen besonderen biografischen Bezug zu der Gegend habe. Er wolle zur Bürgermeisterwahl in dem norduckermärkischen Städtchen Strasburg kandidieren, weil ihn der Ortsname an die elsässische Stadt seiner Heimat erinnere und irgendwas muss der Mensch schließlich tun.

Ärger erging es den Briten. Corona mit x-ter Variante, eine allseits ermüdete und zermürbte Bevölkerung, plus Brexit-Folgen, plus nervige Schotten, das war einfach zu viel. Großbritannien wird in manchen Medien nur noch als Virenfraß Europas bezeichnet, die Population ist bereits um ein Viertel geschrumpft. Den wirren Premierminister – wie hieß er noch? – hat der Mob in der Nähe der Downing Street an die Laterne gehängt, was man eindeutig nicht als die feine englische Art bezeichnen kann. Britische Flüchtlinge sind es denn auch, die mit ihren Schlauchbooten und klapprigen Seelenverkäufern den Ärmelkanal verstopfen. Die schwimmenden Barrieren, die Frankreich, Belgien und die Niederlande gegen die Asylsuchenden einsetzen, tun ein Übriges, um die internationale Seeschifffahrt auf dieser Wasserstraße zu behindern.

In den USA haben religiös-totalitäre Eiferer einen christlichen Gottesstaat ausgerufen. Die aus Brasilien importierten Covid-Varianten sind nicht kontrollierbar. Das Seuchenelend sei die Strafe des Herrn für einen ungezügelten Lebenswandel und das Ende stehe bevor. Man rechne täglich damit, verlautet es seit zwei Jahren aus gewöhnlich gut unterrichteten Kreisen. Da einige der apokalyptischen Reiter sich vermutlich infiziert hätten, könne es zu einer Verzögerung kommen.

Auch für mein Leben hat sich was gedreht.

Vielleicht sind es drei Jahre her, seitdem ich mich als Angestellter im Staatsdienst verdinge. Sie ahnen es wohl bereits, mein Zeitgefühl hat sich während der vielen Knockdowns in der Pandemie deutlich verschlechtert.

Professioneller Autor war ich auch vor der Pandemie schon, allerdings gestalteten sich die existenziellen Probleme auf diesem Sektor so signifikant unerträglich, dass ich kurz davor war, auf den Wochenmärkten Käsehobel zu verhökern. Eine ehrenwerte Tätigkeit, keine Frage, aber würde mich das ausfüllen? Also gut, in gewisser Weise hoble ich jetzt auch Käse, ich kann ihn direkt riechen, aber ich bin dabei wesentlich besser abgesichert. Und das kam so.

Eines trüben Vormittags schob sich ein Brief durch den Schlitz der Wohnungstür. Absender: Die Staatsministerin für Kultur und Medien, Berlin. Nanu? Mir wurde höflich, aber bestimmt ans Herz gelegt, mich dem neugegründeten Schriftstellerverband VSA anzuschließen, was für »Verband systemrelevanter Autorinnen und Autoren« stehe. Worum ging's?

Was in anderen Ländern an Auswüchsen um sich griff, sollte hier um jeden Preis verhindert werden. Da es sich bei der Jahrhundertseuche um ein einschneidendes globales Menschheitsereignis handele, müssten soziale Wirklichkeiten ganz neu gedacht und gelenkt werden. Ungewöhnliche Maßnahmen zur Abwehr staatszersetzender Aktivitäten sollten möglichst magenfreundlich legitimiert werden. Stichwort: »Nudging«.

»Nudging?«, dachte ich. Was ist denn das? Das Schreiben sorgte für Aufklärung.

Mit dem »nudge« ist der Schubs gemeint, der Anstupser, eine milde Form der Manipulation, etwas Indirektes, ohne sichtbaren Zwang. Kommt aus der Verhaltensökonomik. Leidgeplagte Eltern können ein Lied davon singen, wenn sie mit ihrem Nachwuchs einkaufen gehen und im Kassenbereich in Kinderkopfhöhe die Überraschungseier locken.

Wenn der Staat dieses Nudgingprinzip für die Belange des Gemeinwohls einsetzt, wird es als »libertärer Paternalismus« bezeichnet. Der sorgende Vater Staat also, der, wie jeder weiß, nur unser Bestes will, und der unser Verhalten, das ja nicht immer vernünftig ist, im Sinne des Allgemeinwohls steuert und lenkt, ganz ohne Knast und Knüppel.

Diese leidige Verschwörungsfront gegen alles und jeden habe in der Zeit der schweren Krise derart an Bedeutung gewonnen, dass der Staat sie mithilfe von Leuten wie mir ausheblen wolle. Mit Leuten, die es verstehen, mit Sprache zielsicher und dosiert umzugehen, auch im Sinne des libertären Paternalismus.

Geplant sei daher, unter der Federführung des VSA einen hinreichend großen Stab an Autoren und Schriftstellern zu konzentrieren, durchaus auch räumlich, um mit allerlei literarischen Gebrauchsschriften den Konspiranten entgegenzuwirken. Dies könnten neben Broschüren und großformatigen Zeitungsanzeigen auch Kurzgeschichten, Novellen oder Kurzromane sein, in denen, ganz unaufdringlich, zum Beispiel die Vorteile des Impfens und der gesundheitlichen Vorsorge berührt werden. Alles in hohen Auflagen, überall zu haben, umsonst, klar, und auch in zeitgemäßer digitaler Form.

Kurz und gut: Geplant sei eine Künstlerkaserne am Stadtrand von Berlin, ein Think-Tank quasi, mit operativen Interventionen in die Gesellschaft hinein. Eine Verpflichtung für zwei Jahre ist obligatorisch, bei Bedarf mit Familienanhang. »Writer in residence« bekommt hier eine ganz neue Bedeutung. Es besteht eine Verlängerungsoption, analog zum »Soldat auf Zeit«. Eine großzügige, familienfreundliche Beherbergung mit Roomservice wird geboten, inklusive einer hervorragenden gastronomischen Bewirtung. Bezahlung nach Beamtentarif, mit allen Vorteilen, die damit verbunden sind, auch eine Jahreskarte der Bahn für die Lesereisen. Eine Einmalzahlung im mittleren fünfstelligen Bereich soll, wenn es soweit ist, das Ausscheiden aus dem Staatsdienst versüßen. Im Anschluss an diese patriotische Tätigkeit besteht ein Rechtsanspruch auf einen individuellen Verlagsvertrag mit einer garantierten Mindestabnahme von 10.000 Exemplaren pro Veröffentlichung.

Im Gegenzug sei die Kunstfreiheit, die Autonomie der Kunst, zugunsten staatlicher Interessen natürlich außer Kraft gesetzt. Praktizierte Systemrelevanz habe oberste Priorität, auch eine feierliche, gemeinsame Vereidigung sei vorgesehen.

Längst habe ich den Anschlussvertrag unterschrieben, den ich zurzeit für weitere zwei Jahre erfülle. Unserer Ehe hat es gutgetan, dass ich meiner Frau nicht mehr auf der Tasche liege. Alles famos hier im Haus »Schönlebe«.

Frühere Kollegen machen einen Bogen um mich, oder spötteln von links über meine »kniefällige Dankbarkeit« gegenüber dem

Staat, für den ich mich zum »schriftstellerischen System-Dienstleister« prostituiere. Zudem sei ich ein »Seuchengewinnler.«

Sei's drum, Geld öffnet viele Türen. Auch meine. Kunstfreiheit wird überbewertet und ist was für Sozialromantiker. Kann weg. Anpassung ist das Gebot der Stunde, dann klappt es auch mit der Versorgung. Ich gebe ihnen, was sie haben wollen, ganz ohne direkte Aufforderung, man weiß ja, was erwartet wird. Was zählt, ist unser enormer Output an Veröffentlichungen. In künstlerischer Hinsicht ist das wertlos, nur Mittel zum Zweck. Aber erfolgreich. Die Auflagen aller Titel haben längst die Millionengrenze gerissen.

Die ganze Familie ist stolz auf mich, denn ich habe mit meinem Jugendroman »Ingo, der Impfling« viel zum Erfolg beigetragen und so letztlich doch noch die Kurve gekriegt.

Pustefix muss warten.

Rüdiger Stüwe

Querdenker

Ich denke oft an Corona
an Piroschka gar nicht mehr
mein Sargnagel hin und her
alles durcheinander kreuz und quer
Leibesernst der Bauch die Fülle
Schneider Meck die Gülle
falfischbauch
ein Blümelein im Ozean
der Fliegende Holländer im All

»falfischbauch« ist ein Zitat aus dem Gedicht »etüde in f« von Ernst Jandl

Rüdiger Stüwe

Corona-Frage

Wer bloß verpasste
dem tödlichen Virus
den glitzernden Kopfschmuck?
Wars ein Ideologe
ein Professor gar
ein Doktor – med. rand?
Vielleicht verhörte nur
ein Patient sich der einen
Virologen missverstand.

Ulja Krautwald

In der Götterhalle

Es war einmal ein kleiner Virus, der hieß Cornelius. Gerade saß er im Vorhof zur Götterhalle und wartete.

Er war zum Bewerbungsgespräch eingeladen worden und fühlte sich unzulänglich. Ihm schräg gegenüber stand, lässig an eine Marmorsäule gelehnt und ganz in schwarz gekleidet, Pestus10. Auf seiner Schulter saß eine fette Ratte. Pestus10 streckte sich und tänzelte mit seinen schwarzen Hochglanzschuhen ein paar Schritte. Dabei schaute er auffordernd zu Cornelius, der unsicher zurücklächelte.

»Ich habe gute Referenzen«, sagte Pestus10 und streichelte die Ratte, die inzwischen seinen Arm heruntergekrochen war. »Im Grunde kannst du gleich wieder gehen«, fügte er hinzu. Cornelius folgte seinem Blick in die südliche Ecke der Wartehalle, wo Syphilina3.0 saß und ihre Lippen mit einem violettroten Stift nachzog.

Die hohe zweiflügelige Tür öffnete sich. Ein Engel, im blauen Mantel und mit Schwert, schaute sich um.

»Pestus10 du kannst eintreten«, sagte er feierlich.

Cornelius rutschte unruhig hin und her. Als nächstes würde er dran sein. In der Ecke saß Syphilina3.0 mit übergeschlagenen Beinen und beachtete Cornelius überhaupt nicht.

Welche Chance habe ich, fragte sich Cornelius. Ich habe keine nennenswerten Referenzen und ich bin klein und dick. Andererseits, Gaia hatte gesagt, er solle auf jeden Fall kommen. Sie war es auch gewesen, die ihn auf die Anzeige im Himmelsboten aufmerksam gemacht hatte.

Sei einfach du selbst, hatte sie gesagt, und vergleiche dich nicht mit anderen. Wir brauchen einen neuen Erreger. Wer weiß, vielleicht bekommst gerade du eine Chance.

Er überlegte noch einmal, welche Fähigkeiten er hatte. Außer, dass er besonders ansteckend war, hatte er nichts vorzuweisen.

Wenn er wenigstens eine Kinderkrankheit hätte auslösen können...
Die Tür ging wieder auf und Pestus10 trat mit leicht gesenktem Kopf
heraus. Ohne etwas zu sagen und ohne Cornelius anzusehen, strebte
er dem Ausgang der Wartehalle zu. Die Ratte lief jetzt hinter ihm
her. Der Engel stand noch immer in der Tür, und so wagte Cornelius
nicht, Pestus10 nachzulaufen und ihn zu fragen, wie es gewesen war.

»Cornelius, du bist dran«, sagte der Engel freundlich, und diesmal
fiel Cornelius die sanfte Stimme des Geflügelten auf. Cornelius folgte
ihm durch die doppelte Tür in die Götterhalle.

Auf einem Thron, der in der Mitte an einer langen Tafel stand, saß
Gott. Und Gott sah aus, wie Cornelius ihn sich immer vorgestellt
hatte. Weißer Bart, lange Haare. Ganz klar, dass er der Vater von
Jesus war. Neben ihm zur Rechten saßen Gaia und Tod, zur Linken
Luzifer, Maria, Jesus, Magdalena und Mercurius. Es roch intensiv
wie auf einem Wochenmarkt, nach Rosen, nach Teer, nach Schwefel,
nach Weihrauch, nach Bremsscheibenabrieb, nach Fisch und nach
Meerwasser. Hinter der Tafel auf einer Empore saßen noch mehr
Götter und in einem Wasserbecken kicherten einige Nixen, als
Cornelius eintrat.

»Ruhe«, sagte Gott, und zur Bekräftigung donnerte Thor aus dem
Hintergrund, so dass Cornelius zusammen zuckte.

»Setz dich«, sagte Gott freundlich und sah ihn genau an. Unter
diesem göttlichen Blick wurde Cornelius etwas ruhiger. Dann setzte
er sich auf das bereitstehenden Dreibein.

»Wie du weißt, ist unsere von uns allen geliebte Terra in ernsten
Schwierigkeiten. Homo sapiens hat sich exponentiell entwickelt
und vernichtet die anderen Bewohner. Es bedarf einer neuen Maßnahme, damit wir noch einige Jahrhunderte Freude an Terra und
ihren Bewohnern haben. Du wirst davon gehört haben, nehme ich
an und dir deine Gedanken gemacht haben«, sagte Gott.

Cornelius nickte eifrig.

»Dann sag einmal, was sind deine Besonderheiten?« Gott schaute
ihn erwartungsvoll an.

Cornelius hatte plötzlich einen trockenen Mund. Alle starrten ihn und seinen kugeligen Leib an. Er suchte den Blickkontakt zu Gaia. Sie nickte ihm aufmunternd zu.

»Ich bin«, begann Cornelius, »ein kleiner freundlicher Virus.« Gerne hätte er gesagt, ich bin tödlich und raffe alle Homo sapiens innerhalb von Erdsekunden dahin. Bleib bei der Wahrheit, hatte Gaia gesagt, und Cornelius war ohnehin kein guter Lügner.

»Lüg nicht«, sagte Luzifer scharf, als hätte er Cornelius Gedanken gelesen. Und Cornelius fuhr fort, ohne ihn weiter zu beachten.

»Ich verschone die Kinder und ich verschone die Gesunden.«

»Was bringt es denn dich einzusetzen?«, fragte eine kleine bösartige Nixe.

»Ich bin leicht übertragbar«, sagte Cornelius, »einmal ausgeatmet und einmal angehaucht und einmal eingeatmet und schwupp bin ich beim nächsten.«

»Hört, hört«, riefen die Nixen und richteten sich am Rand des Wasserbecken auf, so dass sie Cornelius besser betrachten konnten.

»Ich raffe die dahin, die schon krank sind, die mit Zuckerkrankheit, die mit Übergewicht, die Raucher, die Wehleidigen – und die weißen alten Männer.« Ein Trompetenton war aus den hinteren Reihen zu hören und eine Tafel wurde hochgehalten. Minderheitenschutz, war in großen Buchstaben und in mehreren Sprachen zu lesen.

»Die Wehleidigen«, riefen die Nixen, »er tötet die Wehleidigen.«

»Besser als die Kinder«, sagte Maria. »Bist du dir sicher, dass du keine Kinder tötest?«, fragte sie direkt an Cornelius gewandt.

»Ja«, sagte er, »es sei denn, sie sind schon sehr krank.«

»Wie ist es mit deiner Mutationsrate«, fragte Mercurius.

»Normal«, sagte Cornelius.

»Und was hast du für Referenzen vorzuweisen«, fragte Luzifer.

»Ich habe nicht viele Erfahrungen«, sagte Cornelius, »aber ich bin bereit, mich einzuarbeiten. Überstunden überhaupt kein Problem.«

Aus den hinteren Reihen waren Buhrufe zu hören. Cornelius sah irritiert zu Gott. Gott sah müde aus.

»Und ich befalle die Atmungsorgane«, fügte er eifrig hinzu, »so wie bei einer richtigen Grippe. Ich habe eine Fortbildung mit Zertifikat bei Influenza1918 absolviert.«

Es entstand ein langes ehrfürchtiges Schweigen.

»Bitte warte draußen«, sagte Gott nach einer Weile. Cornelius stand auf und der Engel öffnete ihm die Tür. Als er sich umdrehte, sah er, dass die Tür einen Spaltbreit aufgeblieben war.

»Er ist viel zu harmlos«, sagte Lucifer.

»Das glaube ich nicht«, sagte Gott bedächtig. »Gaia, Liebe, magst du?«, sagte er und legte ihr seine Hand auf den Arm.

Cornelius stand noch hinter der Tür, und als er sie antippte, vergrößerte sich der Spalt und er konnte hindurch schauen. Er sah, wie Gaia aufstand und mit ihren wallenden erdfarbenen Röcken die Treppen der Empore nach oben stieg. Sie wirbelte eine Wolke Erdstaub auf und ein Geruch nach Moor, Schlamm und einer Note Moschus wehte Cornelius an. Tod fegte ein paar Erdkrumen vom Tisch. Gaia stand nun auf halber Höhe und winkte nach oben.

Urania, ganz in bunt gekleidet, gefolgt von Saturn, ganz in grau kam die Treppen herunter. Saturn sah Cornelius, wie er durch die Tür schaute, und einen Moment später kam der Engel und schloss die Tür.

»Wie ihr wisst«, begann Gott, »und wie wir es oft nutzen, kann ein Schmetterlingsflügelschlag einen Sturm verursachen. Urania und Saturn, ihr seid dran!«

Die beiden standen dicht beieinander.

»Wir beide haben eine gute Zeit«, begann Urania. »Und so«, setze Saturn fort, »ist unser Einfluss auf Terra gerade sehr stark. Wir stehen an zentralen Punkten.«

»Volle Kanne Energie«, prustete Urania und wirbelte mit ihren Armen. Ihre Augen leuchteten phosphorisierend. Saturn legte seinen Arm um sie. Urania hörte auf, mit den Armen zu wirbeln. »Diesmal arbeiten wir zusammen«, sagte er.

»Interessant«, sagte Mercurius, »interessant!«

»Und ich«, bemerkte Lucifer, »ich habe Kontakte zur Pharmaziebranche..«

»Was soll das denn?«, fragte Gaia. »Es geht uns doch darum, Terra zu stabilisieren. Homo sapiens hat sich zu weit ausgebreitet.«

»Eben«, sagte Lucifer.

»Das Thema haben wir seit Jahrhunderten«, bemerkte Mercurius. »Ein Dauerbrenner sozusagen.«

»Wohl wahr«, Gott sah Tod an. »Du hast etliche meiner Aufträge nicht ausgeführt«, sagte er vorwurfsvoll. »Besonders in den letzten Jahrzehnten hast du nachgelassen.«

Tod zuckte die Schultern. »Ich tue mein Bestes«, sagte er, »das könnt ihr mir glauben. Aber irgendwer«, er sah zu Lucifer, »pfuscht mir dauernd ins Handwerk. Wie gerne würde ich Erlösung bringen, so wie früher. Meine Arbeit wird überall erschwert. Da werden Menschen, die schon eingewilligt hatten, mit mir in die unterirdischen Höhlen zu gehen, an Maschinen angeschlossen und leben weiter, manchmal für Jahre. Andere werden mit Ersatzteilen versorgt. Schön ist das nicht. Überall wird so getan, als sei ich ein Bösewicht. Es gibt massive Kampagnen, die mich verunglimpfen, und so haben die Menschen Angst vor mir. Am liebsten würde ich meine Arbeit niederlegen. So macht das überhaupt keinen Spaß mehr.« Tod klang weinerlich.

»Du bekommst jetzt Unterstützung«, sagte Gott milde.

Urania und Saturn hielten die Daumen hoch, dann gingen sie Hand in Hand zurück auf ihre Plätze oben auf der Empore.

»Und ich könnte eine kleine Sintflut schicken« brummte Neptun aus dem Wasserbecken, und wie zur Bekräftigung seines Vorschlags schwappte eine Welle über und rollte durch die Halle. Genau vor Jesus Füßen hielt die Welle an.

»Eine Sintflut, eine Sintflut«, kicherten die Nixen.

»Ein Wort von dir, Gott, und ich lasse es brausen und wallen«, fügte Neptun mit dunkler Stimme hinzu. Das Wasserbecken fing an gefährlich zu brodeln.

»Das hatten wir doch schon vor zehn Jahren geklärt«, rief Mercurius. »Du hattest deinen Spaß mit der Sintflut damals, und mit etlichen Tsunamis.«

»Neptun, das passt jetzt nicht«, sagte Jesus.

»Ausgerechnet du fällst mir in den Rücken, das ist unfair. Du hast mir so viel zu verdanken! Wer hat damals die Wasser für dich geteilt, na?« Neptun stand am Rand des Wasserbeckens und fuchtelte mit dem Dreizack.

»Lass gut sein«, sagte Jesus.

»Ist es denn beschlossen, Cornelius zu den Menschen zu schicken«, fragte Magdalena.

Gott wandte sich an Gaia: »Liebe, was meinst du. Werden wir Homo sapiens so noch lange behalten können?«

»Wozu braucht Terra eigentlich Homo sapiens?«, fragte Gaia leise.

»Homo sapiens erweitert gerade sein Bewusstsein«, lachte Gott.

»Dann informiere ich die Medienvertreter«, sagte Mercurius.

»Sag ihnen, dass Cornelius gefährlich ist, todbringend, vernichtend. Richtig schlimm.« Lucifer kicherte vor sich hin.

Gott gähnte, »gibt es Einwände dagegen Cornelius einzustellen?« Keiner sagte etwas.

»So beschließen wir …«, begann Gott. Aus den hinteren Reihen wurde ein Schild mit der Aufschrift *Mitbestimmung* hoch gehalten.

Gott seufzte. »Wenn der Betriebsrat einverstanden ist«, sagte er, »stellen wir Cornelius ein.«

»Draußen ist aber noch eine Bewerberin«, sagte Maria. »Sie hat gute Zeugnisse und viele Erfahrungen.«

»Nicht schon wieder eine Geschlechtskrankheit«, sagte Jesus, »bitte nicht schon wieder.«

Derweil saß Cornelius draußen in der Halle und betrachtete, wahrscheinlich zum zehnten Mal, die Stellen-Anzeige im Himmelsboten. Syphilina 3.0 saß immer noch in der südlichen Ecke und wippte mit ihren roten Schuhen.

Cornelius las: Krankheitserreger gesucht! Virus, Bakterium, Pilz oder Divers. Mit besonderem Augenmerk und Wirkung gegen Homo sapiens und die Dezimierung desselben. Auch Anfänger willkommen.

Auf einem der Stühle lag eine Ausgabe der Höllenpost, Pestus10 musste sie vergessen haben. Die Seite mit der gleichen Anzeige war aufgeschlagen.

Bettina Rolfes

Die Monate mit Herman

Drei Monate, verdammte drei Monate hatte ich jetzt mit Herman in dieser Butze verbracht. Er war wahnsinnig eifersüchtig und fürchtete, ich würde sofort zu meinem Exfreund zurückkehren, sobald er mich einen Moment aus den Augen ließ. Aber ich war auch nicht besser. Er gehörte mir wie mein Klavier. Keine andere sollte ihn sehen und schon gar nicht berühren. Ich war verrückt nach ihm. Der Geruch seiner Achseln ließ mein limbisches System explodieren. Mir floss das Wasser im Mund zusammen, ich fraß ihm aus der Hand, ich lutschte ihn wie eine Litschi. Am liebsten hätte ich ihn aufgegessen und das wäre auch bald nötig gewesen, denn unsere Vorräte gingen gelinde gesagt zur Neige. Anfangs hatten wir uns ständig Pizza und Bier bestellt, bis wir beide knietief im Dispo standen. Paypal funktionierte nicht mehr und die Kreditkarten wurden dann auch bald gesperrt. Wir versuchten noch, den Pizzaboten mit den Resten ausländischer Devisen zu bezahlen, die wir von unseren ausgedehnten Reisen übrig behalten hatten und in irgendwelchen Schubladen horteten. Vergeblich. Er lachte uns aus. Was er denn heutzutage mit ausländischen Devisen anfangen solle?! Eine Weile hielten wir uns mit den Gemüsekisten vom Biobauern über Wasser, die bei unseren Nachbarn jeden Freitag vor der Tür standen. Holziger Kohlrabi, Mangold mit dicken weißen Rippen, sandiger Feldsalat, Pastinaken, Petersilienwurzel. Hätte ich unter anderen Umständen nie gegessen. Aber jetzt war es eine Delikatesse. Wir zankten uns fast darum. Doch auch das währte nur wenige Wochen. Dann erwischten sie uns, die Spießer, und machten einen Riesenaufstand. Von da an gab es nur noch Mehlfladen, ranziges Sonnenblumenöl, Hülsenfrüchte. Sogar eine alte Fischdose, die ich vor Jahren wegen ihrer hübschen Farben – auf hellgelbem Grund prangten muntere Sardellen, und auch an Seiten schwammen sie entlang – aus Marokko mitgebracht hatte, riss Herman irgendwann auf und verschlang die öligen Sardellenfilets mit einem Happs. Bei Fisch kannte er kein Halten. Das war nicht weiter erstaunlich, schließlich war er zur See gefahren und hatte Walfische gejagt. Wenn wir nicht im Bett lagen, redet er ständig davon, wie er damals an der Küste von Nordamerika angeheuert hatte und in See gestochen war.

Ich hatte als Kind mal einen Walfisch gesehen, der mich schwer beeindruckt hatte. Den hatte man wohl aus der Nordsee gezogen. Oder er war – was mir wahrscheinlicher erschien – im Watt gestrandet, vor Wangerooge oder vor Norderney. Er wurde von einem Laster über die Dörfer gefahren und auf dem Marktplatz ausgestellt, ein riesiger blauschwarzer Leib, und das ganze Dorf lief zusammen.

Anfangs liebte ich Hermans Geschichten, doch jetzt, nach drei Monaten, konnte ich einfach nicht mehr. Und ich hatte einen Mordshunger. Nach Essen, aber auch nach Menschen, nach Farben, nach Gerüchen, nach Krach, nach allem außerhalb dieser vier Wände. Als Herman auf der Toilette war, zog ich die Gardinen auf. Wir hatten sie irgendwann geschlossen, weil wir den Anblick nicht länger ertrugen. Abendsonne schlich sich ins Zimmer und mein Herz ging auf. Sowie ich die Klospülung hörte, zögerte ich nicht länger. Ich riss das Fenster auf und sprang hinaus.

Wir wohnten ziemlich weit oben und ich spürte sofort, dass mit meinem Fuß etwas nicht stimmte, aber das Leben mit einem Walfischfänger hatte mich derart gestählt, dass ich für meinen blutenden Knöchel nur einen abfälligen Blick übrig hatte. Peripheres Geschehen, das nicht weiter interessiert. Ich schnürte meine Boots fester und los ging's. Ruckedigu, Blut ist im Schuh. Ich war gleichzeitig leicht und schwer. Sobald ich mich vom Boden abstieß, wurde ich in die Lüfte gelupft wie der fliegende Robert, um dann jäh aufs Pflaster zu sacken. Durch das spärliche Essen hatte ich an Gewicht verloren und fühlte mich geradezu ätherisch. Aber meine Muskeln waren auch geschrumpft und ich war entsprechend kraftlos. Schrecklicher Hunger bohrte sich in meine Eingeweide. An der Ecke, vor der Sparkasse, hatte es doch immer um diese Zeit eine Armenspeisung gegeben. Ich lief hin, aber es war niemand da, und es standen auch keine Kisten mit abgelaufenem Yoghurt und alten

Brötchen herum. Es waren kaum Menschen auf der Straße, die ich hätte anschnorren können, und die meisten Läden waren schon geschlossen. Nur bei einem Gemüsehöker war offen. Der Mann räumte seine Auslagen hinein und als er eine Kräuterkiste ins Haus schleppte, ergriff ich die Gelegenheit beim Schopf. Ich rannte hin, griff mir ein paar Bananen und sah zu, dass ich weg kam. Gleich drei nacheinander stopfte ich in mich hinein. Sie schmeckten köstlich. Der Zucker schoss mir sofort ins Blut und ich kam wieder zu Kräften.

Ich beschloss, Richtung Hamburger Berg zu laufen. Dort wurde doch der Speck der Walfische in Kupferkesseln gesiedet, hatte Herman mir erzählt. Das Fett wurde abgeschöpft, gesiebt und in Wassertrögen gekühlt. Ein Küfer goss den Tran dann in Fässer, fünf Tonnen Tran gab ein Walfisch. Das wollte ich mir ansehen. Der Gedanke beschwingte mich und ich stapfte durch die Straßen wie mit Siebenmeilenstiefeln. Ich musste einen eindrucksvollen Anblick abgeben, denn plötzlich hörte ich es von den Balkonen klatschen und johlen. Die Kirchenglocken läuteten. Huldvoll winkte ich meinen Fans und derart angefeuert, lief ich weiter gen Süden. Langsam wurde es dunkel und aus einer Kneipe hörte ich einen Shanty-Chor singen: »Wir lagen vor Madagaskar und hatten die Pest an Bord. In den Kesseln, da faulte das Wasser und täglich ging einer über Bord.«

Autos waren kaum unterwegs, aber auf den Straßen wurde es immer belebter. Junge Menschen standen an den Ecken herum und machten Feuer und ich erinnerte mich, dass hier manchmal Straßenkämpfe stattfanden, Steine flogen, Autos brannten, Rauchschwaden aufstiegen und Hubschrauber kreisten. Doch heute nichts von alldem. Die Stimmung war eher gedämpft, fast bedrückt.

Aus einer portugiesischen Bar drang sehnsuchtsvoll schluchzende Musik, Fado musste das sein. Vor dem vietnamesischen Restaurant entfachte der Inhaber im Rinnstein ein kleines Feuer aus Stapeln von dünnem, buntem Papier. Wir kannten uns, ich hatte schon oft hier gegessen und fragte ihn, was er da mache. Das sei für die Toten, sagte er, Ahnengeld, und ich bemerkte, dass es Papier-

geld war, was er verbrannte, und auch Autos, Kleidung und Alltags-
gegenstände aus Papier. Das sei für die Großeltern, sagte er, damit
es ihnen gut ginge im Jenseits. Im Jenseits, dachte ich, und bekam
eine Gänsehaut.

Aus einer Spelunke drang laute Musik. Wummernde Bässe, kra-
chende Gitarren, und jemand schrie sich die Seele aus dem Leib.
Ich ging rein, machte aber sofort wieder kehrt. Anscheinend war
das der Betriebsausflug einer Intensivstation. Alle komplett in hell-
grüner Quarantänemontur, Kittel, Überzieher über den Schuhen,
Käppis, Gummihandschuhe. Nur die vielen Biere, die sie in sich
hineingossen, passten nicht dazu.

Bei der nächsten Tür sah es schon besser aus. Lauter abgerisse-
ne Gestalten im Halbdunkel. Mir fiel eine Stelle über die großen
nordamerikanischen Seen ein, die Herman mir einmal aus seinem
Buch vorgelesen hatte: »Sie sind von Stürmen aus dem Norden
aufgewühlt, die alle Masten brechen und nicht weniger verheerend
sind als alles, was Salzwasserwogen peitscht; sie wissen wohl, was
Schiffbruch ist, schickten sie doch, weit entfernt vom festen Lande
so manches Schiff in tiefster Nacht mitsamt der schreienden Besat-
zung in die Tiefe ...«

Doch auch hier fand ich nicht, was ich suchte. Oder besser:
Wen ich suchte. Und dafür brauchte ich kein Licht. Ich konnte ihn
riechen. Durch die Wand konnte ich ihn riechen. Aber suchte ich
ihn wirklich? Oder floh ich vor ihm? Es gab ja schon Gründe dafür,
dass Herman einen solchen Hass gegen meinen Exfreund hegte,
gegen C., wie er ihn nannte.

Ich ging weiter und hielt meine Nase noch in ein paar zweifelhafte Etablissements. Keine Spur von ihm.

Am Eckhaus prangte als Kneipenschild ein großes, dreieckiges
Ding, geformt wie ein großes Gingkoblatt, das verwitterte Spuren
einer bunten Bemalung aufwies und an der Unterkante schon zer-
faserte. Als ich darunter her ging, fürchtete ich, es könnte mir auf
den Kopf fallen. Es sah schwer aus, vermutlich war es aus Holz oder
aus Beton. Herman hatte behauptet, das sei das Schulterblatt eines
Wals. Herman ... Was wusste der schon? Aber hier war ich richtig.

Das spürte ich sofort, kaum war ich über die Schwelle getreten. Ich hatte ihn noch nicht entdeckt, aber es war, als ob der Boden brannte. Da kam C. auch schon auf mich zu. Ich bekam weiche Knie. Er gab mir drei Bier aus, drängte mich in eine Ecke und umschlang mich. »Is this a gun in your pocket or are you just glad to see me?«, wollte ich noch fragen, aber da steckte er mir schon seine Zunge in den Hals. Ich war verloren. Als wir aufbrachen, raunte mir eine der beiden Wirtinnen noch zu: »Pass auf! Er ist ein perverser Lüstling!« War mir egal.

Ich würde ihn gleich mit nach Hause nehmen, das war mir von vornherein klar gewesen, und so kam es dann auch. Wir gingen zu mir. Was Herman dazu sagen würde, war mir auch egal. Wir torkelten durch die Nacht. Es war lau und die Luft vibrierte. Ich spürte schon, wie mir die Sinne schwanden. Als C. mir an einer Tanke ein Mars kaufte, schmeckte es wie ein Schmalzbrot und aus der Kanalisation roch es nach Himbeeren.

Mit zitternden Händen schloss ich meine Wohnungstür auf. Und wenn sie sich prügelten? Herman hatte riesige Klempnerpranken, aber C. war zäh und wendig. Er war viel rumgekommen im Leben und hatte schon so manch brenzlige Situation überlebt. Machte er nicht Kickboxen?

Ich hielt die Luft an, zählte bis drei und drückte die Tür langsam auf.

Doch die Wohnung lag im Dunkeln. Es war ganz still. Herman war nicht mehr da. Er hatte alles mitgenommen. Nur sein Buch lag noch auf dem Tisch.

Susanne Maria Tyga

Corona, Cofefe
oder guten Morgen Bruno Gröning

#Staywoke. Corona ist genauso wie Cofefe. Experten versuchen sich an Erklärungen, doch wir Alltagsmenschen schütteln erst einmal den Kopf und fragen uns einfach: Wie konnte das geschehen? Will man Corona verstehen, ist es durchaus hilfreich, sich Cofefe anzuschauen. Beide waren bis vor kurzem völlig unbekannt, dann erschienen sie am Horizont unserer Wahrnehmung und warteten nicht lange. Sie verbreiteten sich mit viralem Tempo über den Planeten.

Corona kam aus Wuhan zu uns, genauer, vom dortigen Wildtier-Großmarkt, Cofefe entwich dem Weißen Haus. Corona ist ein Lebewesen, Cofefe seine Parallele im Wortreich, es ist ein Wortwesen. Genauer gesagt, ist Cofefe eine Mutation des Wortes Covfefe – von Donald Trump, am 31. Mai 2017, um sechs Minuten nach Mitternacht mit einem Tweet in die Welt gesetzt. Er twitterte: »Despite the constant negative press covfefe.« Trotz der ständig negativen Presse Covfefe.

Als ich jünger war, hörten wir den Song: »Am 30. Mai ist der Weltuntergang, wir leben nicht mehr lang, wir leben nicht mehr lang …« Nun ja, mit dem 31. sind wir noch einmal haarscharf davongekommen, sieben Minuten trennten uns vom ominösen Vortag, aber alles ist in der Pandemie mit allem verknüpft, natürlich ist nicht nur der Tag, sondern auch die Uhrzeit für die Geburt von Covfefe von Belang, um Mitternacht, wenn der Schadenszauber seine Flügel breitet und die bösen Wünsche fliegen. Coronas Geburt liegt leider noch ein wenig im Ungefähren, doch ich würde drauf wetten, dass sie an einem der Weihnachtstage des Jahres 2019 »um Mitternacht« geschah.

Wundern sollte sich niemand über die Parallelen im Wort- und Virenreich. Die Variante Cofefe ist eine Optimierung unter rein virologischen und pandemischen Aspekten. Die Mutation hat sich dem Menschen angepasst, sie geht glatter über die Zunge und hilft damit ihrer Verbreitung. Als Internet Meme verteilten sich beide Varianten augenblicks im digitalen Universum.

Bleiben wir noch einen Moment bei der Geburt. Sie ist etwas sehr anderes als die Verbreitung. Zuschlagen kann das Virus an jeden Ort und in den unterschiedlichsten Situationen. Wir alle sind das *Zi*elobjekt *vi*raler *At*tacken, in diesem Text künftig *Ziviatt* genannt. Doch die Geburt des Virus verlangt nach sehr besonderen Umständen. Nötig ist ein ungesundes wuseliges Treibhausklima voller divergentem menschlichen Verhalten, das in Endlosschleifen und auf engstem Raum um sich selber kreist und auf keine guten Ratschläge hört. Mit anderen Worten, es ist ein soziales Rührwerk, das als perfekter Brutreaktor fungiert. Ob Wildtiermarkt in Wuhan oder Weißes Haus unter Trump, aus virologischer Sicht konstatiert das aufgeschreckte Ziviatt: Passt schon! Wie rührend ist das denn? Fuck…

Apropos chinesischer Wildtiermarkt, da haben wir uns also einen großen Grabbeltisch mit Shopping zwischen Fledermäusen und Schuppentieren vorzustellen. Es heißt von berufener Seite, dass Artensterben, Umweltverschmutzung und Klimawandel das Virus begünstigen, wenn es im Begriff steht, vom Tier auf den Menschen überzuspringen. Im Weißen Haus sind das alles in den letzten Jahren Gähnthemen gewesen: entweder es gibt sie nicht oder nicht so wichtig. Vielleicht ist Cofefe also einfach ein Gruß von einem Viren-Hotspot zum anderen. *Hi, Wuhan! Hau rein! Cofefe!* Mir gefällt diese Erklärung.

Nun könnte ein allzu kluger Kopf oder sagen wir gleich, ein Schlaumeier, einwenden: Wie kann das angehen, wenn zwischen Cofefe und Wuhan zwei Jahre liegen? Aber das ist Old School, zu jeder Pandemie gehören alternative Fakten, und ich hege die Vorstellung, dass beide lange voneinander ahnten, Wuhan und das Weiße Haus. Manchmal brauchen Grüße so lange, um anzukommen, dann werden sie umso mehr geschätzt. Cofefe!

Natürlich wird der Betreiber eines sozialen Rührwerks, dem ein Virus entfleucht ist, das niemals zugeben. Hat man jemals von einem Beteiligten an einer Wirtshausschlägerei gehört, der gesagt hätte: Hallo, ich war's! Ich habe angefangen. Die ganzen ausgeschlagenen Zähne nehme ich auf meine Kappe … Das wäre wohl ein Wunder. In Wuhan wurde der Arzt, der als erster auf Corona hingewiesen hatte, von den Behörden schikaniert. Als ob Shakespeare seine Hand im Spiel gehabt hätte, ist er am Ende sogar an dem Virus gestorben. Wir wollen ihn nicht vergessen, sondern ihn im Abspann nennen, Li Wenliang wurde nur 34 Jahre alt.

Den chinesischen Autoritäten hat das Leugnen wenig genützt. Wuhan wurde zur Geisterstadt. Auf den Intensivstationen brachen Ärzte vor Erschöpfung zusammen. Die ganze Welt mühte sich, ihre Grenzen vor dem Unheil aus Wuhan zu schließen.

Virenpate Donald Trump verfolgte eine andere Strategie. Er leugnete zwar nicht die Existenz von Cofefe, das wäre angesichts der massenhaften Retweets auch schlecht gegangen, aber er deutete seine Natur um und sprach von einem durchaus normalen Wort. Kein Keimling also – und basta! Ein Wort ohne Risiken und Nebenwirkungen. Mit dieser Botschaft schickte er seinen Pressesprecher ins Getümmel. Die Stimme des Weißen Hauses, Sean Spicer, sagte am Tag nach dem Tweet bei einem Journalistenbriefing: »Der Präsident und ein kleiner Personenkreis wissen ganz genau, was er gemeint hat.«

Mein Versuch, Cofefe zu deuten, ist nur einer unter vielen. Und da bin ich keineswegs traurig drum, im Gegenteil, die Welt der Viren ist bunt, wenngleich nicht immer zur Freude des menschliches Auges. Eine Unzahl von Ziviatten hat sich mittlerweile ihre eigenen Gedanken gemacht, viele haben ihren Weg ins Urban Dictionary gefunden. Für mich ist es also der Gruß rüber nach Wuhan. Beliebt im Netz sind auch folgende Auslegungen des Memes:

Der Versuch, klug rüberzukommen, wenn du nicht weißt, was Sache ist. Beispiel: Ich habe dem Robert-Koch-Institut grundlegende Fehler nachgewiesen, alles Cofefe.

Die Welt mit Tippfehlern ablenken, während man ihr gehörig eins auswischt. Beispiel: Das Pariser Klimaabkommen ist heiße Luft. Wir bauen zehn neue Kohlekraftwerke. Cofefe!

Der Versuch, den Antichrist und seine Helfershelfer anzurufen. Beispiel: Ich bin die Stimme der Bewegung. Fort mit der Lügenpresse! Pandemie? Bullshit. Ich kann es richten. Cofefe!

Was lernt der Ziviatt noch von Cofefe? Eine der förderlichsten Umweltbedingungen für seine Verbreitung liegt im sturen, uneinsichtigen, besserwisserischen und testosterongetränkten Verhalten seines Trägers. Insofern kann das Wortvirus seinem Geschick nicht genug danken, dass es auf den Potus Trump traf. (Potus hört sich irgendwie wie ein neuer Virus an, meint aber nur President of the United States.) Wäre Cofefe stattdessen einem Tweet von Joe Biden entfleucht, und der neue Präsident hätte gegrinst und gesagt: »Sorry, hab mich vertippt.« – das Wortvirus wäre augenblicks wieder aus dieser Welt verschwunden. Trump dagegen, großmäulig wie ein Megaphon und unfähig, auch nur den kleinsten Fehler einzugestehen, war der ideale Superspreader.

Reisen wir mit den Viren von Wuhan übers Weiße Haus nach Deutschland. Die Corona-Pandemie, sagt die Kanzlerin, ist die größte Herausforderung für unsere Gesellschaft seit dem Zweiten Weltkrieg. Angela Merkel ist eine kluge Frau, und deshalb tun wir gut daran, uns in diese Epoche zu begeben und zu gucken, ob sie uns etwas zur Erhellung unserer Zeiten zu sagen hat. Was hat die Verheerung der Gesellschaft nach 1945 in den Köpfen ihrer Menschen bewirkt? Es muss nicht immer Pest und Mittelalter sein, auf die wir als Mahnung panisch und pandemisch schauen.

Wenn die Realität keinen Sinn mehr macht, flüchtet man aus ihr. Auf Dauer ist das womöglich unklug, doch über kurze Frist leuchtet es durchaus ein. Die hellsichtige – Hellseherin? – Hannah Arendt beschrieb den Urlaub von der Wirklichkeit, den sich viele Deutsche nach dem verlorenen Krieg nahmen, sie hatten einfach keinen Bock mehr darauf, »zwischen Fakten und Meinungen zu unterscheiden«. Wer wollte schon dem Schrecken, den die Deutschen angerichtet hatten, und dem Elend, das dann folgte, unverblümt ins Auge sehen? Nö, man hatte nichts gewusst, und schuld war man schon gar nicht.

Da hatte parallel zu Wirtschaftswunderzeiten eher der Wunderheiler Bruno Gröning Konjunktur. Seine Diagnose: »Jedes Wohnhaus ist ein Krankenhaus.«

Und damit hatte er vermutlich recht, jenseits der Spekulation auf einen großen Markt für seine Kunst. Oder hatte der Nationalsozialismus etwa nicht die Seelen der Deutschen zerstört? Die amerikanische Historikerin Monica Black von der University of Tennessee, die zu Bruno Gröning geforscht hat, berichtet, dass die Zahl der Hexenverfolgungen und Marienerscheinungen im Nachkriegsdeutschland rasant anstieg. Da füllte der deutsche Medicus des Supranaturalen, des Übernatürlichen, eine schmerzliche Lücke. Bruno Gröning konnte einen göttlichen »Heilfluss«, den er als Alternative zum herrschenden Elend versprach, in Richtung Seelenkur lenken. Seinen unübersehbaren Kropf verstand er selbst als »Schwellung durch ebendiese Kraft«. Der Heilfluss strömt bis heute. Immer noch besteht der Bruno-Gröning-Freundeskreis und rührt im Heilenden. Cofefe!

Wenn die Situation in einem Land allzu brenzlig wird, ist es quasi zwangsläufig, auf die Frage nach den Fakten ein übel riechendes Häuflein zu setzen und sich erfreulicheren Fantasien zuzuwenden. Ein berühmter Vorgänger und geistiger Ziehvater des Trumpschen Pressesprechers Sean Spicer war Comical Ali, wie ihn die Weltgemeinschaft taufte. Spicers Kollege befand sich seinerzeit, es war 2003, in Diensten von Saddam Hussain. Als die amerikanischen Truppen bei der Invasion des Iraks unmittelbar vor der Hauptstadt standen, erklärte der Informationsminister Mohammed Saif al-Sahaf aka Comical Ali: »Bagdad ist sicher. Die Ungläubigen begehen zu Hunderten Selbstmord vor den Toren der Stadt.« Sehr komisch, aber oho!

Und nun von dem Ausflug in die Weltpolitik wieder zu uns nach Hause. Das Ziviatt ist durch zwei Eigenschaften gekennzeichnet: seine Verwundbarkeit und seine Angst. Beides ist natürlich miteinander verschränkt und führt über die schlechte Laune und schlechtes Benehmen in die Depression. Was kann der Mensch tun, um sich besser zu fühlen? Verdammt, dieses Virus ist so was von Cofefe! Ich respektiere das. Der Reiche hat objektive Möglichkeiten, nehmen wir als kulturelles Paradigma nur das florentinische Dekameron. Wer Ressourcen hat, kann sich isolieren, ohne groß auf Annehmlichkeiten zu verzichten. Er kann sich dabei sogar gut unterhalten.

Das schlechtbemittelte Ziviatt wird in das Reich der Wünsche und der Magie ausweichen. Entweder spielen wir die Gefahr des Virus herunter oder wir erhöhen auf spirituelle Weise unsere Unverwundbarkeit, am besten wirkt eine Kombination von beidem. Und bloß keine Maske tragen! Denn damit konstatiert das Ziviatt nur in aller Öffentlichkeit das Gegenteil. Der Maskenträger symbolisiert nichts als Stress und eigene Verwundbarkeit. Man wird ihn für krank und gefährlich halten. Das macht aggressiv, das Ziviatt möchte im Angesicht der Maske spucken wie ein Lama.

#Staywoke. Was lernen wir daraus? Das Ziviatt tröstet sich mit einer gesicherten Erkenntnis. Wenn du denkst, es geht nicht mehr, kommt irgendwo ein Comical Ali daher. Cofefe!

Achim Amme

Von innen

Wenn es ein Leben gäbe
außerhalb der Welt
wie wollten Sie's beginnen?

Mein Herr, ich hab es Ihnen
schon tausend Mal erzählt:
Von innen. Ganz von innen.

Achim Amme

Der große Schwindel

Wer nie mehr aus dem Haus geht, wird nichts sehen,
was seine Neugier weckt.
Sein Hauptinteresse wird darin bestehen,
dass er, mit Nahrungsmitteln eingedeckt,
vor echten Menschen sich versteckt.

Er darf nicht aus dem Haus. Was wird geschehen,
wenn er sich so verschanzt?
Er wird vorm Bildschirm sitzen, bald erspähen,
dass wer vor seiner Nase hüpft und tanzt,
beinah wie in sein Hirn verpflanzt.

Die Welt fängt an, sich um ihn rum zu drehen,
dass ihm schon schwindlig wird.
Er wird den großen Schwindel nicht verstehen,
nur dass ihm irgendwann der Schädel schwirrt
bis er sich selber kaum mehr spürt.

Informationen werden ihn belasten,
anstatt ihn zu beflügeln.
Sein Leib wird – müd vom vielen Ruhn und Rasten –
geistige Höhenflüge fortan zügeln
wenn nicht gar gänzlich niederbügeln.

Befremdliches wird ihn nicht überraschen.
Wie's kommt, nimmt er es hin.
Er merkt auch nicht: sein Hirn wird reingewaschen.
Wie's ist, ergibt auf einmal einen Sinn:
Daneben sind wir mittendrin.

Achim Amme

In dieser schweren Zeit

Du schenkst mir Zärtlichkeiten
mit großer Leichtigkeit.
Dein Trost mag mich begleiten
in dieser schweren Zeit.

Vergessen alte Leiden –
zur Besserung bereit.
Du kommst herbei mit Freuden
in dieser schweren Zeit.

Egal, wohin ich gehe
fühl mich vom Schmerz befreit
bist du in meiner Nähe
in dieser schweren Zeit.

Mag Liebe noch so schwinden
erstarrt in Einsamkeit –
du kannst sie überwinden
in dieser schweren Zeit.

Du stärkst mir Geist und Rücken
vertreibst mein Herzeleid
hilfst Zwietracht überbrücken
in dieser schweren Zeit.

Die Stunden und Minuten
mit dir, eng Seit' an Seit' –
du wendest sie zum Guten
in dieser schweren Zeit.

Achim Amme

Genörgel und Gewimmer

Gründe zum Klagen gibt's immer
zum Jammern oder schlimmer:
Gewinsel und Gewimmer.

Gründe zur Freude gibt's selten.
Wir ziehen es vor zu schelten
und lassen Genörgel gelten.

Mahmood Falaki

Tauben

Auf einem Platz im Zentrum irgendeiner Stadt in Deutschland.
Erste Taube: Warum ist es hier so leer? Wo sind die Menschen?
Zweite Taube: Ach ja, das ist mir gar nicht aufgefallen. Vielleicht
sind sie noch im Bett.
– Nee …, heute ist kein Feiertag.
– Wo sind sie denn bloß? Vielleicht sind sie alle tot?
– Das glaube ich nicht. Wenn es so wäre, wer ernährt uns dann?
– Oh weh! Eine Katastrophe!
– Wir müssen zu ihren Häusern fliegen, um zu erfahren, wo sie
sind. Vielleicht bekommen wir dort etwas zu essen.
– Wenn sie nicht in ihren Häusern sind, können wir es vielleicht
irgendwie rein schaffen. Dort gibt es bestimmt eine Fülle von Essen.
– Vielleicht sind sie in den anderen Straßen. Wir müssen herum
fliegen.

– Schau mal, da unten, überall ist es leer. Die Läden sind auch
geschlossen.
– Da, ein Kind guckt uns aus dem Fenster an.
– Eine Frau auf dem Balkon!
– Noch eine, da! Sie sind nicht tot. Warum aber kommen sie nicht
raus?
– Keine Ahnung. Merkwürdig!
– Da, die alte Frau auf ihrem Balkon!
– Wo denn?
– Da, auf der rechten Seite, im Backsteingebäude, auf dessen Bal-
kon einige Blumenvasen aufgehängt sind. Diese Frau ist sehr nett. Sie
gibt mir manchmal etwas zum Futtern. Ich setzte mich auf das Ge-
länder des Balkons, laufe hin und her, während ich ganze Zeit gurre.
Dann gibt sie mir etwas, oft Brotbröckchen. Sollen wir zu ihr fliegen?
– Wieso nicht. Ich habe Hunger. Es ist einen Versuch wert.

– Schau mal! Sie hat uns gesehen. Jetzt geht sie rein und bringt etwas.

– Tatsächlich! Sie geht rein.

– Ja, wir müssen nur hier auf dem Geländer warten.

– Guck mal, sie hat die Tür geschlossen und will uns mit Handbewegungen etwas sagen.

– Ja, warum denn? Was will sie uns sagen?

– Kennst du das nicht?

– Was?

– Diese Art von Handbewegung ist uns doch allen sehr bekannt. Wenn sie uns verscheuchen wollen, machen sie solche blödsinnigen Kopf- und Handbewegungen und geben komische Geräusche von sich.

– Ja, aber warum macht sie es so vom Zimmer und kommt nicht raus.

– Keine Ahnung. Anscheinend hat sie Angst vor uns.

– Angst? Wieso? Wir sind harmlose Vögel; sonst hätten die Menschen uns hier nie geduldet.

– Keine Ahnung, warum die Menschen ihr Verhalten plötzlich so enorm geändert haben! Vielleicht sind sie alle verrückt geworden!

– Lass uns irgendwo anders hinfliegen.

– Ja …

– Schau mal! Dort sind einige Menschen vor einem Supermarkt.

– Komisch! Sie stehen mit Abstand in der Schlange.

– Sie tragen auch einen Stofffetzen vor ihren Mündern und Nasen. Komisch! Was soll das bedeuten?

– Kein gutes Zeichen. Wir fliegen zu ihnen. Vielleicht finden wir etwas zu fressen.

– Guck mal! Wenn ich mich einem nähere, geht er ein paar Schritte seitwärts und weicht zurück. Sie haben tatsächlich Angst vor uns. Guck mal! Das macht Spaß! Guurrr … Was für ein schönes Gefühl! Zum ersten Mal in meinem Leben fühle ich mich befreit; weil ich keine Scheu mehr vor Menschen habe. Im Gegenteil, sie haben Angst vor mir!

– Sie haben keine Angst vor Dir.

– Oh doch! Guck dieser Mann mit Mütze! Siehst du? Er geht weg, wenn ich zu ihm gehe.

– Du hast nicht bemerkt, wie sie reagieren.

– Wie denn?

– Sie reagieren so, als ob du schmutzig wärst und ekeln sich. Sie haben keine Angst vor dir selbst.

– Was meinst du? Ich bin nicht schmutzig.

– Sie wollen jegliche Kontakte mit dir vermeiden, als wärst du, ja, so als wärst du verseucht.

– Ich verstehe sie nicht. Blöde Menschen … Gurr …

– Ja, etwas stimmt nicht. Sie versuchen, von uns Abstand zu halten, wie sie es auch voneinander tun.

– Ich verstehe das nicht.

– Ich auch nicht. Wir müssen die anderen Tauben fragen. Sie haben bestimmt mehr Informationen.

– Wenn die anderen auch keine Ahnung haben?

– Ja, dann wird es schwierig. Vielleicht ist es nur heute so. Wir müssen noch zwei, drei Tage abwarten.

– Zwei, drei Tage abwarten? Ich habe jetzt Hunger.

– Wenn alles immer noch so wie heute ist, müssen wir eine Entscheidung treffen.

– Welche Entscheidung? Was könnten wir tun? Ich habe Hunger.

– Entweder müssen wir uns etwas zum Essen klauen, wenn überhaupt irgendwo etwas vorhanden ist, oder in die Natur fliegen.

– Wir haben aber keine Ahnung, was uns auf dem Land oder im Wald erwartet. Wir haben keine Erfahrung, wie man in der Natur überleben kann. Wir sind Stadt-Vögel. Die Menschen haben aus uns faule und abhängige Tiere gemacht.

– Ja, doch wenn die Lage sich ändert, müssen auch wir unsere alltäglichen Gewohnheiten ändern. Das ist das Geheimnis des Überlebens.

– Guurr …, ich will das aber nicht … Guurr … Ich werde mich bei Taubenschutzverein beschweren … Guurr …

IV. Abschnitt
Dumm gelaufen

Susanne Maria Tyga

Nichts im Weg

nichts

nichts nichts nichts nichts nichts nichts nichts nichts nichts nichts nichts
nichts nichts nichts nichts nichts nichts nichts nichts nichts nichts nichts
nichts nichts nichts nichts nichts nichts nichts nichts nichts nichts nichts
nichts nichts nichts nichts nichts nichts nichts nichts nichts nichts nichts
nichts nichts nichts nichts nichts nichts nichts nichts nichts nichts nichts
nichts nichts nichts nichts nichts nichts nichts nichts nichts nichts nichts
nichts nichts nichts nichts nichts nichts nichts nichts nichts nichts nichts
nichts nichts nichts nichts nichts nichts nichts nichts nichts nichts nichts
nichts nichts nichts nichts nichts nichts nichts nichts nichts nichts nichts
nichts nichts nichts nichts nichts nichts nichts nichts nichts nichts nichts
nichts nichts nichts nichts nichts nichts nichts nichts nichts nichts nichts
nichts nichts nichts nichts nichts nichts nichts nichts nichts nichts nichts
nichts nichts nichts nichts nichts nichts nichts nichts nichts nichts nichts
nichts nichts nichts nichts nichts nichts nichts nichts nichts nichts nichts
nichts nichts nichts nichts nichts nichts nichts nichts nichts nichts nichts
nichts nichts nichts nichts nichts nichts nichts nichts nichts nichts nichts
 nichts nichts nichts nichts nichts nichts nichts nichts nichts nichts nichts
nichts nichts nichts nichts nichts nichts nichts nichts nichts nichts nichts
nichts nichts nichts nichts nichts nichts nichts nichts nichts nichts nichts
nichts nichts nichts nichts nichts nichts nichts nichts nichts nichts nichts
nichts nichts nichts nichts nichts nichts nichts nichts nichts nichts nichts
nichts nichts nichts nichts nichts nichts nichts nichts nichts nichts nichts
nichts nichts nichts nichts nichts nichts nichts   nichts nichts nichts
nichts nichts nichts nichts nichts nichts nichts nichts nichts nichts nichts
nichts nichts nichts nichts nichts nichts nichts nichts nichts nichts nichts
nichts nichts nichts nichts nichts nichts nichts nichts nichts nichts nichts
nichts nichts nichts nichts nichts nichts nichts nichts nichts nichts nichts
nichts nichts nichts nichts nichts nichts nichts nichts nichts nichts nichts

Auf dem Weg ins Nichts – nichts im Weg

Wolf-Ulrich Cropp

Rendezvous in Zeiten der Corona

**Ist es von Belang, ob die Frau,
die ich liebe, verrückt ist? Solange
sie keine Häuser ansteckt. Solange
sie nur mich ansteckt?**

Für Paul war es Liebe auf den ersten Blick. Sie begegneten sich auf dem Jungfernstieg. Sahen zufällig in dasselbe Schaufenster. Für Sekunden nur. Er sah ihre Augen: dunkelgrün, von einem feinen Lidschatten umrandet. Die geschwungenen Augenbrauen, eine hohe Stirn. Einen Haaransatz, der unter dem Hut schwarze Locken vermuten ließ. Paul, ein junger Anwalt, der überaus eloquent und charmant sein konnte, sprach sie, einfach so, von der Seite an. Er fühlte sich wie vom Blitz getroffen. Und sie war nicht abgeneigt, ihm zu folgen. Sie schlenderten über die Straße, setzten sich gemeinsam auf eine Bank an der Alster, um etwas zu plaudern. Sie hieß Claudia, studierte Psychologie im letzten Semester. Sie bat ihn, eine Maske anzulegen. Paul Krüger entsprach ihrem Wunsch. So unterhielten sie sich eine ganze Weile mit gedämpften Stimmen.

Claudia beklagte die Zeit, in der weder Bekanntschaften noch Freundschaften oder Flirts möglich wären. Es gäbe keine Berührungen mehr, keine Umarmungen, geschweige Liebkosungen, man ginge sich ständig aus dem Weg. Ja, sie war überzeugt, dass die Kontaktarmut zur Vereinsamung führe und seelische Schäden verursache. Wesensveränderungen hätten sich bereits bei jüngeren Menschen fundamentiert. Paul pflichtete ihr bei und meinte: »Was für ein Jahr liegt hinter uns! Corona ist wie ein Brennglas über die Welt gezogen und hat unbestechlich alles aufgedeckt, was wir vielleicht gerne mal aus den Augen verlieren: Unsere Abhängigkeit, aber auch unsere eigene Leistungsfähigkeit, unsere Lösungsfähigkeit, aber auch unser Streitpotential, unseren Gemeinsinn und unseren Egoismus …«

» … oh ja, Corona hat uns auch wieder etwas über verschüttete Werte nachdenken lassen. Perspektiven haben sich verschoben, manches Unmögliche wurde praktisch über Nacht möglich. Undenkbares denkbar. Neben den vielen Einschränkungen, die wir alle hinnehmen müssen, haben sich auch neue Möglichkeiten ergeben. Mancher ging Schritte in die Zukunft, die sonst lange auf sich hätten warten lassen. – Doch wir müssen in der Pandemie alle viel Ungemach hinnehmen: wirtschaftlich, sozial, emotional, vielleicht auch politisch. Was mir besonders Sorgen macht ist, dass die Psyche unter Corona leidet. Im Anfangsstadium kaum erkennbar, wird die Seele heimtückisch angegriffen, irreparabel verändert!«

»Hinzu kommt, Krisen dieser Art sind ein Fest für Populisten, denn sie müssen nicht an Lösungen arbeiten, sondern beschränken sich darauf, Ängste zu schüren, Wut zu befeuern und Widersprüche auszuschlachten. Corona ist eine Zeit der Angst und Unsicherheit und bisweilen der Wut über vermeintlich ungerechte Entscheidungen«, meint Paul.

»Der Staat ist nicht klüger. Aber er kann seine Fehler verpflichtend machen«, sagt Claudia und lächelt hinter der Maske.

»Das Coronavirus wurde von Menschen binnen kürzester Zeit um die Welt getragen. Auch andere Viren, die den Menschen eigentlich nicht betreffen, sind zur Pandemie-Gefahr geworden. Forscher warnen seit Jahren!«

»In der Tat, da stimme ich Ihnen zu.«

In der Beurteilung der Situation waren sich die Diskutanten einig. Erkannten eine fast harmonische Gemeinsamkeit im Geiste. Da schwang sogar Vertrautes mit. Das fühlte Paul. Der Zufall hatte sie zusammengeführt. Er war dankbar, und er war sich sicher, auch Claudia müsste Ähnliches empfinden. Eine so schöne Übereinstimmung durfte nach einem einzigen Gespräch nicht ausklingen. Also verabredeten sich die Beiden für den nächsten Tag auf derselben Bank. Paul passte das Rendezvous sehr gut. Sein Büro lag im Neuen Wall, wenige Schritte entfernt. In der Mittagspause gelangte er rasch an die Alster. Claudia konnte sich die Zeit recht frei einteilen. Vom Dammtor hierher war für sie ein willkommener Spaziergang.

So trafen sich Paul und Claudia immer wieder auf ihrer Bank, die man schon Liebesbank nennen konnte. Er war nämlich verliebt. Ließ sich jedoch nichts anmerken. Insgeheim hoffte er, dass Amors Pfeil auch Claudias Herz berührt hätte. Sie diskutierten über Psychologie, ihr Lieblingsfach, Politik, Ökonomie, Kunst … geistig kamen sie sich Schritt für Schritt näher. Paul, nun richtig verknallt, sehnte die anregenden Gespräche regelrecht herbei. Auch glaubte er sicher zu sein, dass Claudia sein Empfinden teilte. Nach dem fünften oder sechsten Treffen wuchs sein Wunsch, sie näher kennen lernen zu wollen. Stets erschien sie in einem grauen Mantel, dem Hut und der medizinischen weißen Maske, die Mund und Nase vorschriftsmäßig verdeckten. Noch nie hatte Paul ihr Gesicht gesehen, bis auf die grünen Augen, die ihn von Anfang an faszinierten.

Heute nahm er sich ein Herz und fragte: »Claudia, darf ich Sie für heute Abend zu mir einladen? So gern würde ich Sie bei einem Gläschen Wein, einem kleinen Imbiss einmal etwas näher kennen lernen. Wären Sie einverstanden?« Claudia wandte sich ab. Blickte über die Alster, wo Gänse lustig turtelten. Dann schaute sie Paul prüfend an, ihre Augen leuchteten, als sie antwortete: »Ja, gern.«

Pauls exklusive Drei-Zimmerwohnung lag im ersten Stockwerk in der Isestraße. Als es um 19 Uhr klingelte, fühlte er sich ganz leicht, so wie Glück sich anfühlt. Er öffnete. Sie stand in der Wohnungstür. Eigentlich wie immer: grauer Mantel, Hut, Mund-Nasen-Schutz. Nur die Schuhe waren dieses Mal keine Turnschuhe, sondern hochhackige Pumps in auffallendem Rot. Sie trat in die Wohnung. Paul vernahm das fordernde Klacken ihrer Absätze, das sich ihm zielstrebig näherte. Er wich zurück. Claudia tat so, als ob sie sich heute das erste Mal begegneten. Jedoch in einer gänzlich anderen Rolle. Paul, erst perplex, lächelte schief, spielte aber mit. Er ging davon aus, dass sie die Maske abstreift, ihm lachend entgegentritt, das Theater, als charmante Einlage, gleich beenden würde. Weit gefehlt. Claudia spielte das überraschende Stück, als wäre es eine Uraufführung. »Nix da!«, sagte sie bestimmt, als Paul sie für einen Begrüßungskuss an sich ziehen wollte. »Was sucht eine schöne Frau in meinen bescheidenen vier Wänden?«, sagte Paul und spielte den Amüsierten.

»Das fragst du noch? Du hast mich bestellt. Also, ich bin nicht umsonst hier. Und Küssen kostet extra!« Claudia schiebt ihn vor sich her. »Wo ist dein Schlafzimmer?« Er stößt mit dem Rücken die Tür auf. Sie standen vor seinem Bett. »Nun mal her mit den Scheinen. Vorkasse, wenn ich bitten darf. *No money, no honey!*« Ihre ordinäre Sprechweise belustigte Paul. Er fand es wunderbar, dass sie ihn jetzt duzte. »Was bekommst du?«, fragte er schnippisch. »Den ganz normalen Nuttentarif. Fürs Kommen, das Doppelte.« Er legte einige Scheine auf den Nachttisch. Sie zählte aus dem Augenwinkel mit. »Ich hab's gewusst, du bist einer von der spendablen Sorte. Oder einfach nur scharf auf mich?« – »Beides!«, sagte Paul und lächelte, er wurde von Claudias Nummer animiert. Der Anwalt musste sich jetzt beherrschen, sie nicht zu berühren. Ein schwerbezähmbarer Drang stieg in ihm auf. Paul wunderte sich über ihre Stimme: Die feine, mädchenhafte Tonlage, die er an der Alster so genoss, versteckte sich hinter der groben, provozierenden Sprache. Ihm konnte sie nichts vormachen, sagte sich Paul. Ich erkenne ihre Stimme, selbst wenn sie chinesisch reden würde.

Sie waren wie zwei Kinder, versunken in ein Spiel, das kein Erwachsener begreifen würde. Selbst für Paul spielte Claudia auf unbekanntem Terrain. »Nun mach schon!«, bat Paul. »Was denn?«, sagte sie listig. »Was soll ich machen?«

»Dich ausziehen!« Ich kann nicht mehr an mich halten.« Der Anwalt griff nach ihr. »Finger weg! Anfassen erst, wenn ich es dir erlaube.« Claudia legt den Hut ab – tatsächlich hatte sie blauschwarze Locken –, knöpfte langsam ihren grauen Mantel auf und legte ihn über einen Stuhl. Nun stand sie in einem scharlachroten Wollkleid vor ihm. Das Kleid war hauteng, brachte Po und Busen zur Geltung. Paul glotzte auf ihren Körper und sagte: »Nackt kostet extra – nicht wahr?« Beide lachen. Es sollte ein Scherz sein.

Das scharlachrote Kleid glitt an ihr herab. Jetzt war sie nackt wie Gott sie schuf und begehrenswert. Eine Aphrodite mit Maske. In Pauls Lenden tat sich etwas. Sein Verlangen war fast schmerzhaft. Er wollte ihr den verdammten Mund-Nasen-Schutz herunterreißen, sich auf sie stürzen. Sie verpasste ihm eine schallende Ohrfeige.

Erschrocken wich er zurück. Kam sich vor, als schlug er aus einem reinen, unendlich fernen Himmel hart auf die Erde. Ihr Blick schweifte an Paul vorbei, landete auf einem Wandspiegel, in dem sie sich sah. Ihr hämisches Grinsen riss ab. Ihre Augen verengten sich erschrocken zu engen Schlitzen. »Wie sehe ich denn aus? Mein Gott, bin ich das? Wo bin ich überhaupt? Wer hat mich hierhergebracht? Was wollen Sie von mir? Was haben Sie mit mir vor? Und was ist das für ein ordinäres Kleid?« Claudia schluchzte hilflos. Paul, der sich wieder gefangen hatte, breitete die Arme aus, wollte sie trösten. Doch sie wich schreckhaft zurück. Geduckt klaubte sie ihre Kleidung zusammen. »Bitte, bitte, tun Sie mir nichts. Lassen Sie mich einfach gehen!«, flehte sie, streifte sich den Mantel über, schlüpfte in die Schuhe. Hastete zur Haustür, verwirrt, wie ein in Panik geratenes Tier. Riss die Tür auf und rannte die Treppe hinab. Paul stand an der Schwelle, blickte verstört, wie in ein schwarzes, unbegreifliches tiefes Loch …

Hannes Hansen

When Bobby sang the Blues

Es muss Anfang der neunziger Jahre gewesen sein. Ich kam vom Baton Rouge Blues Festival, über das ich für einen deutschen Rundfunksender berichtet hatte, und wollte nach New Orleans, um meine Reportage über die schwarze Musik im Mississippi-Delta abzuschließen. An einer Tankstelle kurz vor dem Interstate Highway 10 fragte mich ein junger Mann in abgetragenen Jeans und einem schmutzigen roten Bandana um den Kopf:

»Können Sie mir einen Lift geben?«

»Wo wollen Sie denn hin?«

»Nach New Orleans.«

»Fein, ich auch. Steigen Sie ein.«

Der junge Mann, er mag knapp über zwanzig gewesen sein, ließ sich in den Beifahrersitz fallen. Ich schaltete das Radio ein und aus den Lautsprechern erklang die Stimme von Janis Joplin:

Busted flat in Baton Rouge, headin' for a train / Feelin near as faded as my jeans / Bobby thumbed a diesel down just before it rained / Took us all the way to New Orleans.

Aus den Augenwinkeln konnte ich sehen, wie der junge Mann seinen Kopf fallen ließ und sich zusammenzurollen schien.

Bei den Versen – *Freedom's just another word for nothin' left to lose / Nothin', it ain't nothin' honey, if it ain't free / And feelin' good was easy, Lord, when he sang the blues / You know feelin' good was good enough for me / Good enough for me and my Bobby McGee* – schreckte der junge Mann hoch, beugte sich vor und schaltete das Radio ab.

»Sorry«, sagte er, »aber das möchte ich jetzt nicht hören.«

»Warum denn nicht?«

Der junge Mann schwieg lange. Dann sagte er:

»Im Original von Kris Kristofferson ist Bobby ein Mädchen, kein Mann.«

»Und warum ist das so wichtig?«

»Darüber möchte ich nicht sprechen.«

Auch gut, dachte ich und konzentrierte mich auf den Straßenverkehr.

Die ganze Strecke nach New Orleans, etwa achtzig Meilen, schwieg der junge Mann. Er schien wieder in sich versunken zu sein und protestierte auch nicht, als ich einen anderen Sender mit Cajun Music einstellte.

In New Orleans hielt ich vor einem Burger King, um mir einen Hamburger zu holen. »Wollen Sie auch einen?« fragte ich den jungen Mann.

Er schüttelte den Kopf. »Nein danke.« Er stieg mit mir aus dem Auto und sagte:

»Übrigens, Bobby McGee war meine Mutter. Sie ist vor zwei Wochen gestorben, An Covid 19. Die Sache mit Kris Kristofferson habe ich erst nach ihrem Tod erfahren. Aus ihrem Tagebuch. Ich heiße Chris McGee.«

Als ich mit einem Hamburger in der Hand zurückkam, war der junge Mann verschwunden.

Hannes Hansen

Daniil Reiz und der Tod eines Nachbarn

Eines Tages kam ein Nachbar zu Daniil Reiz. Er zog sein Hemd aus und zeigte einen über und über mit punktförmigen, blauschwarzen Flecken übersäten Oberkörper.

»Könnten das die Pocken sein?«, fragte er.

»Schon möglich«, antwortete Daniil, der als Polizist natürliche eine Erste-Hilfe-Ausbildung gemacht hatte und in Kirchwerder als medizinische Fachkraft galt. »Es könnte aber auch Corona sein.«

»Meinst Du?«

»Genau weiß ich das natürlich nicht. Aber irgendetwas ist damit nicht in Ordnung. Du solltest damit einen Arzt aufsuchen. Einen Facharzt.«

Zur Sicherheit fuhren Daniil und der Nachbar zu einem berühmten Hautarzt in der Hamburger Innenstadt. Der schaute sich die Flecken mit einer Lupe an, rieb vorsichtig an einigen und fuhr schließlich mit der Zunge über sie.

»Was haben Sie denn zum Frühstück gegessen?«, fragte er.

»Brötchen«, sagte der Nachbar. »Mit schwarzer Johannisbeermarmelade.«

»Dann ist die Sache klar«, sagte der Arzt. »Die Flecken sind Spritzer von schwarzer Johannisbeermarmelade.«

Erleichtert fuhren der Nachbar und Daniil zurück nach Kirchwerder. Der Nachbar war von der Aufregung so erschöpft, dass er sich ins Bett legte und sechsunddreißig Stunden, ohne einmal aufzuwachen, schlief.

Einen Monat später starb der Nachbar an einem unentdeckt gebliebenen Darmkrebs.

»Dacht ich mir's doch gleich«, sagte Daniil Reiz. »Da stimmte etwas nicht.«

Sibylle Hoffmann

Patientenbericht

Jeden Morgen steigt die Sonne auf
prüft eitel sich im Spiegel.
Schlecht gelaunt erwacht sein Ich
dort auf dem Kissenhügel.
Linkerseits ein Schmerzensstich.

Immerzu dreht sich die Welt
Seiner Still zum Trotz.
Sein Ich, das dreht sich immer mit
Ach, Kotz und Kotz und Kotz
Er ist nicht mehr so fit.

Sibylle Hoffmann

Stich Wörter

Virus

Krankheitserreger
vermehrungsfähiges
biologisch
transmissibles
Agens
Husten
Heiserkeit
Atemnot
Fieber
Geschmacksverlust

Pandemie

Covid 19/ SARS Cov 2
Robert Koch Institut
Paul Ehrlich Institut
Gesundheitsamt
Verordnung
Lüften
Hände Waschen
Maske
Distanz
Isolation
Fieber messen
Warn-App

Test

Abstrich
Nase Rachen
Labor
Antigenfragmente
Polymer Chain Reaction
Result
Inzidenz
Quarantäne
Hospital
Impfung
Vektor-basiert
mRNA
transkriptive Translation
anaphylaktische Reaktion

Oma zuerst

Sibylle Hoffmann

Wir

Wir stehen in der Vollmondnacht
Wir draußen vor dem U-Bahnschacht
Wir nehmen unsre Masken ab.

Wir tun, was Liebenden recht frommt:
Wir knutschen. Bis ein Droste kommt.

Droste: mittelniederdeutsch, adliger Vertreter des Landesherrn
mit militärischen, juristischen und polizeilichen Befugnissen

Jörgen Bracker

120 Glückwünsche

Diesen Tag werde ich nie wieder vergessen, den 18. Dezember 2020! Morgens um 7 Uhr prügelte mich das Telefon aus dem Bett. Ich greife nach dem Hörer und brülle spontan, ehe ich etwas anderes höre: »Bitte nicht heute! Morgen ist mein Vierundachtzigster. Wir sprechen uns morgen!« – und lege wieder auf. Nach zehn Minuten folgt der nächste Anruf und ich sage wieder: »Bitte erst morgen« … weiter komme ich nicht, weil auf der anderen Seite ein Gewitter ausbricht: »Was heißt hier morgen? Sind Sie betrunken? Ich will eine Auskunft – und zwar heute noch, wie das Coronar-Telefon 116117 zu bedienen sei. Sie sind doch der Spezialist des Gesundheitsamtes Altona und müssten doch…«

»Nein, bin ich nicht. Ich war mal 26 Jahre lang Direktor des Museums für Hamburgische …«

Der Herr gegenüber unterbricht mich: »Ist doch egal jetzt. Sagen Sie mir gefälligst, wie ich die Nummern 116117 verwenden soll, dass die mich nicht wieder zwanzig Minuten lang in die Irre führen, und sobald ich schon vermeine, in diesem Augenblick seien mir zwei Impftermine sicher, nur höre: ›Dasselbe noch mal!‹ Nach 47 mal will ich endlich vom Gesundheitsamt Altona endlich wissen, wann ich geimpft werde! Geht Ihnen das in ihren Schädel hinein?«

»Immer mit der Ruhe!« sage ich und füge hinzu: »Ich habe mit dem Gesundheitsamt nichts zu …«

»Wieso nicht? Die Nummer, die ich in diesem Augenblick anrufe, steht doch direkt in der Anzeige des Gesundheitsamtes Altona unmittelbar neben so'nem Krankenwagen.«

»Davon weiß ich nichts!« gebe ich zurück!«

»Na, denn schauen Sie mal selber nach!« sagt der noch und legt auf. Ich schaue nach, sehe die Anzeige des Bezirksamtes, den Krankenwagen und daneben meine Telefonnummer. Ich ver-

261

suche, das Gesundheitsamt Altona anzurufen, aber da gibt es keine einzige Nummer, um irgendjemand in diesem Amt zu erreichen – nur meine eigene, die an diesem Tage noch 90mal bei mir schellen wird! Ich suche um Hilfe beim Bezirksamt Altona nach. Niemand scheint sich damit auszukennen. Am nächsten Tag, dem 19. Dezember steigt mein Vierundachtzigster! Ganz, ganz toll! Ich bin noch niemals zuvor an einem meiner Geburtstage einhundertzwanzigmal angerufen worden, schon gar nicht Coronas wegen! Dann war Stille bis zum 7. Januar. Noch einmal zwei Tage lang telefonische Vergnügungen. Dann endlich war Ruhe! Ich dachte bei mir, da haben sich die Damen und Herren eines bedeutenden Amtes vier Tage lang eine telefonische Auszeit gegönnt. Ich gönne sie Ihnen auch.

Mein Spiel mit 040 116117 begann nun erst. Auch ich blieb zunächst erfolglos mit meinen Versuchen, zwei Impftermine für das alte Schlachtross Bracker zu ergattern. Mein Sohn und ein guter Segelfreund in Finkenwerder unterstützten mich, indem sie Tag und Nacht 116117 gekurbelt haben. Ich natürlich auch. Aber das Wunder wollte erzwungen sein. Es war ruchbar geworden, dass irgendwann Ende Februar neue Döschen dem Impfzentrum Messehallen zur Verfügung gestellt werden sollten. Mein Freund Gerhard hatte sich mit meinem Sohn kurzgeschaltet Wir versuchten mein Glück zu Dritt. Gerhard hatte sich einen besonderen Trick einfallen lassen. Die Sendung neuer Impfpräparate war für den nächsten Tag angekündigt, würde also über Nacht eintreffen. Die Nacht kam, und Gerhard nahm still und heimlich, klamm und leise zum Erschrecken seiner lieben Frau den Computer mit ins Bett. Er schaltete ihn zum ersten Mal nachts um 24 Uhr ein – nichts geschah. Also langte er sich morgens um 7 Uhr nochmal den Computer vom Nachttisch – und? Tatsächlich er hatte Glück: die erste Impfung des alten Schlachtrosses war in der Tüte. Noch am gleichen Tag erkämpfte mein Sohn die zweite Impfung für mich.

Es bleibt eine Frage übrig. Wer hilft den gleichalten oder noch älteren Menschen, das Telefon 116117 oder den Computer mitsamt seiner Fallenstellerei besiegen! Viele haben doch gar keine

Verwandten mehr, keine Kinder keine Enkel, keine freundlichen Nachbarn. Dennoch ist Vieles gut gelaufen – das meiste sogar. Zukünftige Minister werden von Fehlern der bald abgelösten Damen und Herren profitieren – hoffentlich.

Reimer Boy Eilers

Der Lockdown-Schneemann

Nach vierzig Jahren musste ich wieder an die Schneekatastrophe zu Neujahr 1979 und die geschlossene Grenze nach Dänemark denken, und warum? Es war der gegenwärtige Lockdown, der die Erinnerung weckte und die düsteren Bilder von damals evozierte, das Eingeschlossensein, plötzlich ging es in diesem modern bewegten Leben nicht mehr vor und zurück. Wirklich düster? Zwar bin ich ein Opfer der Pandemie, nicht als Kranker, sondern als Bürger, weil ich in meinem Alter zur Risikogruppe in punkto Corona gehöre, so wie ich vorzeiten als Bewohner des Katastrophengebiets ein Opfer der ausgreifenden Schneemassen an der deutsch-dänischen Grenze wurde. Aber nochmals, mir fehlt nichts. Ich sehe und höre nur von anderem Sterben, heute wie damals, da war es der traurige Schneemann, den hab ich mit eigenen Augen gesehen. Das war kein schönes Bild.

Regelmäßig fahre ich Rad, allein, mit Abstand, und gucke in der Arche Warder über den Zaun, spähe nach den Tieren, alte Rassen, vom Aussterben bedroht. Die betagten oder gefährdeten Gäste der Arche dürfen noch weniger anderswo hin als ich, ein Gruß und dann geht es weiter. Das ist gerade noch erlaubt, eine Mini-Bewegung inmitten der Risikogruppe, wie von einem heruntergekühlten Atom.

Gerne hätte ich meine Kleinausflüge, diese ans Fahrrad gebundene Lockerungsübung unter freiem Himmel, auch zusammen mit Neuton Lorenz absolviert, einem uralten Studienfreund und Drahteseltreter. Doch Neuton ist abgängig, mit einem recht fragwürdigen Abschiedsgruß, er hat sich selber evakuiert. Zu dem Behufe hat er sich auf sein Herkommen besonnen, Nordfriesland, er spricht gar ein wenig *Ferring*, Föhrer Zunge, und will schon länger ein gewisses, rot-gelb eingebundenes Kinderbuch auf *Sölring* lesen, Sylter Inselfriesisch, das ist ja ein Schwesterdialekt. Aber aktuell, in der Pandemie, man beachte, sind ihm Inseln nicht mehr gut genug, fort mit Föhr und Schiet mit Sylt.

Neuton hat sich auf eine Hallig zurückgezogen, in dem Fall auf eine mittlerweile unbewohnte und fast schon wieder unbenannte, also Neuton liebt es anonym. Schade, ich möchte was Ehrliches erzählen, denn die Geschichte der Schneekatastrophe hat mehr mit mir zu tun, als mir lieb ist, obwohl ich nichts getan habe und – was das Geschehen betrifft – so unschuldig bin wie vor 71 Jahren, da war ich ein neugeborenes Baby.

Mein Ehrenwort darauf, niemand braucht Sorge vor einem späten Geständnis zu haben, Neuton nicht und schon gar nicht meine ehemalige Stieftochter Simone, mit der ich wieder Kontakt pflege, seit ihre Mutter gestorben ist. Und ansonsten frisch von der Leber weg gesprochen, und deshalb nenne ich glatt den halb versunkenen Namen von Neutons Refugium, Behnshallig, so, da isses raus, bitte schön. Der grasgrüne Haufen Schlick im Wattenmeer ist garantiert virusfrei und mit speziellem Lockdown bewehrt, niemand mehr darf Neuton und seine Veteranencrew, es sind wohl auch Veteraninnen dabei, dort besuchen, nicht einmal Familienangehörige.

Die aktuelle Tafelrunde der alten Isolationist*innen, das schreibe ich jetzt schick modern, hat den ganzen Rum auf der zweifelhaften Warft für sich allein. Also, ein bisschen finde ich das *Pfui*. Trotzdem oder vielleicht gerade deswegen werde ich Neuton meine Erzählung per E-Mail rüber auf die Hallig schicken, da hat er was zum Vorlesen und Nachdenken. Mag doch sein, dass sie sich dort langweilen, so den ganzen Tag ohne Virus, nix passiert, und froh darüber sind.

Von Beruf bin ich Seelsorger. Halt stopp, Pastor bin ich nicht, in dem Fall hätte man mich auch schon zu meinem vermeintlich Besten zwangspensioniert, das Bäffchen ab in die Mottenkiste, quasi ein beruflicher Lockdown, he he. *Is' aber nich', wat?* Die Leute kommen zu mir und reden sich ihre Last von der Seele. Und ich höre freiberuflich zu. Gelegentlich führe ich auch Selbstgespräche mit mir als Seelsorger. Den Beruf kann man lange ausüben, fast so lange, wie man selbst eine Seele hat, anders als, sagen wir, den eines Maurers; das geht bei mir weit über die gesetzliche Altersgrenze hinaus, auch wenn die körperlichen Kräfte langsam schwinden, weg sind sie nicht, ich komme zurecht. Und Seelen, anders als

Mauersteine, wiegen nichts, selbst schwermütige Seelen kann man leichthin aufheben und an bessere Orte tragen. Na ja, 'tschuldigung, ich meine es nicht so. Schwermut ist Mist, sie verdient, ernst genommen zu werden; nur, ich möchte mal so sagen: Auch der Arzt, der für die fleischlichen Krankheiten zuständig ist, reißt nach Feierabend gern mal einen Witz über ein bösartiges Geschwür. Ist ein billiges Ventil.

Zur Zeit der Schneekatastrophe war ich noch Lehrer, nicht auf Gedeih und Verderb, das hatte ich nicht nötig, da war ein kleines ererbtes Vermögen in der Hinterhand. Eine Zeit lang war ich der Meinung, den Beruf gern zu mögen, die Seelen junger Menschen voller Begeisterung zu formen. Es ist wahr, in manchen Augenblicken wunderte ich mich dennoch, warum aus mir nicht etwas anderes geworden war, mein Vater hatte noch in Ostpreußen als Pferdehändler angefangen, und nach dem Krieg hat er sein Geld mit einem Autohaus gemacht. Von einem PS auf hundert PS, he he.

Vaters wirtschaftswunderlicher Goldesel, wenn ich das so metaphorisch gewagt ausdrücken darf, schließlich reden wir eigentlich von *Pferde*stärken, war der Borgward aus Bremen, ein Auto für Sitzriesen. Kennt man heute gar nicht mehr. Macht aber nichts, ist auch nicht das Thema; jedenfalls – mit dem väterlichen Gewinn aus dem Borgward-Handel in der Hinterhand – hätte aus mir ein Finanzmakler oder Immobilienhändler werden können, und ich habe mich ja auch vorzeitig pensionieren lassen. Seitdem bin ich ehrenamtlicher Seelsorger, das ist noch sportlicher als Pferdehändler oder an der Börse zu zocken.

Gelegentlich arbeite ich auch als behördlich bestellter Betreuer gegen Entgelt, wenn ein Urteil vorliegt, dass ein Mensch nicht mehr allein klarkommt. In dem Fall habe ich dann am Ende, das manchmal rasch ansteht, Nachlässe zu verwalten, da ist es spannend, was ich für Schlaglichter aus den dunklen Ecken eines Lebens zu Gesicht bekomme. Meinem Studienfreund Neuton, der langsam arg vergesslich wird, habe ich auch schon angeboten, im Falle eines Falles für seinen freien Willen einzuspringen. Ehrlich, weiß man denn, wie es kommt? Und das Geld an sich? Nun, da ist weiterhin genügend vorhanden, es macht nicht glücklich, das ist eine andere Geschichte, aber es beruhigt. Es hat ja auch damals, in der Schneekatastrophe gewisse Leute beruhigt, wenngleich nicht unbedingt zu ihren Seelenheil, was deutlich gesprochen mein Thema ist.

Damit genug von Neuton, der Hallig und dem blöden Lockdown und wie man allgemein zu Rande kommt, notwendig, aber beschränkt. Von mir soll hier gar nicht weiter die Rede sein, sondern von dem Schneesturm rund um die Jahreswende 1978/79 und von der geschlossenen Grenze zwischen Schleswig-Holstein und Jütland. Und da möchte ich betonen, dass ich für die Schneemassen und die folgenden Ereignisse nur Zeitzeuge bin und mich keineswegs darin verwickelt sehe, obwohl mir damals im Nachgang gewisse Vorwürfe gemacht wurden, das war sehr ungerecht. Was geschehen ist, wurde mir vielmehr von einer beladenen Seele zugetragen, man könnte also auch sagen, ich bin ein ehrenamtlicher Zeuge. Ich glaube, nach der Schneekatastrophe fing es an mit meiner zweiten Karriere, ich musste in mich gehen und hinter die Maske von anderen sehen, statt empfängliche junge Seelen zu formen.

Wie war das Ende 1978, Anfang 79? Schon vergessen? Zu Weihnachten war noch mildes Wetter gewesen, dann, zwei Tage nach dem Fest, änderte sich die Lage schlagartig. Praktisch so, wie man in der heutigen Krisenzeit sagen kann, auch wenn der Vergleich hinkt, ist mir klar, bis Weihnachten letzten Jahres war noch alles gut, dann kam das Virus aus Wuhan. Vor vier Jahrzehnten kam warme und feuchte Luft aus dem Rheinland zu uns nach Schleswig-Holstein, und hier traf sie auf einen extremen arktischen Kaltlufteinbruch aus Skandinavien. Das Wetter explodierte.

Noch mal für die nüchternen Naturen unter uns: Am Vormittag des 28. Dezembers liegen die Temperaturen um und bei 10 Grad – über Null, wohlgemerkt, das typische weihnachtliche Tauwetter. Und dann ändert sich von einer Stunde auf die andere alles. Eisige Polarluft von unfassbaren 50 Grad minus zieht über Norddeutschland hinweg. Am Boden fallen die Temperaturen bis zum Nachmittag um 30 Grad. Der Ausgleich der Luftmassen erfolgt in einem lokalen Orkan, samt Sturmflut an der Ostsee, von Flensburg bis Rügen, doch das ist schon beinahe nebensächlich. Vergiss die See, es dreht sich alles um den Schnee.

Die weißen Massen, die aus dem Kältesturz der feuchten warmen Rheinlandluft in dem fremden Schleswig-Holstein resultierten, kann man sich gar nicht wahnsinnig genug vorstellen. Sogar im südlichen Randgebiet des Wintertiefs, wo alles schon beinahe gemäßigt ablief, im Hamburger Umland, schnallte sich ein mir bekannter Unternehmensberater am folgenden Wochenende Langlaufskier unter die Füße und drehte über Stock und Stein und Weidezäune, die allesamt unter der weißen Decke verborgen waren, schnee-selige Runden. Nun, der Mann, beruflich ein Streiter für einen Neustart der Borgward-Marke, hatte es gut. Was für ihn ein veritabler Spaß war, das wurde in einem eng begrenzten Streifen zwischen Südjütland und dem Nord-Ostsee-Kanal katastrophal.

Meine Schule lag im Grenzgebiet, auf Schleswiger Seite, sie war zweisprachig, Deutsch–Dänisch und sogar noch etwas Nordfriesisch kam dazu. Zu der Zeit war ich mit Lydia und ihrer siebenjährigen Tochter aus erster Ehe zusammen, und ich hatte ein Haus auf dem platten Land gemietet, nur wenige Steinwürfe entfernt von der Grenze; ein paar Kilometer westlich verlief die Fernstraße Riebe – Tondern – Niebüll – irgendwann Hamburg. Auch die gewisse Neuton'sche Hallig liegt dann gar nicht weit entfernt von der Westküstenroute im Wattenmeer, doch das nur nebenbei, falls Sie mal gucken wollen, so von oben auf der Deich-Corona, he he, und mit Fernglas …

In meinem – oder von mir aus auch unserem damaligen – Domizil wetterten wir zu dritt die Katastrophe ab, Lydia, Stieftochter Simone und ich, vom Wetter überrascht, doch gut eingepackt und leidlich mit Viktualien versorgt. Auch eine Tiefkühltruhe half, die Nahrungskette intakt zu halten, eigentlich überflüssig, man hätte Fleisch, Gemüse und Speiseeis auch einfach in den Garten werfen können, um Süß und Sauer später aufzutauen. Lydia war leicht gehbehindert, eine geringfügige Fehlstellung des Beckens, doch alles paletti, wie man in Corona-Zeiten so schön sagt; da für uns mehr oder weniger Ausgehverbot herrschte, spielte das Hinkebein

keine Rolle. Zwischendurch fiel der Strom aus, weil die Überlandleitungen unter der Schneelast zusammenbrachen, das geschah
indes nie lange genug, um uns wirklich in Bedrängnis zu bringen.
Wir spielten viel Mensch-Ärgere-Dich-Nicht.

Und jetzt komme ich zu der Begebenheit, die ich nur vom
Hörensagen kenne, sozusagen aus meinem privaten Beichtstuhl.
Drei Menschen haben sich ihre Sicht der Dinge von der Seele geredet, einer kam aus eigenem Antrieb zu mir, die beiden anderen
habe ich danach aufgesucht, vielleicht in gutem Glauben, vielleicht
aus schädlichem Eifer. Jedenfalls erlaube ich mir nun, unter dem
Schutz geänderter Namen und der Patina der Vergangenheit, verschiedene fremde und intime Perspektiven einzunehmen.

Wie heißt es so schön? Die wahren Namen sind der Redaktion
bekannt. Okay, dann spiele ich jetzt mal Redakteur und breite einfach das Resultat meiner Recherche aus. Einzig und allein im letzten Moment, als ich den Schneemann sah, kann ich als Augenzeuge
gelten, aber wofür?

Wir schreiben also das eisige Katastrophenjahr, es sind die bewussten letzten Tage im Dezember. Ein junger Mann aus Hamburg,
nennen wir ihn Ulf, ein Student der Erziehungswissenschaft, eben
vor dem Abschluss, ein fleißiger, wenngleich etwas labiler Mensch
mit guten Noten und besten Aussichten, hatte – zusammen mit
Freundin und anderen Studis – in der Woche zwischen Weihnachten und dem Silvesterabend hoch oben an der dänischen Nordseeküste einige Ferientage verbracht. Bevor ich verrate, wie er in
die Bredouille geriet, meteorologisch wie psychologisch, muss ich
zwei, drei Dinge ins Bewusstsein heben, sonst wäre das Folgende
nicht recht verständlich. Das erste ist nochmals die enge regionale
Begrenzung des Schneeüberfalls. Oben im jütländischen Norden, in
Ulfs Ferienrevier, war, entgegen der Intuition, das Klima weiterhin
unaufgeregt, draußen erfrischend, drinnen hyggelig, also dänisch
gemütlich, ganz wie erwünscht.

Das zweite ist der damalige technische Stand des Automobilwesens. Ulf besaß einen klapprigen alten VW Käfer, der Wagen fuhr, wohin Ulf wollte, so weit, so gut, indes tat es der Käfer mit einigen, für die Geschichte erwähnenswerten Randbedingungen: Die Heizung arbeitete so lala, Fenster und Türen schlossen nicht vollständig, irgendwo zog es immer, womöglich sogar vom durchgerosteten Unterboden her. Nun ja, in diesem Tenor ging es weiter, wenigstens besaß der Käfer ein Autoradio, das mit etlichen Störgeräuschen auf einen Empfang ausgerichtet werden konnte, oben in Jütland natürlich nur unverständliches dänisches UKW. Ulf war das gleich, er wollte ohnehin kein Radio hören, Fernsehen auch nicht genießen, sein Ideal und das der ganzen Gruppe war es, für ein paar Tage die große weite Welt auszublenden, nach innen kuscheln, nach außen nuscheln, denn das war eine wichtige Ingredienz des *Hyggeligen*.

Gute Vorsätze und Hoffnungen gibt es wie Sand am Meer, und genauso werden sie vom seelischen Wind und Wetter hin- und hergeworfen und gehen auch leicht verschütt. Zumindest für Ulf war das Hyggelige dann doch nicht in Reichweite. Wäre die seelische Stimmung besser geraten, und jetzt komme ich mit meiner Fachlichkeit ins Spiel, der hoffnungsvolle künftige Pädagoge wäre von der sich anbahnenden Wetterkatastrophe gar nicht tangiert gewesen. Doch Ulf hatte eine Freundin zur Seite, auf die er sich viel zu schnell eingelassen hatte. Die Trennung von seiner Frau Lotte, nach sieben Jahren des Zusammenseins, war in keiner Weise verkraftet. Ulrike, die Neue, lange rote Haare, war der gleiche Typ wie Lotte, die frühere Gefährtin, und was nun folgte, war entweder logisch oder tragisch, leider passte Ulrike überhaupt nicht zu ihm. Während das nordjütländische Wetter gemäßigt blieb, ging die seelische Stimmung des Paars in den Keller.

Das wirkte sich auf die ganze Gruppe aus, drei Zweierbeziehungen und ein bedauernswerter Single insgesamt, und so waren alle froh, als Ulf und Ulrike beschlossen, noch am Silvestertag abzureisen. Ulf hatte nämlich eine Einladung in petto, die er zwar dankend ausgeschlagen hatte, aber das war kein Problem, im Zweifel galt sie weiterhin. Freunde gaben eine große Party zum Jahreswechsel in Kappeln an der Schlei, und Ulf hoffte, dass er dort mit seiner Neuen beim Feiern wieder in bessere Gleise geraten würde oder dass sie beide dort notfalls mehr Raum zum Ausweichen hätten als in dem hyggeligen Dänenhaus, mitten in der Sandwüste der Nordsee-Wanderdünen.

Ich meine, die Idee war gar nicht so schlecht, denn Einsamkeit, das weiß ich als Seelsorger, kann was Gutes sein, wenn man zu sich kommen möchte. Doch eine Einsamkeit zu zweit, in der man sich nicht versteht, ist von doppeltem Übel.

Nach einem Frühstück mit dänischen Rosenbrötchen und roten Pölsern, was man mit eisch rot gefärbten Würstchen übersetzen sollte, und mit Erdbeermarmelade in der gleichen fröhlich roten Anmutung, brachen Ulf und Ulrike zu ihrer Fahrt nach Süden auf. Der Käfer hatte übrigens auch einen Namen, er hieß Alf, und um es gleich zu sagen, der brave Alf tat, was er konnte, *comme ci comme ça*, und ließ das Paar im Rahmen seines Vermögens nicht im Stich. Das Problem waren Herrchen und Frauchen und die lieben Miturlauber, die Adieu winkten, heilfroh, die faulen Äpfel aus dem Korb los zu sein. Niemand hatte einen blassen Schimmer von der Katastrophe, die sich bereits voll entwickelte, und auf deren Zentrum Alf mit seinen beiden Fahrgästen nun zusteuerte.

Das Klima außerhalb und innerhalb des Automobils wurde ein wenig frostiger, je weiter sie nach Süden vorankamen, doch war das kein Grund, sich zu wundern, schließlich war Winter. Das Paar schwieg sich an und dachte stur nach vorn, doch in Riebe war unvermutet Schluss mit der Anfahrt zur lustigen Silvesterparty. Alf traf samt Fahrgästen auf eine Straßensperre, bemannt mit dänischer Polizei. Beide Seiten waren gleichermaßen verblüfft, die einen von der kompletten Ignoranz der deutschen Touristen, die anderen von der voraus liegenden Unwetterlage und den behördlichen Maßnahmen, denen sie nun zwangsweise unterlagen und die im Wesentlichen besagten, dass sie Riebe bis auf weiteres nicht mehr verlassen durften.

Ulf fiel, sozusagen wie der Schnee, aus allen Wolken. Ulrike erlitt einen Weinkrampf. Die schöne Studentenparty zum Jahreswechsel glitt in die Gefilde des Unerreichbaren, was überhaupt das Merkmal einer anständigen Katastrophe ist, dass eben noch selbstverständliche Dinge außer Reichweite geraten. Ein dänischer Polizist, vielleicht ganz Kavalier angesichts der weinenden Ulrike oder auch nur Freund und Helfer im allgemeinen, so wie ich einer bin, geleitete das Paar zum nahe gelegenen *Domhotel Riebe*. Es hatte über den Jahreswechsel geschlossen, und das galt angesichts des Unwetters praktisch für die ganze Stadt, sie war dicht wie die nahe gelegene deutsch-dänische Grenze. Heute würden wir sagen: ein blöder Lockdown, ich wiederhole mich, damals kannte man den Begriff noch nicht.

Allerdings hatte das Domhotel Riebe einen Notdienst eingerichtet, denn ein anderes deutsches Paar war vor Ulf und Ulrike dort gestrandet, und zwar am Ende eines regulären Aufenthaltes, sie hatten bereits die Feiertage im Hotel verbracht und hatten dann nicht mehr wie geplant abreisen können. Im Ergebnis öffnete das Hotel seine Türen auch für die neuen Ankömmlinge, und so fanden sich die beiden Studis im Handumdrehen an einem Ort wieder, wie sie es sich nicht hätten träumen lassen. Oder vielmehr, es war tatsächlich wie ein Traum, als der Kellner, der den Notdienst schob, ihnen nicht nur das prächtige Zimmer wies, in dem sie nächtigen würden, sondern auch den Saal, in dem sie heute Abend speisen sollten, eine Räumlichkeit, himmelhoch, holzgetäfelt und ausgemalt, feudal und altehrwürdig. Kurzum, sie waren nunmehr quasi Ehrengäste in einem Hotel, das wie ein Schloss daherkam, und zur Tafel gebeten wurden sie in einem ritterlichen Remter, vulgo dem festlichen Speisesaal.

Seit der Fahrt mit dem schwachbrüstigen Käfer Alf und dem erzwungenen Abbruch ihrer Reise, hatte die Situation also hoppla hopp ins Fabelhafte gewechselt, doch niemand, der mal ein Märchen gelesen hatte, würde behaupten, das sei gleichbedeutend mit der Abwesenheit von Stress. Oh, nein, das verquere Seelische, der säuerliche Beziehungsfrust, fraß unter den äußerlichen Ablenkungen, der Augenweide und Hüttenpracht, weiter, und gegen 20 Uhr fanden sich Ulf und Ulrike in schwankender Verfassung zur Silvester-Abendtafel ein. An einem Tisch in der Saalmitte saß schon das andere Paar, und der Kellner fragte lächelnd, ob die Herrschaften gemeinsam speisen wollten, was – bedauerlicherweise, sage ich als Berichterstatter mit meinem Wissen und meiner Moral – allgemein bejaht wurde. Die Notgemeinschaft beschloss sogleich, sich angesichts des gemeinsamen Schicksals zu duzen, und das Beste draus zu machen, auch im Hinblick auf eine dem Jahreswechsel angemessene feucht fröhliche Stimmung, leere Worte, he he, wie sich herausstellen sollte. Denn die anderen Tischgäste lebten ebenfalls in einer negativen, spannungsgeladenen Zweisamkeit, heute würde ich sagen, es hätte dringend meiner Intervention bedurft.

Die Fremden, Hans Gerd und Marlene, waren Anfang Vierzig respektive Mitte Dreißig und daher bereits länger in Lohn und Brot; Hans Gerd in leitender Funktion an einer Schule und sie im kommunalen Dienst; und ihnen gegenüber wirkte das Studi-Pärchen jünger als es wirklich war. In meiner Funktion als Reporter oder Rapportierender will ich sofort kommunizieren, dass Hans Gerd mir von früher bekannt war, doch befangen bin ich deshalb noch lange nicht, also weiter im Fluss des Geschehens.

Alle vier unfreiwilligen Gäste registrierten die Spannungen am Tisch, es war nervig, vielleicht sogar ein wenig niederschmetternd, enttäuschend allemal, und während des Essens waren sie bemüht, ihr Gespräch in den allgemeinsten Gewässern zu halten und keinesfalls auf eine Klippe zu laufen. Marlene zog ein Bein nach, Ulf registrierte es, als sie aufstand und zur Toilette ging. Mehrfach stießen die beiden Paare miteinander an, erst auf den Abend, blah blah, dann auf das Hotel, auf ihre »Rettung« und schließlich darauf, alsbald weiterfahren zu können und in die gewohnten Gleise zurückzukehren, und ich vermute, alle sehnten sie im Stillen die Mitternacht herbei, wenn sie ein letztes Mal die Gläser heben müssten, um dann ohne große Entschuldigung ins Bett zu gehen.

Doch es sollte völlig anders kommen. Irgendwann zu späterer Stunde registrierte Ulf verblüfft, dass sich Ulrike auf spezielle Weise mit Hans Gerd unterhielt. Er schaute genauer hin und sah, wie sich ihre Wangen gerötet hatten, hoffentlich nur vom Wein, allerdings glänzten ihre Augen, ein weiterer irritierender Aspekt, sie sprach schnell und zwischendurch blitzten ihre verflucht hübschen Zähne auf, wenn sie lächelte. Alarmiert schaute Ulf zu Marlene hinüber, ihre Blicke trafen sich und huschten gleich wieder in verschiedene Ecken, doch Ulf war klar, dass sie das Gleiche bemerkt hatte wie er. Hans Gerd lachte und riss einen guten Witz. Der ganze Tisch war amüsiert, Ulf lachte tapfer mit und gab seinerseits etwas zum Besten, worüber alle pflichtschuldig schmunzelten. Wie ein Strohfeuer fiel die allgemeine Kommunikation der Notgemeinschaft wieder in sich zusammen, nur auf einer Ecke loderte es.

Mit großer Geste bestellte Hans Gerd Champagner für alle. Der Kellner verabschiedete sich und ließ noch eine zweite Flasche Schampus und diverse Weinvarietäten auf der Anrichte zurück. Ulf und Marlene schauten sich an und schwiegen, doch sie erkannten an den schmalen Lippen und den Augen des anderen den Vorsatz, durchzuhalten und dieser Sache ein Ende zu bereiten. Es wurde Mitternacht, die Gesellschaft im Rittersaal läutete den Jahreswechsel mit der zweiten Flasche Champagner ein, und dann machten Ulf und Marlene unisono den Vorschlag, die Tafel aufzulösen.

Nun, Hans Gerd und Ulrike dachten gar nicht daran; und während der Wein den Schweigsamen jetzt schlechte Laune machte, beflügelte er die Schwatzbude, die beiden hatten mittlerweile alle Rücksicht fallen gelassen und hockten sich beinahe auf der Pelle. Gegen ein Uhr stellten Ulf und Marlene ihre Bemühungen ein, sie wünschten eine gute Nacht und zogen sich, jeder für sich allein, auf ihre Zimmer zurück.

Am nächsten Morgen lagen die Partner richtig sortiert in ihren Betten, jedoch in steinschwerem Schlaf. Wie lange die beiden ungetreuen Tomaten noch aufgeblieben waren, ob sie sich geküsst hatten, schwer gefummelt, oder ob gar ein Liebesakt das neue Jahr eröffnet hatte, ein Verkehr in einem Promillebereich, der andern Orts den Führerschein kosten würde, war und blieb ihr Geheimnis. Ulf und Marlene trafen sich um halb zehn Uhr morgens zum Frühstück im Rittersaal, den Kaffee brachte eine freundliche Kellnerin, doch der Ober vom Vortag war ebenfalls anwesend. Bislang hatten die beiden Abgehängten nichts verabredet, auch dieses Zusammentreffen war noch rein zufällig und holprig am Anfang, doch nun wurden sie energisch und starteten einige Pläne, sie entdeckten Gemeinsamkeiten und wollten sich nicht mehr die gute dänische Butter vom Brot nehmen lassen.

Beide schauten sie erstaunt auf den gedeckten Tisch, sie hatten sich unversehens bei den Händen gefasst, doch in diesem Moment, als es ihnen bewusst wurde, kam keine Verlegenheit auf, sie nickten vielmehr und bekräftigten mit einem forschen Händedruck und einem seligen – oder dümmlichen? – Lächeln alle Verabredungen. Insbesondere versicherte Marlene, dass kein guter Gedanke, der an diesem Frühstückstisch geboren wurde, in seiner Materialisierung am Geld scheitern sollte, falls Ulf als Student in der Hinsicht ein wenig unbeweglich sei. Ulf merkte, dass ihn Marlenes kleine Behinderung gar nicht störte.

Als Hans Gerd und Ulrike nach und nach am Tisch auftauchten, einsilbig und mit roten, zugequollenen Augen, ein wenig schmeichelhaftes Bild des Lasters abgebend, verkündete Ulf, dass er noch am selben Tag abreisen werde, und zwar solo. Die Verwunderung darüber war allgemein, doch die Proteste hielten sich ebenso allgemein in Grenzen. Hans Gerd bot sofort an, Ulrike dann in seinem Volvo mitzunehmen. In *unserem* Volvo, sagte Marlene. Natürlich, sagte Hans Gerd, wir drei. Beinahe war es für Ulf wieder das Gleiche wie in dem Ferienhaus an der Nordseeküste, ein halber Rauswurf hinter lächelnden Gesichtern, insbesondere Ulrike schien keineswegs unglücklich über seinen Abgang zu sein. Fragen nach der Machbarkeit der Weiterreise, nach Ulfs Überlegungen im Einzelnen, wurden nicht gestellt.

Noch vor dem Mittag absolvierte der Reisende in spe einen Rundgang durch die Stadt und überzeugte sich, dass an diesem Neujahr keine Polizisten auf Riebes Straßen Dienst taten, zumindest die Straßensperre war dem hyggeligen Feiertag zuliebe unbesetzt. Gleich nach der Rückkehr ins Hotel nannte Ulf sein erstes Etappenziel, es war, ein wenig vage, die Autobahn, die von Flensburg auf deutscher Seite entlang der dänischen Ostseeküste nach Norden führte – oder eben umgekehrt in den Süden. Dort würde er noch auf dieser Seite der Grenze Station machen, anders ging es nicht, entweder in einer Stadt wie Apenrade oder in einem Motel oder einer Autobahnraststätte, und sobald die Autobahn wieder für den Grenzverkehr freigegeben war, würde er unverzüglich in Richtung Hamburg aufbrechen. Ulf hatte den Eindruck, so seine Rede, dass sich die Lage mit etwas Glück sehr bald normalisieren könnte, schneller jedenfalls als gedacht. Das wunderschöne, gemütliche Riebe, so Ulf, würde ihn darin bestärken, in dieser kleinen Stadt sei das seltsamste Resultat des Wintereinbruchs mittlerweile wohl ihr Hotel mit seinen außerplanmäßigen Gästen.

Nach dieser Eröffnung verkündete Ulf einen hastigen Aufbruch, er verzichtete auf die anstehende warme Mahlzeit, stattdessen schrieb er seine Adresse für Marlene auf, und sie gab ihm ihre Visitenkarte. Marlene versprach, sich um die Rechnung des Hotels zu kümmern und sie ihm dann nachzuschicken. Und das war es auch schon, Ulf verabschiedete sich samt Alf und seinem Rucksack. Marlene – und nicht etwa Ulrike – begleitete ihn zur Hoteltür. Ihr Lächeln hatte einen leicht grimmigen Zug und sie wünschte ein *Auf Wiedersehen!* Mit einer gewissen Betonung, einem Hiatus hinter dem *Wieder.* Dann gesellte sie sich zu ihrem Mann und der fremden Studentin, und die Zurückgebliebenen unterhielten sich über alles Mögliche, nur nicht über Ulfs Abreise, fast konnte man sagen, aus den Augen, aus dem Sinn, he he.

Ulrike blieb weiterhin in bemerkenswert guter Stimmung. Die drei aßen zusammen Mittag, Tafelspitz, sehr lecker, obwohl unerheblich für den Gang der Dinge, sagen wir noch, ein trockener portugiesischer Rosé dazu; anschließend begab sich Marlene aufs Zimmer, und die Silvester-Nachteulen hatten den Rittersaal schon wieder für sich. Ob sie weiter Rosé tranken oder sich zur Abwechslung an Kaffee hielten, ist nicht überliefert. Ich glaube aber, der coole Hans Gerd war ein wenig beschwipst, ich kenne ihn doch, den Schwerenöter und Lockdownverächter, oder hatte er sogar richtig einen im Kahn? Na denn, prost.

Am frühen Nachmittag traf ein Anruf für Hans Gerd im Hotel ein, das war verwunderlich, wussten doch nur wenige Menschen, wo er sich im Urlaub aufhalten würde, am ehesten noch seine kleine Tochter Simone aus erster Ehe. Über den Inhalt des Gesprächs ließ er nichts verlauten, doch das Telefonat schien ihn völlig aus der Bahn geworfen zu haben. Jetzt war er es, der sofort aufbrechen musste, die Sache, was immer es war, duldete keinen Aufschub; er versicherte, dass er bald zurückkehren würde, doch er sah sich nicht in der Lage, genauere zeitliche Angaben zu machen. Hatte er in seiner Konversation mit Ulrike eben noch wie ein Wasserfall geklungen, so war der Redefluss versiegt, um nicht zu sagen, vereist. Was meinte der Wetterbericht?

Die beiden Frauen verabschiedeten ihn ratlos, winkten seinem dunkelblauen Volvo nach, und dann saßen sie sich in dem prunkvollen Saal gegenüber, verlassen und allein, Marlene bemerkenswert gefasst, während Ulrike erneut zu weinen begann. Die seelische Schaukel, sage ich als Fachmann, denn als Stimme bin ich ständig anwesend in dieser Geschichte, überstieg deutlich ihre Kräfte. Eigentlich wollte sie diesen Ort nur noch verlassen, ja, sie beklagte es heftig, dass sie nicht mit Ulf gefahren war.

Marlene gab sich verständnisvoll und hilfreich wie eine gute Fee, natürlich, warum sollte es keine solchen märchenhaften Figuren in diesem Schloss geben? Sie schlug Ulrike vor, ein Taxi nach Apenrade zu nehmen. Dort konnte sie sich einquartieren und den Zug nehmen, sobald die Strecke wieder frei war, geradeso, wie Ulf es vorgezeichnet hatte, praktisch in seinen Fußstapfen, wenn auch nicht mit ihm zusammen. War das kein Vorschlag? Und als Ulrike zögerte, gab Marlene ihr zu verstehen, dass man sich in einer Notlage wie dieser gegenseitig helfen müsse, mit anderen Worten, sie zeigte sich bereit, das Taxi, die Unterkunft und sogar die Fahrkarte nach Hamburg zu bezahlen. Ulrike war sprachlos vor Dankbarkeit. Marlene bat den Kellner, ein Taxi zu bestellen und handelte mit dem Fahrer einen Fixpreis aus. Dann legte sie 20 Mark oder das Äquivalent in Kronen drauf und bat den Fahrer sicherzustellen, dass sein weiblicher Fahrgast wie gewünscht ein Zimmer in Apenrade finden würde.

Auf die Weise saß sie schließlich allein bei einem Kaffee im Rittersaal, jedoch nicht lange, denn Ulf erschien kurz darauf wieder im Domhotel. Sicherlich hatte er eingesehen, dass er Alfs Fähigkeiten nicht überstrapazieren durfte. Marlene lächelte ihm aufmunternd zu, sie schien nicht wirklich überrascht zu sein. Ulf lächelte zurück, er schaffte seinen Rucksack in das alte Zimmer, doch die Frage, ob es im Anschluss zu mehr diente als zur Gepäckaufbewahrung, sei dahin gestellt. Die Informationen sind vage, und es ist auch gar nicht nötig, hier tiefer zu graben oder gar in voyeuristischer Weise zu spekulieren. Betten sollten Betten bleiben und keine allerweltigen Spielplätze in YouTube-Manier sein. Fest steht, dass Ulf eine unvermutete Sympathie zu Marlene gefasst hatte, und das beruhte auf Gegenseitigkeit.

Hans Gerd blieb auch am folgenden Tag verschwunden. Am Ende des Lockdowns, kaum dass die Grenze wieder geöffnet war, gab Marlene eine Vermisstenanzeige bei der Polizei in Riebe auf. Dann ließ sie sich von Alf kutschieren und passierte die Grenze bei Flensburg in Ulfs Begleitung und offenbar in bester Laune. Von Flensburg bis zum Kanal, so die Anweisung der Behörden, fuhren sie im Konvoi, vorneweg und am Ende ein Bundeswehrfahrzeug, dasjenige an der Spitze war in ihrem Fall ein Bergepanzer, durchaus beruhigend, wenn man rechts und links der Autobahn das Schneegebirge bedachte, das sich mehrere Meter hoch türmte. Ab Rendsburg, also ab der Autobahnbrücke über den Nord-Ostsee-Kanal, waren sie wieder auf sich gestellt. Ulf brachte Marlene zum Hamburger Hauptbahnhof, sie musste nach Recklinghausen, beim Abschied sollen Tränen geflossen sein. Doch ist das nicht schlimm, es gibt Hinweise, dass Ulf in den nächsten wärmeren Monaten, um nicht zu sagen, Jahren, mehrfach in dem italienischen Landhaus gewesen ist, das Hans Gerd und Marlene ihr eigen nannten. Marlene trainierte ihr Bein in dem toskanischen Hügelauf und -ab, und Ulf assistierte ihr dabei.

Ach ja, Hans Gerd, der hälftige Landhausbesitzer? Nun, er wurde vorläufig nicht wieder gesehen. Das kommt vor bei Katastrophen.

Und jetzt Schluss mit der Redakteursrolle, ich komme als Privatperson wieder ins Spiel, lassen Sie mich erzählen. Ich erwähnte es schon, wir hatten es in der ganzen Zeit einigermaßen hyggelig, auch wenn wir nicht wirklich in Dänemark wohnten. Die Straßen wurden nach und nach geräumt, ansonsten blieb die Schneedecke liegen.

Kein Tauwetter unterbrach die Frostperiode der nächsten Monate. Im Februar erfolgte sogar ein weiterer heftiger Wintereinbruch, der Himmel öffnete einmal mehr sein großes Kühlhaus, und wir kamen erneut in den unfreiwilligen Genuss von Schnee und Eis. An der Ostsee standen die blanken Schollen bis zu zwei Meter hoch an den Strand; was für eine Vorstellung, möchte ich meinen, in den heißen Zeiten von Corona und Klimakrise. In Husum, noch südlich von Niebüll, lag der Schnee in diesem Jahr bis zum 20. Mai. Aber so weit voraus wollen wir gar nicht schauen, nur bis zum kalendarischen Frühlingsanfang.

Im März kam in einer zugewehten Senke, gar nicht weit von mir entfernt, aber noch eben auf der dänischen Seite, eine Hand aus dem Schnee. Die Leute liefen aus allen Richtungen zusammen, ich war unter ihnen, als Polizei und Feuerwehr den Schneemann vorsichtig aus seiner weißen Hülle befreiten. Er kam nach Hamburg, ins Rechtsmedizinische Institut des UKE, unter die Fittiche des Vorgängers von Professor Klaus Püschel, der heute die Corona-Toten begutachtet. Ja, die Pathologen, ich betrachte sie voller Respekt als die allerletzten Zeugen einer Lebensreise, sie treten in Aktion, wenn ich den Löffel abgebe, weil die Seele futsch ist.

In diesem Zeitpunkt hatte der Korpus bereits einen Namen. Ich habe den Schneemann mit den angegrauten Schläfen und dem energischen Kinn unter freiem dänischem Himmel getauft, es war der Hans Gerd aus meiner privaten Beziehungskiste. Diagnose: Tod durch Erfrieren, nicht überraschend jetzt, aber auch nicht schön für einen Schneemann.

Und gut ist, die weiteren Umstände dieses Ablebens, etwa die Vermisstenanzeige seiner damaligen Frau Marlene und der vorangegangene Fund des Volvos, sind mir mittlerweile piepegal oder sie waren es mir schon immer. Von mir aus hätte der vielversprechende Schulleiter gern am Leben bleiben und ewig mit Marlene zusammenhocken können, mir wäre damit gedient gewesen, zumindest war das meine damalige Ansicht.

Es ist an der Zeit, den flirtenden Gast Hans Gerd aus dem Domhotel Riebe außen vor zu lassen und zu erklären, was sein Schicksal für mich und die weiteren Bewohner meines Landhauses bedeutete. Das war nämlich nicht wenig. Wir kannten uns aus der Zeit seiner Tätigkeit an einem Gymnasium in Kiel, also ein weiterer Lehrer. Doch Hans Gerd zog es in die Heimat zurück, er stammte aus dem Ruhrpott, aufgewachsen in Dorsten, damals ein Kaff mit einem Kohlebergwerk, und er war dann wieder aus dem Norden dorthin zurückgekehrt, wobei er allerdings Lydia und Kind und Kegel in Kiel zurückgelassen hatte. Denn so dumm kann es laufen, der Leiter einer Gesamtschule in Recklinghausen und Dänemarkfan war der frühere Mann meiner Lydia, oder mit anderen Worten der Partner und Ex-Liebhaber einer weiteren gehbehinderten Frau, und, folgenreicher noch, Simones Vater. Und nun war er tot. Das war das Schlimme, der Todesstoß meiner Beziehung zu Frau und Stieftochter. Dabei bin ich ganz unschuldig, was leider oftmals weit schwerer zu beweisen ist als eine Schuld.

Da konnte ich mir zuhause den Mund fusselig reden, ich hatte nun weiß Gott nichts getan, was mit der persönlichen Katastrophe in Verbindung stand, weder im Guten noch im Schlechten, doch unverkennbar blieb an mir und meinem Reden kleben, dass Hans Gerd am Tag seines Todes auf dem Weg zu uns gewesen war, und dass diese Absicht ihn folglich das Leben gekostet hatte. Wie war es möglich, dass er derart leichtsinnig und blind für alle Gefahren gehandelt hatte? Vom Wein befeuert? Ach, das ist albern. Es gab nur eine Erklärung, die uns allen einleuchtete, mir leider auch, die aber sofort alle Fragen wieder neu aufwarf. Hans Gerd musste Angst um seine Tochter gehabt haben, und zwar eine sehr große und akute Angst, die ihn sämtliche Gefahren beiseiteschieben ließ.

Soweit so gut oder vielmehr so schlecht, in dieser Vermutung gingen wir drei konform. Aber warum, was war der Grund für diese Angst gewesen? Ich hatte absolut keine Vorstellung und meine beiden Frauen, die große und die lütte, eigentlich auch nicht. Aber sie entwickelten einen unguten Verdacht, gegen den ich nicht ankam und der sich weiter verfestigte, nämlich *ich* müsse auf irgendeine, ihnen zwar nicht genau bekannte, aber verdammenswerte Weise schuld an dem Unglück sein.

Eines Tages im Mai, etwa um die Zeit, als in Husum der letzte Schnee schmolz, saßen wir beim Abendessen zusammen, und Lydia und Simone sprachen es offen aus. Sie würden das Stochern im Nebel nicht mehr ertragen. Ich sollte endlich mit der Sprache rausrücken und sie von der Grübelei erlösen. Eine Antwort darauf, die Lydia und Simone zufriedenstellen würde, musste ich im Dickicht der Verdachte weiterhin schuldig bleiben. Ich schwieg zu allem. Danach war in meinem kleinen Haushalt nichts mehr, wie es vorher gewesen war, und noch bevor sich das Jahr 1979 seinem Ende zuneigte, zogen die beiden aus. Der Schneemann Hans Gerd war meine persönliche Schneekatastrophe.

In dieser Zeit begann ich, mich *peu à peu* von meinem Lehrerdasein zu verabschieden und mich dem Seelenleben mit allen seinen Verästelungen als Neigungsgebiet zuzuwenden. Bevor ich mich aber Dritten als Seelsorger andienen konnte, musste ich erst mit der Leiche in meinem kühlen Keller fertigwerden. Dabei half es mir paradoxerweise, dass Mutter und Tochter nicht mehr da waren, dadurch konnte ich eine ganze Menge an Emotionen aus meinen Überlegungen heraushalten, verquere Gefühlsregungen, die meinen nüchternen Schlussfolgerungen womöglich gleich wieder den Garaus gemacht hätten, noch bevor eine Geschichte daraus wurde, meine Version, das will ich zugeben.

Nach allem, was ich mir zusammengestrickt habe, kann man bei dem, was im Domhotel Riebe geschah, nicht von einem Kriminalfall im engeren Sinne reden, falls man das Wort überhaupt in den Mund nehmen will, vielmehr handelte es sich um den Zusammenstoß mehrerer inkompatibler Seelen mit einem folgenden Kollateralschaden, den niemand gewollt oder auch nur erahnt hatte. Wobei man sich getrost die Frage stellen kann, ob nicht letztlich alle Seelen inkompatibel miteinander sind, nur gibt es zum Glück dafür Ausgleichsmechanismen, aber das ist optional. Wie ich andeutete, erwachte damals mein Interesse an der innerlichen Fürsorge. Und damit ist dieses Unglück zu Ende, ein tragisches Geschehen, über das die Zeitläufte längst hinweg gegangen waren, und das in meiner Seelenlandschaft während der Corona Pandemie unvermutet wieder zum Vorschein kam, kann man sagen, wie durch eine Schneeschmelze?

Neuton Lorenz habe ich über dem ganzen Bohai nicht vergessen. Eigentlich habe ich sogar die meiste Zeit an ihn als Adressaten gedacht, so als ob ich ihn in meiner Redakteursrolle direkt ansprechen würde. Dabei ärgert er mich, er fährt nicht mehr mit mir Rad, und die Arche Warder mit dem alten Viehbestand muss ich allein besuchen. Neuton trinkt temporär auch keinen *Geelen Köm* mit mir. Was bleibt zu tun?

Logisch, da schicke ich ein PDF dieses historischen Unwetterberichts rüber auf die Hallig; die körperlose Elektronik darf den Lockdown und die nasse Rumgrenze passieren, ich danke auch dafür. Soll der alte Neuton seine Leute bei einem heißen Grog damit unterhalten. Und wenn sie beim Zuhören an das geschlossene Domhotel von Riebe denken und an die Menschen, die dort gestrandet waren, und wenn sie dann vielleicht die Augen verdrehen und gen Himmel richten, und dort draußen, vor den geschlossenen Fenstern und dem Seewind zieh'n die Ringelgänse in diesem Corona-Frühjahr mit rauem Schrei nach Norden, und wenn sie dann ein bisschen frösteln, die alten Knaben und Knäbinnen, selber schuld, he he. Es ist nie ungefährlich, sich selber allzu gründlich zu isolieren. Kommen die Keime nicht von außen, dann wühlen sie sich von innen durch den Schmodder und Schutzwall. Und dann kommt das unschöne *Hartpuckern*, Neuton, mein Bester. Das sagt ein alter Seelentröster …

Page Angel

Home Office forever

Home Office forever:
Mir stehen alle Türen offen,
doch ich kann nur hoffen,
dass der nächste Schritt
nicht einen weiteren Tritt
bedeutet.
Denn ich sitze nur im Flur!
Worüber andere sich Sorgen machen,
kann ich nur lachen.
Bei mir klingt der Song:
»all life long«*
Denn schon vor Corona
war ich immer da
an diesem Ort
namens »Home Office«.
Vor der Pandemie,
das glauben viele nie,
schrieb ich wie sie
am Computer, an meinem Tisch.
Doch jetzt ist dieser besetzt
und ich renne gehetzt
durchs Haus –
keiner geht mehr raus!
Die ganze Familie hält sich nicht nur
in allen Räumen auf,
sondern auch in meinem kreativen Leben.
Ich sitze nur im Flur!
Ich möchte entschweben.
Ich suche den Flow,
der klappt nur noch auf Klo!

Von morgens bis abends Geräusche im Dauerton:
»Wann gibt es Essen?«
»Wer kauft ein?«
»Wer kocht?«
»Wer putzt?«
»Wer versorgt die kranken Eltern?«
»Ich habe kein WLan!«
Mir fehlt der Elan
und die Ruhe,
für das, was ich sonst tue!
Ich sitze nur im Flur!
Ich lebe vom Schreiben,
doch Worte, sie bleiben in meinem Stift.
Sitze im Flur an einem Katzentisch,
In unserer Küche ist nun das Geschäft meines Mannes.
In den Kinderzimmern ist die Uni
und das Gymnasium.
Ich sitze nur im Flur!
Geräuschkulisse wabert an mein Ohr
und ich bin der Tor,
der nicht mehr schreibt.
Was mir noch bleibt,
ist der Hausfrauenblues,
'cause you don't walk in my shoes!
Wäsche waschen,
einkaufen,
kochen,
putzen,
reparieren.
Aufräumen!
Soll meinen literarischen Weg säumen?
Kein Geld, keine Gage,
nur die Blamage.
Die freie Kunst verborgen hinter einer Maske
und die hängt nicht vor Nase und Mund,

es hat einen tieferen Grund.
Corona hat mich getroffen,
fühl mich wie besoffen.
Geistiges Eigentum ist nun alle.
Ich sitz in der Falle!
Denn ich sitze nur im Flur!

* »All night long« – Lionel Ritchie

Marianne Beese

Lebensorte

Die Blüten der Disteln

ragten hoch
in diesem Sommer,
der seine Unversehrtheit
vorweisen wollte
in einem Jahr, da alles
an Verwundungen litt …

in jener Landschaft,
in die doch unlängst
der Komet ›Unglück‹
eingeschlagen war;
suchende Radare
noch immer
Splitter orteten;

wir weiter atmeten,
doch es vermieden,
den Atem
des Gegenüber
auf unseren Gesichtern
anlangen zu lassen –

Dass man Lebensorte

nicht mehr erreicht:
den Schweizer Glacier-
Express oder
das Wallis, es zu erwandern,

oder sich
den Seilbahnen
anzuvertrauen;
warum nun
dieser ›Firewall‹ davor –

Oder wären wir auch sonst
nicht gekommen
zu dem »Place
under the Stones«,
den das Lied
heraufbeschwört;

hätten unsere Schritte
nicht gelenkt
in die Höhen,
wo Gipfel in zart-
blauer Aura
leuchten
in der Schweiz?

Paris, das verloren ging

Werden unter dem
»blauen Mantel des Alls«
die Firste der Häuser
des Quartiers Latin
Platz finden,
oder der Torbogen,
vor dem das Mädchen saß,
abends,

als wir die noch tag-
warmen
Asphaltböden

von Paris
unter unseren Sohlen
abrollen fühlten? –

Und zuvor
hatten Breakdancer
den Abend mit sich,
bunt, gefüllt, und junge
Männer auf Skateboards
waren an uns
vorübergeglitten;

Paris war es wert,
in den weiteren Fluss
der Dinge zu tauchen,
ehe dieser
an der ›Corona-
Mauer‹
zerborsten ist –

Jakob Krajewsky

Die Farben der Nacht

Wenn ich in dich hineinschaue, sehe ich sie dann, deine Farben, die Farben der Nacht. Vielleicht erblicke ich sie in deinen Augen. Doch dann sehe ich auch die Dunkelheit, die in dir ist. Oder ich erkenne die Dunkelheit, die in mir ist, die sich in deinen Augen spiegelt. Und es macht traurig. Vielleicht sehe ich Purpur im Himmel schimmern. Die Nacht ist schön wie eine Frau und trägt ein purpurnes Gewand aus Sternenzelten und Mondenschein mit einem Kometenschweif als Schleier. Sternenstaub. Es gibt Nuancen in den Farben der Nacht und es erscheinen uns neonfarbene, grelle Hotspots am Himmel, am Horizont. Die sind blau-weiß, wie das Logo einer Aral-Tankstelle am Rande der Straße des Lebens und so blau-weiß, wie die Landesfarben Israels. Sie sind einem Gebetsschal gleich. Was wäre die Nacht ohne ein schützendes Gebet und den Schal. Könntest du ihre Schönheit sehen, oder würde sie dich vollkommen verschlingen, wie ein großes Untier, hungrig schmatzend?

In den Städten ist die Nacht jetzt wüst und leer. Der Engel des Todes geht umher und es ist bei Strafe verboten, hinauszugehen, die Nacht zu betrachten. Was könnte sie verraten, die Nacht? Sie könnte dich und mich verschlingen, oder den Würgeengel schicken. Doch gleichzeitig ist sie verschwunden, ihre Schönheit, während ich darüber nachdenke.

Ich versuche, es zu durchdringen, das Dunkel dort draußen und in dir und mir. Doch wenn ich unablässig in die Finsternis starre, wird es dann nicht auch finster in mir? Die vielen Toten im Radlauf der Geschichte, die Totgeweihten noch Lebenden, die Gesichte, die Geschichte. Oder durchdringe ich die Schattenwelten und es wird Licht. Wie bei einer Katze werfe ich mein Nachtsichtgerät an und erkenne nun schemenhaft, dann aber werde ich erkennen in vollem Glanz. Wie lange wird es währen, diese Nacht, diese Umnachtung? Werde ich verhaftet werden, wenn ich nach draußen gehe, um sie eigenen Schrittes zu durchmessen. Werde ich ein Teil von ihr, werde ich purpurn sein, oder blau-weiß, oder wer weiß? Was werden wir sein, die wir in unseren Zimmern den glitzernden Welten eines immerwährenden Stroms von Daten, Bildern, Figuren, Warren und Produkten, den Meinungen ausgesetzt sind, die durch uns hindurchfließen zu scheinen? So wird die Nacht zum Tage, mit blauen Gesichtern kichern wir wie Besessene vor den ehernen Geräten einsam ins Nichts. Ein Hauch nur ... und die Tankstelle explodiert vor unseren Augen ... feurige Nacht im hellen Schein ...

Es ist belanglos, welcher Tag und welche Woche, welcher Monat, welches Jahr oder welche Stunde uns ereilt. Wir leben im Vakuum und kennen keine Grenzen mehr. Wir bestellen von zuhause, unser Essen, unsere Kleidung, unsere Tiere und die uns Liebenden. Unser Theater. Unser Drama. Unsere Kunst. Wir sind wie ein schöner Schmetterling, der in einem hässlichen Kokon lebt und sich eingeengt fühlt. Wie ein Nachtfalter, der nicht fliegen darf, wie ein Totenkopffalter, der doch lebt und atmet durch und durch. Doch es ist laut in unserem Kopf, in dem Apparat, dem Altar, vor uns. Und wann hören wir die Symphonien der Stille und wann sehen wir die Farben der Nacht denn wirklich? Endlich und unendlich. Wo bist du, meine Schöne, meine Falterlose im Crescendo des Unüberhörbaren, des Unübersehbaren? Leila ...

Meine Tage fließen dahin wie ein Rausch, wie ein Schmerz, ein Schema nur. Und ich vermag nichts. Ich bin verschlungen und ein Teil deiner Wesenhaftigkeit. Du lässt mich nicht los. Mein Gebet steige auf zu dir wie ein Rauchopfer – ein Hewel, ein Hauch davon, von Sinnen bin ich. Ich kann sie nicht beschreiben, die Farben der Nacht, deine Farbe, deine schöne Wesenhaftigkeit. Wenn ich in dich hineinschaue, sehe ich sie dann? Ich kann nur ungenau erkennen, wer wir sind ...

Dirk-Uwe Becker

Coronara Auszug

Ich weiß, worüber ich nicht schreiben wollte. Corona, die Krise. Schlimmer als das kleine schwedische Mädchen mit dem Unschuldsblick in die Klimakatastrophe, hat Corona die Welt in eine globale Verseuchung verführt. Lockdown. Dachte ich mir, dass es nicht »Luck« down ausgesprochen wird, obwohl das Ergebnis dasselbe zu sein scheint. Die Bürger leben in einer nicht offiziell bestätigten weltweiten Geiselnahme. Die Volkswirtschaften liegen am Boden. Die Regierungen lassen wie wild Geld drucken, – wobei ich mich frage, ob man das schon unter Geldfälscherei zur Anzeige bringen könnte – um den finanziellen Schaden abzuwiegeln. Die Reichen überleben diese Krise, wie immer. Auf den Intensivstationen liegen die Ärmeren, wenn sie Glück haben und nicht ein Millionär das Bett beansprucht. Es wird arm gestorben und reich-lich dummes Zeug geschwätzt, in den Medien, am Stammtisch und unter den Fachleuten. Dabei ist das mit den Viren nicht neu. Sie leben länger auf dieser Erde als die Menschen. Und sie haben schon seit Urzeiten Tod und Verderben gebracht. Was soll daran neu sein? Muss ich es verstehen, um mich prekärer Weitsicht zu beugen? Ansonsten ergeht es allen Allgemeinverfügungen von Staatsseiten so wie meinen ungeschriebenen Romanen, die ihr der Logik bares Leben in der Papiertonne ausgehaucht haben.

Im Bahnhofsgebäude geriet ich unlängst in eine Gruppe Japaner, die auf ihren Zug Richtung Hamburg-Airport warteten. Entweder waren die Grenzen schon wieder geöffnet oder die Japaner waren zu klein für die genormte Höhe eines geschlossenen deutschen Schlagbaumes. Erst hielt ich es für einen jener kreativ gestalteten Nasen-Mundschutze, die einem unterwegs immer wieder begegnen. Aber nein. Das aufgestickte breite Lächeln war echt. Sayonara!, sagte einer von ihnen. Ich fasste mir ein Herz, griff in meine irgendwo im Hinterkopf verschüttete Fremdwortkiste und antworte mit voller Überzeugung: Coronara! Ja, sie hatten verstanden. Genormtes Lächeln. Genormtes Nicken. Ich stand plötzlich im Blitzlichtgewitter. Ein Andenken an die Reise nach Deutschland. *Wir haben nicht verstanden. Aber der Eingeborene hat so freundlich gelächelt.*

Der Regen trommelt wieder an das Fenster. Er imitiert meine Tastenanschläge. Wenn ich das Manuskript fertig bekommen soll, darf ich mich von Äußerlichkeiten nicht ablenken lassen. Ich verstehe kein Japanisch. Das Gartenzwergisch ist gerade dabei, sich mir zu erschließen. Auf die leeren Seiten meiner Vorlage male ich Zwerge mit Schlitzaugen und einem frechen Lächeln. Coronara pinsele ich auf den Sockel eines Zwerges, der am hinterhältigsten grinst. Einen Arbeitstitel habe ich für meinen Text schon: Viraler Effekt einer Übernahme der Weltherrschaft durch kleinwüchsige Lebewesen. Noch befindet sich die Geschichte erst am Anfang, das »V« ist getippt, aber wer mich kennt, weiß, wie schnell sich darum herum ein Netzwerk aus Buchstaben und Satzzeichen entwickeln kann, das nur noch ein verlegerischer Eingriff aufzuhalten imstande sein wird. Aufhalten, aber nicht entsorgen. Zufrieden lehne ich mich zurück und sehe den Regentropfen zu, wie sie mir auf ihrer abwärts geneigten Bahn eine unverständliche Botschaft an das Fenster kritzeln. Ich träume vom Jaguar, der eines Tages unten vor der Tür auf mich wartet.

Das Treppenhaus ist dunkel. Die Stufen knarzen immer noch bei jedem Tritt. Es riecht nach Bohnerwachs, nach alten Fußmatten und dem abgestandenen Küchen-Deodorant, der hohlfenstrigen und von schwergängigen Portaltüren verschlossenen Gründerzeithäusern eigen ist. Das Licht, das durch das Oberfenster nicht einmal die erste Treppenstufe erreicht, verbindet sich mit dem Muster der Wandfliesen zu einer psychedelischen Kaleidos-Kopie. Als ich auf die Straße hinaus trete, bin ich schweißgebadet. Der Mond steht über dem zwölften Haus. Krähen in den kahlen Baumgerippen schreien nach dem Morgenbrot. In der Ferne klingelt eine Straßenbahn. Der Ruf des Muezzins bricht sich in den Häuserschluchten. Das Amen vom Ende beginnt ein neues Kapitel im Heute aufzuschlagen. Ich mache mich auf den Weg.

Geflutete Leere, gefühlte Einsamkeit, blicklose Fenster. Ein Straßenköter hat sich eine FFP2_Mund-Nasenmaske geschnappt. Dabei steht FFP für »filtering face piece« und die »2« für die Schutzart. Der Hund weiß das nicht. Ist ein nettes Spielzeug, das er sich jetzt über die Schnauze stülpt. Vielleicht hofft er, auf diese Weise unerkannt in Supermärkten die Regalbelegung in einem Meter Höhe erschnüffeln zu können. Und sich die essbaren Auslagen einzuverleiben. Dafür muss die Maske natürlich wieder runter. Und natürlich wird ihn dann irgendein freundlicher Mitarbeiter aus dem Laden führen und am eingangsseitigen Hundeparkplatz kasernieren. Mit vollem Bauch wäre das eine akzeptable Option. Jetzt hat das einzige Fahrzeug, das diese Straße in den letzten Stunden befahren hat, ein Streifenwagen, den Köter erwischt Der Hund hatte sich die Maske beim Spielen über die Augen geschoben, worauf er in blinder Panik auf die Fahrbahn gelaufen ist. Ein Polizeibeamter steigt aus und sichert. Der andere Polizeibeamte schaltet das Blaulicht ein und nimmt dem Tier die FF2-Maske ab. Oh – nur einer dieser Straßenköter!, sagt er und schiebt den Kadaver mit den Stiefeln in den Rinnstein. Ich überlege, wie sinnvoll, wie lebenserhaltend, FFP2-Schutzmasken wirklich sind.

Im Bahnhofsgebäude gehe ich gerne am internationalen Buchladen vorbei. Die Pandemie ist inter-national und prangt stets auf den ersten Seiten, dort, wohin ich es in meinem ganzen verfi***** Schriftstellerleben nie schaffen werde. Trost verschafft mir der Gedanke, dass beim Namen Leonardo die meisten Menschen und Tageszeitungsleser an DiCaprio denken und nicht an Da Vinci. Was aber nicht heißt, dass ich mich gerne mit DiCaprio verglichen hätte. Er hat seins und meins ist meins. Die Politik ändert scheinbar im 14-tägigen Zyklus die Melodie ihres Abgesanges an die Nation. So schnell kann sich niemand einen neuen Rhythmus merken. Gesichtsmasken sind zum neuen Outcoming geworden. Es gibt welche mit Katzen- oder Hundeschnauze, mit einem Smiley oder Firmenaufdruck. Die FDP hat gelbe, mit einem schwarzen Lächeln aufgeprägt. Womit wir wieder bei den Japanern oder Chinesen wären. Eher Chinesen. Die haben doch das Virus in die Welt geschleust. Sagen die einen. Die anderen plappern nach, was sie behalten haben, auf dem langen Weg vom Stammtisch bis an den häuslichen Küchentisch. Es scheint fast so, als hätte manche Regierungserklärung auch eben diesen Weg genommen.

Die Chinesen. Wuhan-Terroristen. Unbestätigt, aber facebook-kompatibel. Der Gelbe Fluss ist bereit, über die Ufer und dem Rest der Menschheit auf die Füße zu treten. Nicht nur die FFP2-Masken kommen aus China. Auch Computerteile, Arzneimittel, seltene Erden für die Smartphones, günstige Autos, bis hin zu Klein- und Kleinstteilen, die man im täglichen Bedarf nicht missen möchte. Über allem leuchtet der rote Stern, der die heiligen drei Könige einst nach Jerusalem führte. Wuhan ist das neue Jerusalem. Was dort geboren wurde, wird diese Welt noch nachhaltiger verändern, als wir es jetzt für möglich halten. Chinas Staatsapparat, komprimiert in einer Person, deren Lächeln von Madame Tussaud in reisbleiches Wachs gegossen wurde. Die Kontrolle setzt bei der Geburt ein und endet erst mit dem Tod. Ich kann mir keine Virus-Variante vorstellen, die diesem Machtapparat auf Dauer entkommen könnte.

Ich bin kein Wuhan-Bürger, kein Wut-Bürger, nicht einmal Bürger. Ich bin Mensch. Und das möchte ich auch bleiben. Mein Bleibe-Recht als Mensch auf diesem Planeten ist allerdings ungewiss. Die Politiker, Fantasten und Fanatiker rund um den Globus tun alles, um mir dieses Bleibe-Recht streitig zu machen. Ich schlage bei der Zeitung zuerst immer den hinteren Teil mit den Todesnachrichten auf. Dieser ist bei uns in Europa deutlich kleiner als im Nahen Osten, in China oder Indien. Dort würde ich auch niemanden kennen. Nicht persönlich, meine ich. Von denen in meiner Tageszeitung kenne ich auch fast niemanden. Zum Glück. Denn sonst kämen die Einschläge näher. Sagt mein Vater. Meine Mutter sagt nichts. Sie ist mit der Zubereitung des Mittagessens vollauf beschäftigt. So haben meine Eltern die Gewaltenteilung in der Familie geregelt.

Wie viel Recht steckt noch im Grund-Gesetz oder sind wir beim Verwässern und Verdunsten schon am Grunde angelangt. Im Grunde nicht schlimm, denn es gibt Richter, unabhängig und nur ihrem Gewissen verantwortlich, die Recht sprechen. Die Rechten sprechen auch, aber das ist nicht vergleichbar mit Recht-Sprechung. Wie Ver-Sprecher in der Politik nichts mit Ver-Brecher gemein haben – sollten im Regelfall. Aber was ist die Regel in dieser Gesellschaft, in diesem Land, auf diesem Planeten? Meine Mutter möchte nicht auf »die« Regel angesprochen werden und mein Vater sagt jedes Mal, wenn ich ihn danach frage, es sei ihm egal. R=egal. Ich soll mir den IKEA-Katalog nehmen und würde dort das richtige R=egal-Maß schon finden. Das kann jetzt nicht an Corona liegen, denke ich mir und setze meine Maske auf. Ich will nicht weiter mit meinen Eltern darüber diskutieren!

Inzidenz scheint das Wort des Jahres zu sein! Ich halte viel von Indizes und Indizien. Aber als ich beim Abendbrot »Inzidenz« erwähne, meint mein Vater nur lakonisch, er habe es immer schon gewusst, dass meine Mutter an Demenz leide und Inzidenz sei wahrscheinlich eine Steigerung dieser Krankheit. Sie hätte doch heute Abend schon zum dritten Male vergessen, ihm das Bier auf seinen Platz zu stellen. Was haben die ihr in der Schule nur beigebracht, knurrt er verärgert. Nicht in Richtung meiner Mutter, die wie immer stumm wie ein Fisch bei Tisch sitz, sondern mit Blick auf sein Toastbrot, das sich angeschwärzt und halb bestrichen auf dem Teller langweilt. Wenn das mit der Inzidenz so weitergehe, müsse sie ins Heim. Mit Heim meint mein Vater aber nicht unser Zuhause. Vielleicht kam ihm bei dieser Gelegenheit im Sperrfeuer seiner Synapsen kurz der Gedanke an »Heim ins Reich«. Wir waren noch nie reich gewesen und würden uns auch keinen Heimplatz für meine Mutter leisten können. Ein Heimplatz in Corona-Zeiten ist ein sicherer Sterbeplatz. Sagt mein Vater, aber nicht an diesem Abend. Meine Mutter schweigt. Wie gewöhnlich!

Gestern Morgen hat meine Schreibmaschine, die mir über Jahre akzentfrei diente, ihren letzten Atemzug getan. Auf der Intensivstation des Recyclinghofes habe ich mich von ihr verabschiedet und ein leeres Blatt mit auf die letzte Reise gegeben. Ob sie an Corona verstorben ist, kann ich nicht sagen. Das mechano-zynische Fachpersonal wollte mir keine Auskunft erteilen. Wahrscheinlich fließt sie in die Statistik mit ein. Abends habe ich in meinem Arbeitszimmer still vor dem Fenster gesessen und den Klängen von Nick Mackenzis Liedtext »Juanita« gelauscht. Auf Chinesisch würde es wohl Wuhanita lauten, kam mir so in den Sinn.

Bei E-Type habe ich eine neue ersteigert. Elektrisch und mit Speicherfunktion. Sie kann sogar Chinesisch, wenn ich auf dem Display die entsprechende Auswahl treffe. Den Gedanken, meine Texte auf Chinesisch abzufassen, habe ich schnell wieder fallen gelassen. Die Söhne des Himmels (wo um Himmels Willen sind ihre Töchter?) stehen – handelstechnisch gesehen – zwar schon mit einem Fuß und drei Zehen in unserem Land (… dreizehn Mann auf des Totenmannes Kiste, oho …), aber solange ich deren Schuhe putze, gebe ich mich Deutsch. »Die Schatzinsel« von Robert Louis Stevenson spricht zwar von fünfzehn Mann, aber mir gefallen Jim Knopf, Lukas und die Wilde Dreizehn besser. Die haben nur die Prinzessin aus dem Drachenreich nach Hause gebracht und keinen Virus.

In den Straßenschluchten haben sich Mund-Nasen-Masken häuslich eingerichtet. Das Virus gerät in die Mauser und die Schutzmasken flattern wie abgeworfene Federn zu Boden. Auch wenn man den Erreger mit bloßem Auge nicht sehen kann – durch solche Nachlässigkeiten bekommt die Pandemie ein Gesicht. Frau Holle kann ich auch nicht sehen, aber den Schnee, den sie morgens beim Bettausschütteln über die Erde streut. Es ist aber kein Märchen. Es ist Realität. Böse, hinterhältige Realität! Die neue Speicherschreibmaschine funktioniert hervorragend. Ich habe mir geschworen, keine Texte über Corona oder die Pandemie zu verfassen. Das tun andere, en masse und ungefragt. Ich muss mich diesem Hype nicht anschließen. Es hat so schon genug Aufmerksamkeit auf sich gezogen und die anderen Schreckensbilder, Gräuel und Umweltzerstörungen fast aus den Nachrichtensendungen verdrängt. Da hilft nur eine Radikal-Lösung: Ich suche mir die Kneifzange aus dem Werkzeugkasten heraus und entferne damit das C, O, R, N und A vom Typenrad … *u* k*** *i*hts meh* p*ssie*e*, de*ke i*h mi*! *lles i* **d*u*g.

Charlotte Ueckert

Bei die Fische

Alle schönen Dinge des Lebens konnte Iris nicht endlos tun. Kaffee-trinken mit Freundinnen, Wandern, Biertrinken nach dem Kino mit früheren Kollegen und nicht immer im Bett liegen, zuneigungswarm an den Liebsten geschmiegt, um sich lebendig zu fühlen.

Was soll ich sonst noch machen, fragte sich Iris, seit kurzer Zeit im Ruhestand.

Was blieb Leuten wie Iris übrig? Sie gehen in Seminare für Er-wachsene, Kurse, Studienwochen. Sprachen, Literatur, Kunst. Iris entschied sich für Kunst. Sie fand eine Gruppe, Halbprofis aus der Werbebranche, die sich Künstler nannten, allerdings ein Gehalt oder eine Rente bezogen, also unabhängig waren wie Iris. Bald stellte sie fest, dass ohne diese Leute die kleinen Galerien der Stadt ohne Besucher wären. Vor und hoffentlich nach Corona-Zeiten wieder drängelten sich alle gegenseitig bei den Vernissagen ihrer eigenen Ausstellungen und denen von befreundeten Künstlern. Das wollte Iris nicht oder nur selten. Aber mehr als nur zu warten, ob etwas geschieht.

Aus ihrer neuen Wohnung nahe der Elbe machte sie sich nun mindestens zweimal in der Woche morgens auf den Weg ins *Fische-reihafen-Hamburg*. Eine malende Freundin hatte ihr von einem Atelier erzählt mit einem freigewordenen Arbeitsplatz für Künst-ler oder andersartig kreativ Arbeitende. Da konnte Iris mithalten. Konnte das Angebot das Neue sein, nach dem sie suchte?

Auf dem Weg zur »Arbeit« kehrte sie zu touristischen Höhepunk-ten ihrer Stadt zurück, die sie lange nicht besucht hatte. Hinunter zur Elbe stieg sie, dann wartete sie auf die Fähre, die sie schon von weitem sah, wie sie von Finkenwerder, der Elbinsel auf der anderen Seite, zielstrebig an den Neumühlener Ponton tuckerte. Oder sie be-nutzte die Linie 111, genannt »Sightseeing-Bus« an der Elbchaussee, der vom Anleger Teufelsbrück in die Hafencity fuhr und direkt am

Fischmarkt hielt. Also jedes Mal Hamburg vom Feinsten, auch wenn Iris von den unerschütterlichen Beteuerungen der örtlichen Presse, Hamburg sei die schönste Stadt der Welt, nicht zu beeindrucken war. Dafür kannte sie doch zu viel von der Welt.

Obwohl: Wenn die Fähre auf der glitzernden Elbe den Hafen entlang in Richtung City fuhr, dann war das schon was Tolles. Im Hintergrund die näher kommenden Türme der Kirchen und den Landungsbrücken. Die Oberflächen der Elbphilharmonie begannen von der Ferne aus immer heller zu schimmern.

An der Fischauktionshalle stieg sie aus. Es war Ebbe und das russische U-Boot aus dem 2. Weltkrieg, das dort in der Nähe lag, Lieblingsort der Enkelgeneration, schob seinen geschwärzten Leib hoch gerundet aus dem Wasser, ein drohendes Urviech. Sie bog nach links zum Fischmarktplatz und kramte schon in ihrer Handtasche nach dem Schlüssel zum Atelier. Meist war sie allein dort, manchmal wurde sie überrascht von einem der drei anderen Künstler, der dort arbeitete, mit einem Besuch Kaffee trank oder seine Bilder gerade professionell fotografieren ließ.

Wenn sie an ihrem großen Holztisch saß, schaute sie auf die Yacht eines russischen Oligarchen, die im Dock zur Überholung lag, davor das bewegte Wasserband auf dem die Fähren rauf und runter flitzten. Immer wenn ein Schiff tutete, flogen die Tauben in die Höhe, die sich auf dem restaurierten Barockbrunnen des Platzes und besonders auf der ihn krönenden Minervastatue niedergelassen hatten.

An den Wänden um Iris herum hingen die großformatigen Leinwände der anderen Künstler. Von klassischer Strenge bis zu wilden Klecksen. Iris wollte nur kleine Skizzen machen, schauen und denken.

In ihrem Bekanntenkreis sprach sich rasch herum, dass Iris ein zweites Standbein hatte, wo man sie treffen konnte. Einer der Ersten war Richard, der sie besuchte. Mit einer Flasche Rotwein klopfte er an die verschlossene Tür und winkte. Jeder musste sich ja jetzt selbst versorgen, alle Restaurants in der Nähe hatten wegen Corona geschlossen. Schade, dachte Iris, die gern mit den Besuchern essen gegangen wäre. So blieben nur Kekse. Und Abstand im Raum.

Wie gut es ihr tat, morgens wieder ein Ziel zu haben. Richard, inzwischen im Homeoffice, beneidete sie. Nach dem Frühstück machte sich Iris auf den Weg, stob durch Herbstlaub oder später durch frischen Schnee zur Elbchaussee und wartete bis eine Autolücke sie überqueren ließ. Meist musste sie dabei rennen. Dann stieg sie die Treppen hinunter, achtete auf die Stufen, begegnete selten jemandem und schritt auf die Elbe zu, betrat den Anleger, wo außer ihr nur wenige warteten, die auch beobachteten, wie die Fähre sich schaumspritzend näherte. Iris blickte auf den Elbstrand und das hohe Ufer mit seinen Villen und während die Fähre sich den Stadttürmen näherte, erinnerte sie sich plötzlich an das Gefühl, als sie das erste Mal auf einer Klassenfahrt aus einer kleinen Stadt in Niedersachsen kommend vom anderen Ufer her auf die Stadt geblickt hatte. Damals wusste sie: Bald würde sie dort leben. Dass es das ganze Leben sein sollte, ahnte sie nicht. Als sie so auf der Elbe dahinglitt, war sie wieder eine Schülerin. Vorn das Lockende, Unbekannte. Abenteuer Leben. War sie nun, nach vielen Jahren, in dem wirklichen Hamburg angekommen, dort wo sie immer hingehören wollte? Nah am Wasser.

Manchmal nahm Iris auch auf der Hinfahrt den Bus. Der fuhr erst nach Altona, dann hinunter zur Elbe. Ebenfalls eine der Tourismus-Touren. Blickte über die Elbe in den Köhlbrand und den immer sehr bewunderten Schwung der Brücke, deren Zeit abgelaufen war. Die Fisch-Tiefkühlhallen regten Iris an, sich Schreckensszenarien vorzustellen, Nachwirkungen des Fernseh-Tatorts vom Vorabend. Der Kulturersatz. Anderes fand ja nicht statt. Aber dann glitzerte die Elbe wieder vertrauensheischend und die schöne Fischauktionshalle nahte. Hier stieg Iris aus. Zurück nahm sie fast immer den Bus, seltener die Fähre, fuhr vorbei an den legendären Kneipen, dem alten Hafenbahnhof und später an der Christianskirche mit Klopstocks Grab, dem Kutscherhäuschen im Park an der Elbchaussee, das von der Heinevilla noch original übrig geblieben war. Dann saß sie zu Hause, zufrieden über ihren Ortswechsel.

Sogar mit ihren Ur-Ängsten wurde Iris eines Tages im Atelier konfrontiert. Als sie eintrat, flatterte plötzlich ein Vögelchen aus einer

Ecke, schlug von innen ans große Schaufenster, von dem sich nur eine Klappe öffnen ließ. Panisch, immer wieder. Schon lagen auf den Auslagen kleine Häufchen.

Flatternde Vögel in geschlossenen Räumen! Seit sie ein Kind war und einen verletzten Vogel retten wollte, der nicht mehr fliegen konnte, hatte sie Angst davor. Provisorisch hatte sie den Vogel über Nacht in einen mit Pappe geschützten Papierkorb gelegt, in den Luftlöcher gestanzt waren. Am nächsten Tag wollte sie einen Kundigen um Rat fragen denn ihre Mutter wusste auch nicht was tun. Doch am Morgen war er tot. Fand ein Grab im Gartenbeet des Kindes. Und was war alles später passiert! Tauben, die aus einem südlichen Kamin flatterten, Fledermäuse, die plötzlich ums Licht tanzten und aufdringliche Wellensittiche bei Freunden, die unbedingt auf ihrer Schulter landen wollten. So wie sie früher um Hilfe bittend zu Nachbarn gelaufen war, ging sie jetzt in das Büro nebenan. Eine reizende junge Frau sprang hoch als Retterin, und ließ die Tür sperrangelweit auf. Diese Idee war Iris gar nicht in den Sinn gekommen. Dann war der Vogel plötzlich weg, unsichtbar durch die Tür gehuscht. Zuhause beschrieb sie dem Freund sein Äußeres. Es musste ein Zaunkönig gewesen sein, das winzige stolze Stadtkind. Gespitztes Schnäbelchen, hochgestellter Sterz. Auch diesem Geschöpf blieb der Schrecken nicht erspart.

Versteckte Wesen, die plötzlich sichtbar werden. Uralte Gespensterängste. An dem Tag hatte Iris sich vorgenommen, endlich die luxuriöse Yacht des russischen Oligarchen zu zeichnen, die wochenlang im Dock gegenüber gelegen hatte. Doch heute war sie plötzlich weg, wie das Vögelchen.

Der Weg ins Atelier gestaltete sich jeden Tag anders. Endlich lernte Iris alles Mögliche über das Wetter. Die Elbe machte es einem leicht. Sonne kräuselte das Wasser des Flusses und weißte die Villen am Hang ins Hollywood-Blendende. Die Eiergefäße gegenüber dem Altonaer Balkon – Faultürme der Kläranlage – funkelten. Die Türme der Stadt berührten den Himmel, öffneten ihn mit zartem Ritzen. Fast durchsichtig waren sie, ebenso die wie Leitern hochgestellten Ausleger der Kräne. Der Michel mit seinem durchscheinenden

Säulenrund. Der Nikolaiturm mit hochgezogenen Lichtfenstern und die am Horizont wie eine Glucke hockende Elbphilharmonie, die sich durch ihr in sich flimmerndes Geglitzer abhob.

Am nächsten Tag ging Iris in der flachen Wintersonne aus dem Haus. Unten war der Anlegerponton scheinbar plötzlich verschwunden, die Elbe zu einem Meer ohne gegenüberliegendes Ufer geworden. Aus dem Nebel über dem Wasser näherte sich der Schatten der Fähre. In welche Reiche brachte sie einen? Nicht in die Stadt wie man sie im Gedächtnis hatte. Sondern in ein Gespinst aus Feuchtigkeit.

Es war Herbst, als Iris sich im Atelier einmietete. Es wurde Winter und früh dunkel. Dann kam die Aufforderung der Regierung möglichst zu Hause zu bleiben. Wenn Iris vom Einkaufen nach Hause lief, führte es sie verlassene Straßen entlang. Die Lampen waren funzeliger, als sie es in Erinnerung hatte – oder schien es nur so? Alle Kneipen wegen Corona geschlossen, alle kleinen Läden ebenfalls. Doch in allen Häusern brannte Licht in fast allen Fenstern. Alle waren zu Hause. Auch Iris trieb es schneller zurück, es war kaum Verkehr. Jede Ampel konnte sie ohne Gefahr bei Rot überqueren. Bin ich jetzt alt oder noch das kleine Mädchen, überlegte sie, das in den fünfziger Jahren in genau derselben Stimmung die dunklen Straßen entlang gestapft war. Damals liefen alle noch brav zum Abendbrot nach Hause.

Iris wusste, warum sie jetzt im Winter früh aufstand und abends wenn es dunkel war zu Hause oder bei ihrem Freund blieb. Unternehmen konnte man ja nichts. Es schauderte sie, wenn sie daran dachte, wie oft sie früher erst um 2 Uhr nachts in den Vorort gefahren war, wo sie damals lebte. Immer mit der letzten Bahn. Merkwürdige Begegnungen hatte es genug gegeben. Der einzige Mann, mit dem sie zusammen ausgestiegen war, ging eine andere Straße entlang, stand aber plötzlich an einer Ecke vor ihr. Iris sagte damals einfach fröhlich »Gute Nacht« und lief weiter.

Dann erinnerte sie sich an den Weg durch ein leeres Einkaufszentrum, ebenfalls nachts zurück mit der letzten U-Bahn. Vor einem Geschäft standen mehrere junge Männer. Kurz schoss es Iris durch den Kopf, in eine Seitenstraße einzubiegen. Aber das sah Iris zu furchtsam aus und machte erst recht auf sie aufmerksam. Also lief sie weiter, direkt darauf zu. Die Männer standen vor einem Geschäft mit Elektroartikeln. Glotzten sie an. »Guten Abend«, rief Iris und schritt unbeirrt weiter auf dem Fußweg, den die Männer im Spalier umsäumten. So kam man durchs Leben. Am nächsten Tag redeten die Nachbarn über den Einbruch im Einkaufsviertel und ihr damaliger Mann, der hinter der Einkaufsstraße auf sie gewartet hatte, um sie auf dem letzten Weg am Wald zu begleiten, riet ihr eindringlich, abends nicht zu spät nach Hause zu kommen. Es war jedoch unmöglich das einzuhalten, denn alle interessanten Veranstaltungen oder Treffen endeten selten vor elf, halb zwölf Uhr am Abend. Und die Bahn brauchte eine halbe Stunde.

Jetzt war Corona und nichts fand statt. Der Anleger für die Fähre ließ das Wasser trotzdem juchzen und veranstaltete ein Frage-Antwort-Spiel mit der knarzenden Brücke, über die Iris morgens zum Fischmarkt lief. Ein halbes Schiff lag jetzt im Dock, seine Ladefläche verborgen. Es war Markt, nur ohne Fische, ein paar kümmerliche Buden standen dort. Der berühmte Sonntagsmorgen-Fischmarkt fand seit Monaten nicht mehr statt. Corona-Zeit war Imbiss-Zeit. Bedauernd blickte Iris in die Runde: nur geschlossene Lokale, einige ganz aufgegeben. Im letzten Herbst hatte sie noch dort an der Ecke mit Freunden Wein getrunken.

In einer Großstadt musste niemand kochen. Selbst in Zeiten wie dieser standen ein paar Wagen auf dem Platz, die Essen anboten. Würstchen, Kuchen, Kartoffelpuffer, belegte Brote. Nichts für jeden Tag, aber für plötzlichen Hunger. Schon einige Male hatte Iris bei der Blumenfrau einen Strauß gekauft oder sich bei der Wurstbude in eine Schlange gestellt, alle vorschriftsmäßig mit Masken. Oder für einen Besuch etwas mitgenommen. Alle wollten sie kommen, natürlich nur nacheinander und Iris an ihrem neuen Arbeitsplatz besuchen. Sie ließ den Richard oder die Gitte herein, bot ihnen einen Stuhl an und kochte einen Tee. Dann wurde erzählt, gelacht und über die großen Ölbilder an den Wänden Meinungen ausgetauscht. Es wurde dunkel und die Beleuchtung fiel auf Leute, die vor dem Schaufenster stehen blieben. Fröhlich winkte Iris ihnen zu, hielt aber die Tür geschlossen. Irgendwann wenn die Abstandszeiten sich geändert hätten, würde sie im Atelier eine Party feiern. Mit offener Tür.

Eine Kollegin aus dem Atelier wollte Iris gern zeichnen. Wer würde da nein sagen? Iris setzte sich also geduldig ins Halbprofil und dachte an das Ölbild, das eine andere Bekannte von ihr gemalt hatte. Ihr erstaunlich ähnlich, hing es eine Weile im Flur an der Wand. Später wurde es in eine dezentere Ecke im Schlafzimmer verbannt. Niemand sollte sagen: *Big sister is watching you.* Das Bild hatte die Bekannte damals vor über fünfzehn Jahren nach Fotos gemalt, wollte das dem Bild zugrunde liegende Foto nicht zeigen. Die Kollegin im Atelier fing schon mit der dritten Zeichnung an. »Du bist schwer zu zeichnen«, sagte sie zu Iris. Das konnte kein Kompliment sein. Oder bedeutete es, dass sie Iris nicht »fassen« konnte? Dann wäre es vielleicht ein Kompliment. Von den drei Zeichnungen konnte man in zweien auch nicht den Hauch einer Ähnlichkeit erkennen. Und die dritte fand Iris geschönt. Aber dagegen hatte sie nichts einzuwenden.

Eines Tages im Januar kam Iris ins Atelier und war nicht wie sonst um die Morgenzeit allein dort. Schon hatte ein anderer gelüftet und die Heizung angestellt. Einer der Künstler hängte seine großen Leinwände von den Wänden und war dabei, sie in noppiges Plastik einzuhüllen und zu verschnüren. Er wollte am nächsten Tag nach Süddeutschland fahren, um eine Ausstellung vorzubereiten. Die Einladungskarte drückte er Iris in die Hand. Toll, lobte sie ihn, aber dürfen die jetzt eine Vernissage machen? Der Künstler schüttelte traurig den Kopf. Nur die Mitarbeiter des Ausstellungshauses und ein paar Presseleute würden da sein. Alles andere, wie seit Monaten, nur online. Ich schick dir den Link, wenn ich das Video gemacht habe, sagte er. Iris wusste nicht, was sie sagen sollte. Endlich eine große Ausstellung und nun das. Die Packerei, das Beladen des Autos, die lange Fahrt und nach drei Monaten wieder das Abholen der Bilder, ohne vorher zu wissen, ob jemand überhaupt etwas kauft.

Ständig veränderte sich etwas, nicht nur in den Verlautbarungen der Politiker. Nur die Marktzeiten nicht und ebenso wenig der pünktliche Montagsbus mit dem großen, weit sichtbaren Schild: Duschbus. Ein Zelt war vorgelagert, mehrere Männer warteten mit Abstand. Der Duschbus war mehrfach durch die Presse gegangen, vor allem als eine bekannte Sängerin einen Teil ihres Geldes dafür spendiert hatte, dass Obdachlose Gelegenheit bekamen, sich zu duschen. Inzwischen engagierten sich viele für das Projekt, denn Waschen ist Würde, hieß es.

Iris beobachtete vom Fenster des Ateliers neugierig den Zulauf und stellte sich vor, solche Duschbusse hätte es zu ihrer Studentenzeit gegeben, als sie in Wohnungen lebte, wo es nur ein Klo gab und ein Waschbecken in der Küche, wo sie sich mit eisigem Wasser wusch und einmal in der Woche ins Schwimmbad ging, um dort heiß zu duschen.

Das wäre damals doch was gewesen: Duschbusse an zentralen Plätzen und man wäre als neuer, sauberer Mensch herausgekommen. Desinfiziert gegen jede Unzumutbarkeit.

Hannes Hansen

Daniil Reiz und das fremde Fahrrad

Im Hamburg-Kirchwerder lebt ein Polizist namens Daniil Reiz. Eigentlich heißt er ja Hans-Peter Petersen, aber er will lieber Daniil genannt werden, weil, so behauptet er, in Russland auch ein Daniil lebt, dem genauso seltsame Dinge wie ihm passieren.

Da ist zum Beispiel die Sache mit dem Fahrrad, das sehr schnell und ganz allein durch Kirchwerder fuhr, ohne Fahrer. Daniil Reiz hielt es an und sagte: »Halt. Hier ist eine Baustelle. Höchstgeschwindigkeit zehn Kilometer pro Stunde. Ich muss Ihnen ein Strafmandat geben, zehn Euro.«

»Hier ist doch gar keine Baustelle«, sagte das Fahrrad.

»Aber hier war eine, das Warnschild steht noch, sehen Sie. Und das allein zählt.« Daniil klang energisch.

»Ja, wenn das so ist …«, gab das Fahrrad klein bei.

»So ist das«, sagte Daniil. Er sprach sehr laut. »Was ist nun mit dem Geld? Wollen Sie gleich bezahlen oder überweisen?«

»Ich habe kein Geld und was ist ›überweisen‹?«

»Überweisen ist, also wie soll ich sagen, wenn man sein Geld auf der Bank hat und man es an einen anderen, also überweisen will, Sie verstehen?«

»Nein, tu ich nicht. Und Sie offensichtlich auch nicht.« Das Fahrrad klang ein wenig, nur ganz wenig, schadenfroh.

»Genug geredet jetzt.« Daniil hatte ein rotes Gesicht bekommen, ob aus Ärger, aus Scham oder aus beidem, war nicht klar. »Ein Bankkonto haben Sie vermutlich auch nicht?«

»Nein.«

»Und wo wohnen Sie?«

»Nirgendwo.«

»Unsinn, jeder wohnt irgendwo.«

»Ich nicht.«

»Und wieso nicht?«

»Meine letzte Besitzerin, sie war bereits meine dritte, ist gestorben. Und weil ich schon etwas rostig bin, wollten mich die Erben auf den Schrottplatz bringen. Als ich das hörte, bin ich schnell weggefahren. Das müssen Sie doch verstehen. Würden Sie etwa gern eingeschmolzen?«

»Nein, natürlich nicht.« Daniils Stimme war ganz weich geworden. Er hatte Mitleid mit dem Fahrrad. Aber Pflicht blieb Pflicht und deshalb sagte er: »Also wenn Sie kein Geld und keine Adresse haben, an die ich das Strafmandat schicken kann, dann muss ich Sie verhaften. Nur haben wir da ein Problem. Die Arrestzelle auf der Polizeistation wird nämlich gerade renoviert. Das geht also nicht.« Daniil war ratlos.

Das Fahrrad reagierte sofort: »Könnte ich denn nicht bei Ihnen, ich meine, ich bin zwar etwas rostig, aber immer noch rüstig, verzeihen Sie den kleinen Scherz.«

»Donnerwetter, daran habe ich ja noch gar nicht gedacht«. Daniil zeigte sich überrascht. »Aber warum nicht? Sie könnten jetzt im Sommer bei mir auf dem Hof stehen, gleich neben den Rosenbüschen. Und im Winter hätte ich ein warmes Plätzchen für Sie im Keller.«

»Das wäre mir sehr angenehm«, sagte das Fahrrad. »Aber was ist nun mit dem Strafmandat?«

»Das«, antwortete Daniil, jetzt wieder ganz Herr der Lage, »werfen wir einfach weg. Ich ermahne sie wegen Geschwindigkeitsübertretung, das reicht. Und eine Adresse haben Sie jetzt auch, wenn mal was ist.«

»Vielen Dank für Ihre Güte«, sagte das Fahrrad. »Ich war schon ganz verzweifelt, weil ich nicht wusste, wo ich hinsollte.«

»Na, nun ist ja alles gut. Aber fahren werde ich nicht auf Ihnen. Das würde sich nicht schicken. Sie sind ja, wie ich sehe, ein Damenfahrrad.«

»Ganz recht«, stimmte das Fahrrad Daniil zu. »Ich mochte es übrigens nie, wenn ein Mann auf mir fuhr. Gut, ein kleiner Junge, das war in Ordnung, aber ein erwachsener Mann, das fand ich degoutant.«

»Ich werde«, versprach Daniil, »Sie ganz bestimmt nicht belästigen. Ich habe ja selbst ein Fahrrad, ein männliches natürlich. Ich werde Sie, wenn es Ihnen recht ist, neben es stellen. Sie kommen bestimmt gut miteinander aus und könnten gemeinsame Ausfahrten unternehmen.«

»Das wäre schön«, sagte das Fahrrad hoffnungsfroh, »aber wir werden sehen.«

Und so kam es dann auch, ja, die beiden verliebten sich bei einer Ausfahrt durch die blühende Feldmark der Vierlande ineinander. Doch das ist eine andere Geschichte. Und die geht so:

Daniil Reiz hatte Urlaub. Er beschloss, einen Freund in einem nahegelegenen Stadtviertel zu besuchen und ein paar Tage bei ihm zu verbringen. Sie wollten angeln gehen oder Museen besuchen oder irgendetwas anderes tun.

Er verabschiedete sich von seinen Fahrrädern, dem eigenen und dem zugelaufenen. Die beiden schauten ihm traurig hinterher.

Ohne Daniil würden sie sich langweilen. Keiner würde sie in den nächsten Tagen putzen, keiner ihre Ketten ölen, keiner die Funktionstüchtigkeit ihrer Klingeln und Beleuchtung überprüfen. Vor allem aber würde niemand auf ihnen fahren, denn Daniils Frau, die auf gemeinsamen Touren mit ihrem Mann das Damenfahrrad benutzt hatte, nutzte die Gelegenheit, zu ihrer Schwester, die einen Bauern in einem nur wenige Kilometer entfernten Dorf … aber das ist ja alles viel zu lang, jedenfalls war sie ebenfalls weg. »Ich habe Daniil das ganze Jahr um mich«, sagte sie, »da brauche ich ihn nicht auch noch im Urlaub.«

Bellini und Victoria, so hatte Daniil die beiden Fahrräder genannt, langweilten sich also. Einen Tag, zwei Tage, drei Tage. Schließlich machte Bellini einen Vorschlag:

»Warum fahren wir nicht einfach selbst los? Teufel auch, so kann es nicht weitergehen.«

Victoria, die wie alle Waisen etwas ängstlich war, hatte Bedenken:

»Dürfen wir das denn? Und was ist, wenn uns jemand sieht? Ich meine, zwei Fahrräder ohne Fahrer?«

»Daniil ist nicht da und sonst gibt es hier keinen Polizisten. Und die anderen können uns scheißegal sein. Teufel auch.«

Victoria, die Bellini zwar bewunderte, aber seine manchmal etwas vulgäre Art nicht mochte, errötete, obwohl Daniil ihre Rostflecken sorgfältig entfernt und unter einer neuen Lackschicht das bloßgelegte Metall verborgen hatte. Trotzdem sagte sie jetzt:

»Ja wenn du meinst …«

Und so machten sie sich auf den Weg. Sie fuhren auf schmalen Feldwegen durch blühende Rapsfelder, überquerten munter murmelnde Bäche auf wackligen Brücken, lauschten jubilierenden Lerchen am hohen, wolkenlosen Himmel und ließen sich schließlich am Rand eines Wäldchens nieder, in dessen Bäumen Vögel der verschiedensten Arten mit hellen Stimmen die Schöpfung priesen. Kurz, sie taten all das, was das Gesetz für anmutig Landschaftsschilderungen vorschreibt.

»Was für ein Kitsch«, sagte Bellini.

»Aber schön«, entgegnete Victoria, die zarter besaitet war als der rustikale Bellini.

»Hast du schon einmal Sex gehabt?«, fragte der jetzt.

»Nein«, sagte Victoria. »Ich weiß gar nicht, wie das geht. Es soll aber Spaß machen, habe ich gehört.«

»Ja, das habe ich auch gehört. Vor allem, wenn man sich liebt.«

»Liebst du mich denn?«, fragte Victoria bange. Sie war wieder rot geworden.

»Ich glaube schon«. Bellini gab sich kurz angebunden.

»Und weißt du, wie man Sex macht?«

Bellini musste zugeben, dass er es auch nicht wusste. Deshalb sagte er:

»Sex oder nicht Sex, das ist doch scheißegal. Hauptsache, wir lieben uns. Lass uns nach Hause fahren.«

Zuhause angekommen, waren sie sich einig, dass sie einen schönen Tag miteinander verbracht hatten. Auch ohne Sex, Teufel auch.

Daniil Reiz war immer noch im Urlaub und seine Frau auch. Manchmal schrieb Daniil eine Ansichtskarte, aber da Victoria und

Bellini nicht lesen konnten, blieb sie unbeantwortet. Fahrräder können ja auch nicht schreiben.

Wieder war ein schöner Sonnentag gekommen und Victoria und Bellini beschlossen abermals, einen Ausflug zu den blühenden Rapsfeldern der Umgebung zu unternehmen. So fuhren sie, ein lustiges Liedchen klingelnd, durch die helle Frühlingslandschaft. Wie immer tat die Sonne, was sie am besten tat, sie strahlte vom wolkenlosen Himmel.

Die Sache mit dem Sex machen ging ihnen aber nicht aus dem Sinn. Da Victoria und Bellini aus Andeutungen Daniils und seiner Frau gehört hatten, dass Sex im Freien am meisten Spaß machte und dass man das am besten im Verborgenen tat, um der Neugierde fremder Leute zu entkommen, fuhren sie vorsichtig in ein Rapsfeld hinein, bis sie an eine freie Schneise kamen.

Sie hatten den Andeutungen entnommen, dass man sich zum Sex machen hinlegen und dass die Frau, also Victoria, unten, der Mann aber, Bellini, oben liegen musste. Victoria ließ sich vorsichtig nieder und Bellini legte sich, ebenfalls vorsichtig, auf sie. »Was jetzt?« fragte Victoria. »Lass mich mal überlegen«, sagte Bellini. Seine Stimme klang forsch, aber er wusste auch nicht weiter.

Bellini brauchte nicht lange zu überlegen, denn jetzt kam ein Trecker des Wegs, dessen Fahrer eine dichte Corona-Schutzmaske aufgesetzt hatte. Als der Trecker über eine buckelige Stelle im Boden fuhr, verrutschte die Maske und behinderte die Sicht des Fahrers. Er fuhr über Bellini und Victoria und da waren sie beide tot. Der Fahrer stieg von seinem Trecker ab, sagte »Teufel auch« und warf die bis zur Unkenntlichkeit verknäulten Victoria und Bellini auf seinen Anhänger. Dann fuhr er zu Daniil Reiz und lud die beiden vor seinem Haus ab.

Als Daniil am nächsten Tag von seinem Urlaub zurückkam und in dem Knäuel vor seinem Haus die Toten Victoria und Bellini entdeckte, fing er an zu weinen. Dann aber fasste er erst sich und dann einen Plan. Ganz in seiner Nähe wohnte ein bekannter Metallbildhauer namens Benjamin Neunfels. Benjamin Neunfels war Daniil

Reiz zu Dank verpflichtet, weil der bei Geschwindigkeitsübertretungen, abgelaufenem TÜV und anderen Verstößen schon einmal ein Auge zugedrückt hatte. Daniil ging zu Benjamin und bat ihn, sich die Toten anzuschauen.

»Was meinst du? Kann man etwas daraus machen?«

Benjamin überlegte eine Weile, dann sagte er:

»Man nicht. Aber ich.«

»Was denn?«

»Lass mich mal machen, mir fällt schon etwas ein«, war Benjamin Neunfels' kurze Antwort.

Die beiden trugen das Fahrradknäuel in Benjamins Werkstatt und dieser machte sich an die Arbeit. Er entwirrte vorsichtig das Knäuel, wand die beiden Gestelle umeinander und richtete sie so auf, dass die beiden Vorderräder sich zu küssen und die jeweiligen Pedale im Liebesakt vereint zu sein schienen. Er bog hier noch ein bisschen, hämmerte, schraubte und schweißte dort ein wenig, bis er mit seinem Werk zufrieden war. Dann legte er die Skulptur auf eine Schubkarre und fuhr sie in Daniils Garten hinter dem Haus. Dort wuchteten sie sie auf einen kleinen Granitbrocken, den Daniil auf Benjamins Geheiß mit viel Mühen vom Timmendorfer Strand geholt hatte und befestigte sie mit einem Alleskleber.

Beide traten zurück und Benjamin fragte:

»Na, was sagst du?«

»Wunderbar«, sagte Daniil und fing wieder an zu weinen.

Schon bald wuchsen ein Dornbusch und eine Rose aus der Erde um die Skulptur, die Daniils Frau, die einer lokalen Folkloreband Gitarre spielte und sang, »Barbara und William« getauft hatte. Im Laufe der Jahre wuchsen sie immer mehr in die Höhe, bis sie die Skulptur umwucherten.

»Barbara und William« wurden weithin berühmt und schon bald kamen Menschen, um sich das Wunderwerk anzuschauen. Daniil Reiz hätte Eintritt nehmen können, aber das tat er nicht. Benjamin Neufels bekam mehr Aufträge für Grabskulpturen als je zuvor und wurde ein reicher Mann.

Anna Malou

Sehnsucht nach Normalität

Sehnsucht

nach Normalität,
nach Sonne und Strand,
nach fröhlichem Miteinander
ohne Zwang, ohne Vorsicht, ohne Angst,
nach einem Entfliehen aus der Realität
mit dem Schiff, mit dem Flugzeug,
seltener zu Fuß oder mit dem Rad,
Wohnwagen oder Zelt, das alles geht besser
als ein feudales Hotel.
Urlaub in Deutschland –
auf einmal bevorzugt, wenn auch teurer,
als die Zuflucht in die warmen Länder.
Und doch, immer reist sie mit,
die Angst,
bei der man versucht, sie mit Masken zu verscheuchen.
Wenn doch das Ende
bereits zu sehen wäre!
Das Leben ist unsicher geworden
und es bleibt
voller Überraschungen.

Margret Silvester

Zu guter Letzt

Kahl liegt das Draußen, Grün hat sich davongemacht,
backstage singt Johannes von »guten Tagen« in mein Ohr
auf 90,3. In diesem Jahr – machen wir uns gar nichts vor –
gab es derer nicht so viele und gleichviel manche Nacht

sind wir mit Schrecken aus dem Schlaf erwacht;
es drang in unsere Träume nicht nur der Chor
aus Optimisten. Eine Vielzahl trug den Trauerflor
aus Angst und auch Verlust. Fast schien eine Übermacht

zu greifen, die – Demagogen folgend – voller Sorgen
des gesunden Menschenverstands wohl verlustig gingen.
Schien es. Doch die Zahl blieb klein, zu unserem Glück.

Nun kehrt in einer neuen Zeit vielleicht für uns zurück,
was wir verloren glaubten. Wir werden wieder singen
wie im Garten meine Amsel am kalten Altjahrsmorgen.

Erinnerung an Li Wenliang

(rbe) Der Arzt Li Wengliang aus Wuhan hatte als Erster auf die neuartige Krankheit hingewiesen. Er wurde von den Behörden mit einem Maulkorb versehen. Kurz darauf starb er mit 34 Jahren an Corona.

1985 besuchte der Dichter Allan Ginsberg die VR China. Ein Gedicht, das er von dieser Reise mitbrachte, wurde von der Nachrichtenagentur UPI veröffentlicht und von der dpa in Deutschland verbreitet. Darin heißt es unter dem Titel: »China Bronchitis«:

Ich setzt' mich auf im Bett, erwog, was ich erfuhr,
als ich krank war, den Monat lang:
...
Männer in
tiefblauer Kluft geben freundliche Berichte
an den Verband, aus Tratsch gebaut und über dein Liebesleben.
Viele dachten seit der Zeit Qin Shi Huangs
»Wir sind nur kleine Nummern, wir zählen nicht.«

Petrarca: Kein Hafen

(rbe) Das Decamerone Boccaccios beginnt im Dominikanerkonvent von Santa Maria Novella in Florenz. Dort starben von 130 Insassen 80 Fratres an der Pest. Fra Paolo Bilenchi schrieb ins Totenbuch: »Möge der Nachwelt dieses Ereignis nicht wie eine Sage aus dem Volk erscheinen.«

Petrarca schrieb nach dem Pestzug von 1348 ein Gedicht.

Wehe mir, was muss ich erdulden?
Welch heftige Qual steht
Durch das Schicksal mir bevor?
Ich seh' eine Zeit, wo die Welt
Sich rasend ihrem Ende nähert,
um mich herum in Scharen
Jung und Alt dahinsterben.
Kein sicherer Ort bleibt mehr,
kein Hafen tut sich auf der ganzen Welt mir auf.
Es gibt, wie es scheint, keine Hoffnung
auf die ersehnte Rettung.
Unzählige Leichenzüge seh' ich nur,
wohin ich angstvoll die Augen wende,
und sie verwirren meinen Blick.
Die Kirchen hallen vom Klagen wider
Und sind gefüllt mit Bahren.
Ehrlos liegen die Vornehmen
tot neben dem gemeinen Volk.

Margret Silvester

Literarisch traumhaft: ein Nachwort

Schön, dass wir uns hier treffen. Wurde Zeit. So vieles ist gerade gar nicht möglich, aber ein Austausch mit Spaziergang oder ein Spaziergang mit Austausch – wer weiß, was überwiegen wird.

Reimer geht gleich in die Vollen. Er deutet auf das zerstoppelte spärliche Gras der Wiese im Park. »Du willst uns doch nicht wirklich weismachen, dass dies eine *Wiese* ist?«, sagt er und meint mich.

»Möchte ich schon«, setze ich dagegen, »guck doch mal: Von hier bis dort ist alles grün. Zugegebenermaßen ein wenig lückenhaft. Aber das ist der Jahreszeit geschuldet. Eine Wiese bleibt es dennoch.«

Auch Hartmut ist skeptisch, aber er wirft ein, dass Wiesen durchaus unterschiedliche Charaktere haben können. Er sei viel herumgekommen und deshalb weiß er vielerlei. Notwendig auch der Einwand von Vera, die aufzählt, welche Arten von Wiesen sie schon in ihrem Leben gesehen hat. Auch sie sei schon weitgereist. Das entscheidet.

Aber Reimer ist weiter unzufrieden. »Und dann bringst du auch noch die Artisten auf diese Wiese. Wo ist hier auch nur ein einziger zu sehen?«

»Und was ist das?« Ich triumphiere ein wenig. »Schau – da kommt einer.« Die Wiese herauf – ein wenig hügelig ist es hier im Park – kommt ein junger Mann in Till-Eulenspiegel-Kleidung, der mit mindestens fünf Bällen jongliert.

»Ja, der.« Reimer kennt sich aus. »Das ist kein Artist, das ist ein Jongleur.«

Ich bin verwirrt. »Reimer, ein Jongleur ist auch ein Artist.«

»Nee, meine Liebe«, sagt er, »du musst dich schon entscheiden. Entweder oder.«

Im Souterrain des Parks – ja, staunt nur, der Park verfügt über ein Souterrain – steht ein Bett, in dem bis an die Nase zugedeckt eine ergraute Frau liegt. Ein Mensch von Kopf bis Fuß maskiert beugt sich über sie und spricht mit ihr.

Hartmut meint, dass es jetzt albern wird. Park mit Souterrain. Das kann sich ja nur jemand ausdenken, der sich in einer REM-Phase befindet.

»Und du?«, entgegne ich. »Wusste gar nicht, dass du Anhänger des deutschen Schlagers bist.«

Wir hören dünn und undeutlich jemanden das Lied »Fiesta Mexicana« trällern. Hartmut ist am Boden zerknirscht. »Ausgerechnet die einzige Platte, die ich aus der Zeit noch habe. Meine Mutter hat sie sehr gemocht.«

Vera überlegt. »Erlaubt ist doch alles in einer Geschichte, die einem Traum entspringt«, meint sie und erntet damit Zustimmung von uns allen.

Aber ich bin skeptisch. Nicht was das Souterrain betrifft, aber die Menschen, die sich dort aufhalten.

»Mir geht vielmehr die Frage durch den Kopf, wo die den Zugangs-Code herhaben?«, frage ich in die Runde.

»Vielleicht haben sie ihre Pässe wieder?« Vera möchte eine vernünftige Erklärung finden. Wir verlassen den Bereich des mehrgeschossigen Parks.

Der Jongleur ist im Nebel des Schlafes verschwunden und hat einem Kranich Platz gemacht, der unter einer Eiche steht. Ein Solitär auf der zerpflückten Wiese. Und das Hellgrau des Gefieders zeichnet sich fast romantisch gegen die dunkle Borke ab, die den Stamm hoch bis zu den kandelaberartigen Ästen so richtig schön knorrig daher kommt.

»Das ist eine Stieleiche«, sagt Vera.

»Kann nicht sein.« Reimer mit seinen Widersprüchen. Aber er erklärt, dass eine Stieleiche keine Kandelaberäste haben kann. Sie hat einen anderen Wuchs. »Wenn du schon etwas zu Papier bringst, muss das auch alles seine Richtigkeit haben.«

Hartmut zeigt auf den Kranich, der gerade dabei ist, am Stamm der Stieleiche oder Nicht-Eiche hochzuklettern. Ganz entgegen seinem Naturell.

»Und was sagst du dazu?«, fragt er Reimer. »Das dürfte dann auch nicht möglich sein.«

»Aber ja, natürlich ist das möglich. Bewegliche Figuren in einem Traum können das. Denk mal drüber nach.«

Die Stimmung ist nicht die beste, was auch daran liegt, dass es irgendwie frisch geworden ist. Wir haben beschlossen, einen heißen Kaffee zu trinken und – welch Wunder! – meine Mutter (ja, nicht nur Hartmut bringt seine Mutter mit ein), die längst in anderen Gefilden weilt – steht an einer der wenigen Parkbänke mit Thermoskanne und Bechern.

Nur weil sie keine Milch dabei hat, bin ich aufgewacht. Ich schwöre es. Nur deshalb.

Die Autoren und Autorinnen

ACHIM AMME *(Foto: Rosa Frank)*, geb. 1949 in Celle, lebt in Hamburg. Studium der Theaterwissenschaft, Philosophie und Germanistik. Zeugnis der Bühnenreife an der Max-Reinhardt-Schule, Berlin. Theaterschauspieler (u. a. für George Tabori). TV+Filmschauspieler (u. a. Tatort, Großstadtrevier, Beate Uhse). Freier Autor (für die Süddeutsche Zeitung 1997–2001; Bücher zuletzt: »Der Amme. Poet«, Pop Verlag, Ludwigsburg 2020). Freier Lektor (fürs ZDF 1995–2008) Musiker (zuletzt: CD+LP »AMMERICA«, 2018/19) Diverse Auszeichnungen (u. a. Ringelnatz-Preisträger). www.achim-amme.de

DIRK-UWE BECKER *(Foto: Bodo Kremmin)*, geb. 1954, Dipl.-Ing., seit 1970 künstlerisch und literarisch kreativ. Herausgabe von 6 Lyrikbänden, sowie Texte (Lyrik/Prosa) in diversen Anthologien und Literaturzeitschriften im In- und Ausland, von denen einige ins Englische und Polnische übersetzt worden sind. Mitglied u. a. im PEN Deutschland und im PEN Trieste, im Verband deutscher Schriftsteller (VS). www.textfabrique51.de

MARIANNE BEESE, geb. 1953 in Stralsund; lebt heute in Rostock. Diplomlehrerstudium (Germanistik/Geschichte) an der Leipziger Universität; 1982 Promotion über die späte Lyrik Hölderlins. Tätigkeit als Autorin und Lektorin sowie wissenschaftliche Mitarbeiterin in Projekten. Verfasste Dichterbiographien, u. a. über Georg Büchner und Novalis;

acht Lyrikbände (zuletzt »Unter dem blauen Mantel des Alls«, All-stedt 2020), zwei Essaysammlungen sowie zwei familiengeschicht-liche Monographien.

FERDINAND BLUME-WERRY, geb. 1956, Stu-dium der Indologie und Philosophie in Mainz und Hamburg, lebt seit 1978 in Hamburg. Schwerpunkt seiner schriftstellerischen Arbei-ten sind Gedichte und Essays, in denen er, bei unterschiedlichen Ansätzen, stets das Medium der Sprache mitreflektiert. 2017 erschienen »Poetologische Thesen«, 2021 erscheinen poetologische Gedichte unter dem Titel »Der Dinge Stimmen«. Für seinen Text »Offener Brief« erhielt der Künstler 1995 den Nikolaus-Lenau-Preis für Lyrik.

JÖRGEN BRACKER *(Foto: Olaf Mattes)* promovierte 1965 in Münster/Westfalen und war von 1965 bis 1976 wissenschaftlicher Mitarbeiter des Römisch-Germanischen Museums/Köln. Von 1976 bis Ende 2001 war er als Direktor und Professor am Museum für Hamburgische Ge-schichte tätig. Die Neugestaltung der Schau-sammlungen und die Sonderausstellungen zur Geschichte Hamburgs vom 9. bis zum 20. Jahrhundert bestimmten sein dortiges Wirken.

EMINA ČABARAVDIĆ-KAMBER, geb. in Kakanj, Bosnien-Herzegowina, lebt seit 1968 in Hamburg. Sie ist Freie Autorin, Malerin und VHS-Dozentin für Exil-literatur und Kunst und seit 23 Jahren Dozentin in Hamburg, Lübeck, Münster und Bosnien. Sie ist Vorstandsmitglied des VS, Verband deutscher Schriftsteller und Schriftstellerinnen in Hamburg, Mitglied im deutschen P.E.N. und im PEN-Zentrum Deutschsprachiger Autoren im Ausland sowie in der »Auswärtigen Presse« in Hamburg.

Emina Čabaravdić-Kamber gründete im Jahr 1988 den Internationalen Literaturclub »La Bohemina«. Sie erhielt mehrere Literaturpreise und wurde 1996 für ihre literarische Arbeit zum Thema Frieden und zur Beendigung des Krieges in Bosnien und Herzegowina mit der Verdienstmedaille des Verdienstordens der Bundesrepublik Deutschland geehrt.

WOLF-ULRICH CROPP ist seit 1997 als reisender Schriftsteller unterwegs. Bisher flossen 26 Bücher und viele Kurzgeschichten – auch unter Pseudonym – aus seiner Feder. Darunter »Alaska-Fieber« (Bestseller bei Piper/Malik). »Goldrausch in der Karibik« (Buch des Jahres 2000, DIE WELT-Leserliste, bei Delius Klasing) oder »Im Schatten des Löwen« (bei DuMont). Er erhielt Literaturpreise, ist stv. Vorstandsvorsitzender der Hamburger Autorenvereinigung, Mitglied des VS und Jurymitglied von namhaften Literaturwettbewerben. Weiteres unter wikipedia.

REIMER BOY EILERS *(Foto: G. Harjes)*, geb. 1948, verlebte seine Kindheit auf den Hummerklippen, mit einem Onkel als Haifischer und einem Großvater als Leuchtturmwärter. Auf dem Festland promovierte er in den Wirtschaftswissenschaften. Seine Schwerpunkte sind Reiseliteratur, Lyrik (auch in Verbin-

dung mit beschrifteten Objekten) und der Roman. Er ist Mitglied im deutschen PEN-Zentrum und im Syndikat – Verein der Kriminalautoren und im Rat für deutsche Rechtschreibung. Mehr Infos: Wikipedia.

MAHMOOD FALAKI *(Foto: Hami Abbaspur)* wurde in Ramsar im Norden Persiens am Kaspischen Meer geboren. Studium der Chemie und Bibliothekswissenschaft im Iran. Studium der Germanistik und Iranistik an der Universität Hamburg. Er wurde über »Goethe-Hafis« zum Doktor phil. promoviert. Er arbeite als Dozent für persische Sprache und Literatur. Während der Schah-Zeit wurde er wegen seiner politisch-literarischen Aktivitäten zu drei Jahren Haft verurteilt. Nach der Übernahme der Herrschaft durch die Mullahs musste er das Land verlassen. 1983 kam er nach Deutschland und lebt seit 1986 in Hamburg.

Sein literarisches Werk beinhaltet Lyrik, Erzählungen, Romane sowie literaturwissenschaftliche Arbeiten. Einige von Falakis Gedichten sind in fünf Sprachen übersetzt. Auf Einladung verschiedener Institutionen hat er Lesungen und Vorträge in vielen europäischen Ländern sowie in den USA, Kanada und Australien gehalten.

LUTZ FLÖRKE *(Foto: Bernd Hellwage)* studierte deutsche Literaturwissenschaft und promovierte zum Dr. phil. Seitdem arbeitet er als Schriftsteller, Literaturperformer und Dozent überall, wo er mit seinen Vorstellungen von Literatur Geld verdienen kann. Er lebt in Hamburg und erhielt Förderpreise der Hansestadt und des Landes Niedersachsen. Seine Essays, Erzählungen und Romane schreibt er für Menschen, die ebenso offen sind für Populär- wie für Hochkultur, aber beiden misstrauen. Sein Lieblingspublikum hat Lust am Denken und Spaß am literarischen Spiel mit Figuren, Perspektiven, Sprache.

Seit 1996 betreibt er mit Vera Rosenbusch die »Hamburger Literatur Reisen«, eine Mini-Firma für Literarische Spaziergänge und Leseperformances mit eigenen und fremden Texten. Ihr kollektiv geschriebenes Theaterstück »Traumwohnung« wurde 2017 im monsun.theater Hamburg uraufgeführt. Die gemeinsamen Podcasts findet man bei youtube und auf soundcloud. Live erleben kann man ihn in verschiedenen Kulturhäusern, auf dem Friedhof Ohlsdorf – und im Internet. Neues Buch: Nebelmeer # 7, Roman, Verlag duotincta.

http://www.hamburgerliteraturreisen.de/

https://www.youtube.com/channel/UCoZmmrhraCXwQFxdihN-PRDA/videos

HANNES HANSEN lebt in Kiel. Er war Lehrer in Deutschland und England, Universitätsdozent in Wales und Irland und Freier Journalist für verschiedene Zeitungen und Rundfunksender. Buchveröffentlichungen (Auswahl): »Vorschlag das Marine-Ehrenmal zu Laboe von dem amerikanischen Künstler Christo einpacken zu lassen«, Streitschrift, Neuer Malik Verlag, 1986. »Die Rilketerroristen«, Roman,  Fabylon Verlag, 1995. »101 Gründe nicht zu lesen«, Satire, Rake Verlag, 2001. »Auf der Suche nach Schleswig-Holstein – Der westliche Teil des Landes«, Reisefeuilletons, Verlag Ludwig, 2010. »Auf der Suche nach Frankreich – Eine Liebeserklärung«, Reisefeuilletons, Verlag Ludwig, 2011. »Jenes schwere satte Gelb«, Roman, Edition Grabener, 2019. »Rund um Rum«, Sachbuch, Edition Grabener, 2020. 1999 erschien im Nonnom Verlag »Poesías«, die deutsche Übersetzung eines Gedichtbandes der nicaraguanischen Poetin Claribel Alegría. In den siebziger und achtziger Jahren zahlreiche Dramenübersetzungen für den Rowohlt Verlag.

SIBYLLE HOFFMANN studierte Soziologie und Philosophie und war Hochschuldozentin. Sie arbeitete als Autorin für den öffentlich-rechtlichen Hörfunk und für andere Medien, hat Reiseführer publiziert und Kinderbücher

auf Deutsch und Englisch. Ihre Gedichte sind in verschiedenen Anthologien veröffentlicht. In Lesungen tritt sie als Lyrikerin, Autorin oder Sprecherin auf. Sie lebt in Hamburg.

HARTMUT HÖHNE. Nach häufigem Wohnortwechsel seit Jahrzehnten in Hamburg heimisch. Diplom-Soziologe, Erzieher, Non-Profit-Manager. Tätigkeiten in diversen Branchen wie Offene Kinder- u. Jugendarbeit, Gesundheitswesen, Umfrageinstituten und im gewerblichen Bereich (Brauerei, Hafen u. ä.). Ich schreibe Romane, Erzählungen und Kurzprosa. Gerne Geschichten, die in der Gegenwart handeln, die aber auf starke Ereignisse in der Vergangenheit zurückgreifen, die bis heute wirkungsmächtig sind. Veröffentlichung eines Kriminalromans (»FINALE FANALE«), drei E-Books, darunter die »Kleistnovelle« und den satirischen Kurzroman »Feindliche Sektoren« sowie eine ganze Reihe von Anthologiebeiträgen. Ein zeitgeschichtlicher Hamburg-Krimi folgt Anfang 2022.

ESTHER ILANIT MARISA KAUFMANN machte 2008 ihren B. A. Abschluss in Medien- und Kommunikationswissenschaften und Germanistik an der Universität Hamburg. Seitdem lebt sie in Hamburg als freie Autorin. Sie nahm an vielen renommierten Schreibwerkstätten wie der Akademie für Kindermedien und dem Autorencamp der Wendland Shorts teil. Neben Drehbüchern schreibt sie auch Hörbücher, Theaterstücke und Kurzprosa.

Ein Schwerpunkt liegt dabei auf dem Bereich Animation, in dem sie auch international an Serienentwicklungen mitarbeitet.

Weiterhin ist sie als Dramaturgin tätig und betreut am Theater Stückentwicklungen wie das Wilhelmsburger Wintermärchen theaterpädagogisch sowie als Projektleiterin. Ihre Arbeiten wurden mehrfach ausgezeichnet (u. a. beim Germanys Next Animation Talent Award und mit dem Hamburger Kindertheaterpreis), liefen auf Festivals und haben Kultur- und Filmförderung erhalten. Als Medienpädagogin verantwortete sie von 2017 bis 2020 die Jugend-Videoplattform Bettermakers für die Hamburger Initiative für Menschenrechte mit dem Filmwettbewerb »Film uns deine Meinung« und schreibt Filmkritiken für die Kinderfilmwelt des KJF.

Jakob Krajewsky, geb. 1963 in HH-Barmbek, juden-christliche Familie. Kaufmännische Ausbildung, Studium der Anglistik, Amerikanistik, Judaistik in Heidelberg, Berlin, Boston/USA. Begegnungen mit Philip Roth, Saul Bellow, Ruth Klüger und Rebecca Goldstein inspirierten zu eigenen Texten. Freier wissenschaftlicher Mitarbeiter für Institute/Stiftungen; Journalist und Übersetzer. Hauptstadtrestaurantführer 1999 Heyne Verlag, Veröffentlichungen bei DuMont J. B. Metzler und SWR unter bürgerlichem Namen. Reisen: Tschechien, Polen, Karibik, Äthiopien, Israel, Wales, GB, Schweden. Bearbeitung eines deutsch-jüdischen Lexikons, Essays, TV-Recherche. Erwachsenenbildung in Berlin/Hamburg. Mitglied im VS Hamburg. Tumorerkrankung 2006, ab 2010 Initiieren, Fundraising und Beratung bei Kinderfilm »Chika – die Hündin aus dem Ghetto« nach literarischer Vorlage von Batsheva Dagan für Filmproduktion trikk 17. Arbeit an Familiensaga. Veröffentlichung: Kurzgeschichten/Lyrik.

Ulja Krautwald *(Foto: Christian Kaiser)* ist in Hamburg-Altona in eine Handwerkerfamilie hinein geboren. Der Vater war selbständiger Malermeister und die Mutter führte die Buchhaltung fürs Malereigeschäft. Sie hat Soziologie studiert und abgeschlossen, und so ist ihr ungläubiger Blick auf alles Wissenschaftliche und auf das, was gerade angesagt ist, vielleicht entstanden.

Ihr bekanntestes Buch ist »Der Weg der Kaiserin«, das genau zur Jahrtausendwende erschien. Es folgen: »Der Tanz des Schamanen«, »Die Geheimnisse der Kaiserin«, »Die Elixiere der Kaiserin«. Weiterhin »Karten der Kaiserin« und die Kinderbilderbücher: »Der Werkdachs und seine Freunde« und »Der Werkdachs und das Holzlager vom Biber«. Als echte Altonaerin findet sie gerne Treibholz und rostige Eisenstücke an der Elbe, am liebsten nach einem Sturm bei absolutem Niedrigwasser.

HANS KRECH, geb. 1956 in Halle/S. in der ehemaligen DDR, Mitglied im Zirkel Schreibende Arbeiter »Volkspark«, 1984–1989 Kampf in der Bürgerrechtsbewegung, Verfasser des einzigen literarischen Aufstandsaufrufes in der Geschichte der DDR-Bürgerrechtsbewegung, 1984–86 Überwachung durch das MfS im Rahmen der OPK »Publizist« mit etwa zehn Informellen Mitarbeitern (IM). Der Aufstandsaufruf und der Mut der Bürger Halles beim Sturz des SED-Regimes wurden 2014 zum 25. Jahrestag des Falles der Mauer mit einer Gedenkmünze des Bundesministeriums der Finanzen geehrt. Originalkopien des Aufstandsaufrufes sind heute Teil der Dauerausstellung »Wege zur deutschen Einheit« in der Begegnungsstätte »Deutsche Einheit« in Halle-Reideburg. Seit dem Februar 1990 lebt Hans Krech in Hamburg und hat im Hamburger VS und der Hamburger Autorenvereinigung HAV eine neue literarische Heimat gefunden. In den letzten Jahren trat er in Hamburg und Umgebung bei mehr als 240 Poetry Slams und Lesungen auf. www.Hans-Krech.de

VIOLA KÜHN, geb. 1954 in Seebad Ahlbeck auf der Insel Usedom, wohnhaft in Holldorf/OT Rowa bei Neubrandenburg. Ausbildung an der TU Dresden zum Dipl.-Ing., postgraduale Ausbildung am Sozio-

logischen Institut der Humboldt-Universität, Ausbildung für den gehobenen öffentlichen Dienst an der Fachhochschule für öffentliche Verwaltung, Polizei und Rechtspflege in Güstrow. Bis 1984 Arbeit im Ingenieurberuf, danach Mitarbeit am Neubrandenburger Puppentheater, dann BISOG Neubrandenburg, seit 1990 Tätigkeit im Jugendbereich des Landesamtes von Mecklenburg-Vorpommern. Ausbildung im kreativen Schreiben und Journalismus am Institut für Lernsysteme in Hamburg Ausbildung zum Kinder- und Jugendbuchautorin an der SGD Darmstadt. Mitglied im VS – Verband deutscher Schriftstellerinnen und Schriftsteller. Mitglied im Segeberger Kreis – Gesellschaft für Kreatives Schreiben e. V.

BERNHARD LAUX, Mitglied im VS seit 1971, längere Tätigkeit im Vorstand, mehrmals Delegierter für Bundeskongresse, ab 1966 Studium der Erziehungswissenschaften/Pädagogik, der Deutschen Sprache und Literaturgeschichte. 1970/71 Referendariat und 2. Lehrerprüfung. Danach als erster (neuerer) Fall in der Bundesrepublik Berufsverbot wegen unbequemer Tätigkeit als Referendarsprecher (und »linker« Gesinnung) – keine Parteizugehörigkeit. Klage gegen die Stadt Hamburg, 1975 in erster Instanz, 1978 in zweiter Instanz erfolgreich, ab November 1978 bis 2009 im »Schuldienst«.

Schriftstellerische Veröffentlichungen seit 1966: Lyrik (in Anthologien, eigener Gedichtband 1981), Hörspiele, vor allem aber (Musik-)Theaterstücke: 5 moderne Opernlibretti (Komponist jeweils Niels Frédéric Hoffmann / Hamburg, Berlin). 3 Theaterstücke (auch Regie). Songtexte zu verschiedenen Stücken, Theatertheorie, Kurzprosa, 2 Romane.

333

TILLA LINGENBERG *(Foto: Ele Runge)*, Autorin & bildende Künstlerin. Schreibt für Kinder & Erwachsene Theaterstücke, Hörspiele, Kurzprosa & Miniaturen. Bundesweit wurden acht ihrer Theaterstücke uraufgeführt und zwei Hörspiele gesendet. Sie bekam zwei Theaterstückpreise und war zudem vier Mal für einen Stückpreis nominiert. Mit ihrem Buch »Kuriose Kurzweil« zu ihrem Lesekabarett als AlphabetAnimateurin ist sie auf Hamburger Lesebühnen präsent. Sie stellt regelmäßig in Hamburg ihre Kunst aus. www.tilla-lingenberg.de

BALA LYS *(Pseudonym)*, führt ein Leben zwischen den Ländern Deutschland/Hamburg und Schweden/Sala. Kleine Veröffentlichungen in »Dagens Nyheter« und »Sala Allehanda«; das dort veröffentlichte Gedicht » När jultomten glömdes bort«, das die Vernichtung der Rentiere nach dem GAU von Tschernobyl behandelt, wurde prämiert.

ANNA MALOU, geb. 1952 in Berlin und lebt heute mit ihrer Familie in Norddeutschland. Viele Jahre arbeitete Anna Malou als Lehrerin und ist nun freiberuflich als Autorin, Malerin (Aquarelle), Fotografin und Lektorin tätig. Sie schreibt Gedichte und Geschichten, aber auch Reiseberichte über ihre Reisen auf den Jakobswegen und auf dem Mönchsweg. Weiterhin hat Anna Malou von ihren Reisen eine Vielzahl von Naturfotografien mitgebracht, die sie in Bildbänden mit philosophischen Sprüchen veröffentlicht hat.

Von ihren siebzehn veröffentlichten Büchern sind folgende am aktuellsten: »Spurensuche – 100 Jahre Frauengeschichte«, romanhafte Frauenbiographie, Leipzig 2018. »Munkevejen: Eine Pilgerwanderung auf dem Mönchsweg in Dänemark, Nr.88 von Rødbyhavn nach Roskilde«, Leipzig 2020. Homepage unter www.annamalou.de

SVEN J. OLSSON *(Foto: Hartwig Kwella)*, ist Hamburger by nature und Weltenbummler aus Passion. Er veröffentlicht Reiseberichte, Satiren, Romane und Theaterstücke. Aus seiner Liebe zu Indien sind das Buch »No Problem, Sir!« und das Bollywood-Musical »Die mutige Kanhar De« entstanden. Ein Schwerpunkt seiner belletristischen Arbeiten ist der Suizid. Neben dem Schreiben und der Leitung des Verlags Kulturmaschinen bemüht er sich, dem Werk Walter Mehrings durch Lesungen oder Dramatisierungen wieder  Publikum zu verschaffen. Sven j. Olsson ist stellv. Bundesvorsitzender des VS und Mitglied im PEN-Zentrum.

CHRISTINA OSKUI *(Pseud. Page Angel)* ist eine Geschichtenfinderin. Sie sammelt Erinnerungen und Erlebnisse und ergänzt diese fantasievoll zu Fabeln, Kindergeschichten, Librettos, Kurzgeschichten, Gedichten, Makkaronischen Versen, Drabbles, Kolumnen, Satire- und Poetry Slam-Texten. Die Ideen hierfür bekommt sie meistens aus dem Alltag. Ihr Text »Home Office« schildert ihre veränderte Arbeitswelt während der Corona-Pandemie. Im Selbstverlag hat sie bereits zwei Kinderbücher veröffentlicht und ihr drittes Kinderbuch, eine maritime Geschichte, wird noch in 2021 veröffentlicht. Mit ihrem Mann und ihren zwei Kindern lebt sie in Hamburg.

CHRISTINE STERLY-PAULSEN, geb. 1970, ist Ethnologin, Autorin, Übersetzerin für Französisch, Englisch und Malagasy und lebt in Hamburg. Wissenschaftliche Veröffentlichungen unter dem Namen Christine Paulsen, darunter ein Buch zur Pflanzenmedizin im

Südwesten Madagaskars. Ein Roman, »Mangabé«, etliche Erzählungen in Anthologien, Illustrationen in Bilderbüchern und ein Tarot. Bei den Kulturmaschinen erschien 2021 die dystopische Erzählung »Gegenliebe«.

VERENA RABE veröffentlicht seit 2004 Romane, bisher bei Knaur, ars vivendi und dotbooks. Ihre Themenschwerpunkte sind Opfergeschichten des Dritten Reiches und Liebesgeschichten an Sehnsuchtsorten. Die gebürtige Hamburgerin machte 1990 ihren Magister in Neuerer Geschichte und Volkswirtschaft in München und absolvierte nach einem Zeitungspraktikum in London ein Volontariat beim shz-Verlag, bevor sie Schriftstellerin wurde.

Sie ist auch Mitglied bei DELIA und seit 2017 im PEN-Zentrum Deutschland. Dem Hamburger Writers' Room, dessen Vorsitzende sie 2003 bis 2005 war, gehört sie seit 1999 an.

BIRGIT RABISCH: elf Romane (u. a. bei Fischer, dtv, zu Klampen, duotincta), ein Lyrikband und ca. 40 Beiträge in Anthologien. Ihr dystopischer Roman »Duplik Jonas 7« (mehrfach übersetzt und dramatisiert) avancierte zum Bestseller und Standardwerk für den Schulunterricht zum Thema Gentechnologie. Von 2013–2018 erschien ihre 68er-Trilogie »Die vier Liebeszeiten«, »Wir kennen uns nicht« und »Putzfrau bei den Beatles«. 2019/2020 wurden ihre Romane »Die Schwarze Rosa« und »Unter Markenmenschen« neu aufgelegt.

Auszeichnungen u. a.: Umweltliteraturpreis NRW, Kurzgeschichtenpreis (1. Platz) und Lyrikpreis (3. Platz) der Hamburger Autorenvereinigung.

ALEXANDRA RAU *(Pseud.) (Foto: Jonathan F. Schaaf)*, schreibt seit vielen Jahren Kurzgeschichten, die sie in Vor-Corona-Zeiten in öffentlichen Lesungen vorgetragen hat. Einige dieser Texte wurden bereits in Anthologien veröffentlicht. Sie interessiert sich auch für fantastische Welten, die sie im Zuge eines Romanprojekts bereist.

BETTINA ROLFES, geb. 1956 in der Region mit der größten Hühnerdichte Europas, dem katholischen Südoldenburg, lebt in Hamburg und arbeitet als Dozentin für Deutsch als Fremdsprache. Mitglied im VS und im writer's room. Arbeitsstipendium für Schriftsteller des Landes NRW. Sie hat den Gedichtband »Heckenrosen & Zahnpasta«, die erotischen Erzählungen »Feuer fangen« sowie die beiden Sachbücher »Schreiben befreit« und »Hauptsache Liebe«

veröffentlicht. Außerdem ist sie als Herausgeberin tätig, zuletzt: Dachkammerflimmern (mit Lars Henken). Literatur aus der Dosenfabrik Hamburg. Dölling und Galitz. Hamburg 2015. »Die Monate mit Herman« ist zuerst erschienen in: Hammer + Veilchen. Jahrbuch für Kurzprosa 2020, Günter Emigs Literatur-Betrieb, Niederstetten 2020

VERA ROSENBUSCH *(Foto: Bernd Hellwage)* lebt als Literaturperformerin und Schriftstellerin in Hamburg. Sie schreibt Krimis, Erzählungen und Theaterstücke. Gemeinsam mit Lutz Flörke betreibt sie die »Hamburger Literatur Reisen«, eine Mini-Firma für Literarische Spaziergänge und Leseperformances mit eigenen und fremden Texten. Live erleben kann man sie im monsun.theater, in der Zinnschmelze und in der Kunstklinik, auf dem Friedhof Ohlsdorf – und im Internet. Sie erhielt den Förderpreis der Stadt Hamburg. Ihr Theaterstück »Marinekameradschaft Barbarossa« wurde uraufgeführt am Landestheater Esslingen. 2016 erschien im Shoebox House Verlag »Alles so schön grün hier – versammelte Fälle und Geschichten« (mit Lutz Flörke), die in Parks und Gärten spielen. 2017 hatte ihr gemeinsames Stück »Traumwohnung. Ein Lesedrama.« im monsun.theater Premiere. Hinzu kommen Kurzgeschichten in Anthologien. Mehr dazu auf der Homepage: www.hamburgerliteraturreisen.de

MAREN SCHÖNFELD (Foto: Ele Runge), geb. 1970, lebt in Hamburg und schreibt Lyrik, lyrische Prosa (beides seit den 1990er Jahren), außerdem kulturjournalistische Texte und Sachbücher (seit 2014). Sie absolvierte berufsbegleitend drei Fernstudiengänge für Belletristisches Schreiben (1998–2001), Lyrisches Schreiben (2008–2010) und Journalismus (2013–2015) sowie zwei Fortbildungen bei Walter Kempowski (1999, 2000) und diverse bei Dr. Hans Georg Bulla und Peter Gosse. Außerdem arbeitet sie als Schreibcoach und Lektorin.

GESA SCHRÖDER, geb. 1952 in Heide in Schleswig-Holstein, studierte ab 1970 Germanistik, Geographie, Latinistik und Italianistik. Seit 1977 lebte sie in Frankfurt/M. und siedelte 1988 nach Venedig um. Dort lebte sie mit drei Töchtern und arbeitete als Dolmetscherin und Literaturübersetzerin für namhafte deutsche Verlage. 2000 kehrte sie nach Deutschland zurück und war bis 2015 im Schuldienst beschäftigt. Danach begann sie ihre Arbeit als freie Autorin und veröffentlichte 2020 ihren

ersten Roman »Flussaufwärts durch die Zeit«. Sie lebt heute in Hamburg und Venedig.

Zu ihrer Erzählung schreibt die Autorin: »Dieser Text stammt aus meinem zweiten – noch unveröffentlichten – Roman, der auf einem Alpenpass, am Grenzübergang zwischen Italien und Österreich, von März bis Juli 2020 spielt und in dem die Corona-Handlung eine Nebenhandlung darstellt, die das Hauptgeschehen, die Erkundung eines unerwartet geerbten Hauses mitsamt der darin befindlichen Familiengeschichte, begleitet.«

MARGRET SILVESTER, geb. und wohnhaft in Hamburg; Fernstudium Uni Hagen; Feuilleton-Beiträge für WDR und Literaturtclefon HH; »Lied der Jahreszeiten« – Sonettenkranz, Engelsdorfer Verlag, Leipzig, Anthologien in div. Verlagen – u. a. Rowohlt, von Bockel, Scribo. Prämiierte Gedichte: »Maienseelen«, »Rentiere«, »Metamorphose«; BlindArt visual – Bilder für Sehgeschädigte (Braille); Schattenfigurentheater. www.edition-hollerbusch.de

 **RÜDIGER STÜWE**, geb. 1945 Flucht aus Ostpreußen, aufgewachsen in der Lüneburger Heide, kaufmännische Lehre, Kriegsdienstverweigerung, 2. Bildungsweg, Studium: Germanistik + Geschichte, Lehrer in Hamburg, seit 1984 auch als Schriftsteller tätig; lebt in Ellerbek (Pinneberg). Der Autor schreibt Gedichte, Erzählungen und hat Erfahrung als Radiomoderator (Hamburger Lokalradio). Veröffentlichungen: acht Einzeltitel (zuletzt: Ich hatte Ellenbogen – Eine streitbare Frau aus Ostpreußen (Autobiografische Erzählung), Anthea Verlag, Berlin 2020). Stüwe ist Mitglied im Schriftstellerverband (VS Hamburg). www.ruediger-stuewe.de

SUSANNE MARIA TYGA lebt in Hamburg, Lyrikerin und Kritikerin mit einer Vorliebe für Pulp Fiction.

CHARLOTTE UECKERT, geb. 1944 in Oldenburg, Studium der Germanistik, Lyrikerin, Biografin, Reiseschriftstellerin. Veröff. u. a.: Paula Modersohn-Becker, Rowohlt 2007/2008, Oldenburger Land – neu erlebt. Gmeiner 2014, Christina von Schweden: Ich fürchte mich nicht, Ed. Karo 2016, Die Fremde aus Deutschland. Kurzprosa und Reisegedichte, Pop 2017. Nach Alphabet gesammelt, Gedichte Pop 2019, »Das Meer und der Norden«, Ed. Karo 2020, »Künstler und Entdecker in der Südsee. Meine Reise zu den Zielen von Cook, Gauguin und Stevenson.« www.charlotte-ueckert.de

ANNA WÜRTH ist Autorin und Fotokünstlerin in Hamburg. Nach Studium und Diplom fuhr sie zur See, arbeitete 13 Jahre als Journalistin bei dpa, bei Merian und als Redakteurin bei GeoSaison, danach frei. Studienreisen auf allen Kontinenten, auch zu indigenen Völkern. Ihre Lyrik und Kurzprosa erschien in 79 Anthologien und in ihrem Lyrik-Fotoband »Aphrodite.Lovestoned« im Wachholtz Verlag. Mehrere Gedicht-Zyklen sind ins Englische übersetzt. 2001 erhielt sie den Literaturförderpreis der Gedok. Autorenlesungen im In- und Ausland.

Sie ist Mitglied der Hamburger Autorenvereinigung, des VS (Verband deutscher Schriftstellerinnen und Schriftsteller), im Literaturzentrum Hamburg, in der Gedok und der Deutschen Haiku-Gesellschaft. Parallel zu ihrer schriftstellerischen Tätigkeit arbeitet Anna Würth seit 2007 als Fotokünstlerin. Sie beteiligte sich an 44 jurierten Ausstellungen und an 21 Gemeinschafts-Katalogen. Sechs Einzelausstellungen.

Buchveröffentlichungen unserer Mitglieder 2019 bis 2021 (Auswahl)

»Endlich mal Lyrik, die man verstehen kann, ohne dabei ins Banale oder Peinliche abzugleiten! Ammes Gedichte aus 40 Jahren, die hier in einer treffenden Auswahl präsentiert werden, gelingt es, mit Witz und Wortakrobatik im Heiteren das Politische und im Politischen das Heitere zu enttarnen, wie einst Ringelnatz, Wedekind, Rühmkorf oder Gernhardt. Mal albern, mal ironisch, mal nachdenklich, mal privat, mal hintergründig, aber immer geistreich.« (Rainer Gerlach)

Achim Amme: Der Amme. Poet.
Frühe Verse und Tagebuchaufzeichnungen;
Pop Verlag Ludwigsburg 2020, 19.90 Euro
ISBN 978-3-86356-314-1

80 Gedichte von Achim Amme, darunter erstmalig jene, für die er den Ringelnatzpreis erhielt.

Achim Amme: Echt verboten!
Gedichte & Songs; Verlag Ralf Liebe,
Weilerswist 2019, 12 Euro
ISBN 978-3-944566-93-1

»Armin Münch, der von 1930 bis 2013 lebte, war einer der erfolgreichsten und bekanntesten Grafiker und Zeichner der DDR. [...] Sein Kunstschaffen ist eng mit Land und Leuten an der Ostseeküste und in Mecklenburg verbunden. Maritime Motive wie die Fischer von Kap Arkona, Werften, Seeleute, Galionsfiguren oder Störtebeker machten ihn weit über seine Wahlheimat hinaus populär. Der Rostocker Schriftsteller Michael Baade war mit Armin Münch über Jahrzehnte eng befreundet. Beide waren bei der Gestaltung ihrer Buchveröffentlichungen ein regelrechtes Zweigespann. Jetzt hat Michael Baade rechtzeitig zum 90. Geburtstag seines Künstlerfreundes am 1. Mai 2020 in der EDITION digital ein Buch der Freundschaft herausgegeben, das Münch von einer ganz anderen, sehr persönlichen Seite zeigt.« (Peter Schütt)

Armin Münch und Michael Baade:
Und das Licht der Glocken tanzt auf den
schaumigen Kronen. Armin Münch und
Michael Baade im Dialog;
EDITION digital, Pinnow 2020
ISBN 978-3-9621-248-0 (Buch)
ISBN 978-3-9621-246-6 (E-Book)

»Michael Baade zeigt sein sensibles Wahrnehmungsvermögen an Wirklichkeit in Liebesdingen, Naturbeobachtung, und er kann schwelgen für Orte und Landschaften.« (Norddeutsche Neueste Nachrichten)

Michael Baade: Geboren am Meer.
50 Gedichte aus 50 Jahren, mit Grafiken
von Professor Armin Münch;
EDITION digital, Pinnow 2020
ISBN 978-3-96521-259-6

Dieses Buch ist die einzige Biografie über Jan Vogeler, den Sohn des berühmten Worpsweder Künstlers Heinrich Vogeler. Einfühlsam und ausführlich schildert Michael Baade das Porträt eines Mannes, der seiner Zeit weit voraus war. Mit vielen eindrucksvollen Bildern von Heinrich Vogeler.

Michael Baade: Jan Vogeler, Sohn des Malers Heinrich Vogeler. Mit Bildern und Briefen von Heinrich Vogeler; Kellner Verlag, Bremen 2020, 324 Seiten, 19.90 Euro
ISBN 978-3-95651-243-8

Wanderung durch den Garten auf dem Gartenpfad zur Seiza, dem Teehaus, dann zum Pavillon, dem Machid, um Mund und Hände zu reinigen, wodurch symbolisch das Übel abgewaschen wird, bevor die Teezeremonie beginnt. Die Teezeremonie ist eine kultische Kunst. Nach dem morgendlichen Genuss wurden aus den Teeblättchen im Glas dialogisierende Wesen künstlerisch gestaltet, die flüsternd Geschichten erzählten, wenn man genau hinhörte. Nach der künstlerischen Bearbeitung der Bilder wurde ein Buch daraus, wobei jedes Bild mit einer These, einem Aphorismus oder einer Lebensweisheit unterlegt wurde, unabhängig von der Geschichte des einzelnen Bildes, sodass in der Gesamtheit wiederum ein Ganzes, eine Allegorie auf das Leben entstand. Ein Raunen der Erzählenden lag in der Luft.

Carsten J. Boehm: Hinter den Fenstern. Aphorismen; Hardcover 2019, 176 Seiten, 160 Farbbilder und Thesen, Epubli Berlin
ISBN 978-3-7485-2554-7

»Ein Buch voller exotischer Farben, Gerüche und ebenso wundervoller wie mysteriöser Menschen, gepaart mit einem Schuss fernöstlicher Erotik – fesselnd wie ein Krimi.« (Jan Pächter, Der Kurier)

**Wolf-Ulrich Cropp: Eine Tigerfrau.
Spurensuche in Thailand und Myanmar;
Verlag Expeditionen, Hamburg 2020,
415 Seiten, Farbfotos, 14.90 Euro
ISBN 978-3-947911-39-4**

Frühe Begegnungen mit dem Afrikanisten Rolf Italiaander regten den Autor an, einmal wieder Mali zu bereisen. Dem Dogon-Geheimnis auf die Spur zu kommen und verschollene Schriften in der Sahara zu entdecken, sind lang gehegte Pläne, die endlich in die Tat umgesetzt werden müssen. Cropp ist in entlegene Winkel vieler Wüsten vorgedrungen. Im Anhang gibt er wertvolle Tipps für Wüstenfahrer.

**Wolf-Ulrich Cropp: Mali und die Dschinns der Wüste; Verlag Expeditionen, Hamburg 2020,
300 Seiten, reich illustriert, 13.90 Euro
ISBN 978-3-947911-20-2**

Der Fischer Pay Edel Edlefsen und sein bester Freund, der Grönländer Qivitoq, werden in eine Reihe von Mordfällen rund um das holländische Frachtschiff St. Laurentius verwickelt. Fanatismus und Liebe sind im Spiel, wo es auf Helgoland eigentlich um Schellfischfang und Robbenjagd gehen sollte. Mit seiner bildreichen Sprache lässt Reimer Boy Eilers, das Rote Eiland im Anfang des 16. Jahrhunderts lebendig werden.

Reimer Boy Eilers: Das Helgoland, der Höllensturz; hist. Roman, Kulturmaschinen Verlag, Hamburg 2019, 563 Seiten, geb. 32 Euro, kart. 19 Euro
ISBN 978-3-96763-057-9

Im Ramadan segelt der Ich-Erzähler von Sansibar auf die Nachbarinsel Tumbatu. Dort wächst ein heiliger Baum am Ufer, vor dem sich einstmals der Schiffbruch einer Sklaven-Dhau zugetragen hat. Durst und Hitze setzen dem weißen Touristen zu, er halluziniert die Geschichte der Sklaven. Dabei wird er von dem Heiler Salumba unterstützt, der den Weißen zugleich für seine Neugier kritisiert.

Reimer Boy Eilers: Die Schiffbrüchigen von Tumbatu. Langgedicht; Kulturmaschinen Verlag, Hamburg 2020, 203 Seiten, geb. 29 Euro, kart. 18 Euro
ISBN 978-3-96763-078-7

345

Helgoland ist der Schlussstein, wo sich die Elbe in die Nordsee ergießt. Von der roten Klippe bis zur Hansestadt Hamburg an der Elbe reichten die Orte der Gedichte und meinen in ihrer regionalen Begrenzung doch ein großes Stück Welt. Auch Honolulu taucht auf, doch in seiner Form als sandige Erhebung in einer Regenpfütze, die dem ganz jungen Dichter als Spielplatz dient – und dem älteren als Ort der Imagination, als eine geheimnisvolle Verbindung zwischen Leser und Autor.

Reimer Boy Eilers: Mehr Nordsee. Gedichte;
Kulturmaschinen Verlag, Freiburg 2021, 15 Euro
ISBN 978-3-96763-0

»Wir wollen den Misserfolg!« Das war die Losung seiner Jugend. Inzwischen ist HP Aufseher in der Hamburger Kunsthalle und bewacht Caspar David Friedrich.

Als sein Jugendfreund Maximilian vermisst wird, macht sich HP auf die Suche und entdeckt: Der klaut mir meine Lebensgeschichte, um seine Biografie zu schreiben!

Ein entführtes Kunstwerk, ein toter Ehemann, ein Zwischenfall mit fiesem Hund und eine Buchmesse, auf der zu viel gelacht wird stören HPs Suche; ebenso eine Anhalterin, die erklärt: Der Umweg ist das Ziel, Baby!

Lutz Flörkes zweiter Roman gleicht einem Roadmovie – eine ebenso groteske wie erheiternde Irrfahrt durch die Erinnerung, den Stoff, aus dem die Träume sind.

Lutz Flörke: Nebelmeer # 7.
Roman, Verlag duotincta, Berlin 2021,
221 Seiten, kart. 17 Euro
ISBN 978-3-946086-68-0

346

Der Roman »Aussortiert: Kind 351« beschreibt nach einer wahren Begebenheit die Geschichte eines Mannes, der seine Kindheit und Jugend in einem katholischen Kinderheim verbracht hat und nun – als Erwachsener – von dieser Vergangenheit eingeholt wird. Der Roman erzählt einen Teil unbekannter deutscher Geschichte – verbunden mit einem emotionalen Beziehungsdrama.

**Anke Gebert: Aussortiert: Kind 351.
Roman; Tredition, Hamburg 2019,
Taschenbuch 7.99 Euro
ISBN 978-3-7482-440-2**

Was man alles tun sollte, um möglichst gesund immer älter zu werden, das können Sie auch in unzähligen anderen Büchern lesen – hier erfahren Sie, was Sie alles nicht tun und vor allem nicht denken sollten. Denn mit unseren Gedanken programmieren wir uns selber alt. Nicht, was wir tun, entscheidet über unsere Gesundheit und Lebenserwartung, sondern wie wir es bewerten. Das Ausmaß, in dem unsere Gedanken und Gefühle unsere Befindlichkeit und unsere Lebenszeit beeinflussen, ist immens.

Die über achtzigjährige Psychotherapeutin Brigitte Halenta führt zwölf Gespräche mit einem Paar im Ruhestand. Annalena und Gregor waren in ihrer Jugend ein Liebespaar, haben sich nun im Alter wiedergetroffen und möchten herausfinden, wie es ihnen gelingen könnte, zusammenzuziehen und gemeinsam glücklich zu altern.

**Brigitte Halenta: Old is great – eigentlich.
Tredition Hamburg, 2020, 15.90 Euro
ISBN 978-3-347-20227-6**

Rosa und Toni sind unzertrennlich! Sie wohnen in derselben Straße, schaukeln beide für ihr Leben gern und spielen am liebsten mit ihren Stofftieren Biber und Ted. Dabei kommen sie nach den Sommerferien in die Schule – ob man da überhaupt noch mit Kuscheltieren spielen darf? Als Biber und Ted plötzlich sogar anfangen zu reden, wird es immer verrückter – und das Leben noch spannender. Aber dann zieht Tonis Familie in eine andere Stadt, und Rosa muss ganz allein in die erste Klasse gehen. Doch Rosa wäre nicht Rosa, wenn sie sich davon unterkriegen lassen würde!

Kristina Kreuzer: Rosa und Toni (Bd. 1).
Mit Illustrationen von Annabelle von Sperber,
Woow Books, 2019, 128 Seiten, 12.40 Euro,
Ab 6 Jahren
ISBN 978-3-96177-024-3

Nach dem Umzug ihrer besten Freundin Toni ist in Rosas Leben alles wieder in bester Ordnung. Inzwischen ist sie ein richtiges Schulkind und kann sich mit Toni ganz allein Briefe schreiben. Aber dann passiert etwas Dummes: Rosa springt von der Schaukel und bricht sich den Arm. Jetzt muss sie einen Gips tragen – wie ungerecht! Schließlich steht doch ihre große Geburtstagsfeier vor der Tür, wo sie unbedingt klettern und herumtoben will. Ob der Gips bis dahin wieder ab ist und ob Toni auch zu der Party kommen wird?

Kristina Kreuzer: Rosa und der Geburtstag (Bd. 2).
Mit Illustrationen von Annabelle von Sperber,
Woow Books, Hamburg 2019, 144 Seiten,
12.40 Euro. Ab 6 Jahren
ISBN 978-3-96177-025-0

In diesem hochwertig gestalteten Buch sind 25 originelle Sprachspiel-Texte von Tilla Lingenberg enthalten und mit wunderbaren Linolschnitt-Illustrationen von Tita do Rêgo Silva bebildert.

Die Autorin sagt: »Schreiben ist für mich ein spaßiges Spielen mit den 26 Buchstaben unseres Alphabets. Ich verändere die Reihung der Buchstaben und aus den so gefundenen Wörtern entstehen kuriose Geschichten. ABC-Texte bestehen wirklich immer aus 26 Wörtern und bei Reimen passt es buchstäblich vom Ende her. Oft kurzweilig, immer kurios.«

Das Buch ist inhaltlich, optisch und haptisch ein Genuss und kann ausschließlich bei den Künstlerinnen erworben werden.

Tilla Lingenberg, Tita do Rêgo Silva: Kuriose Kurzweil. Edition Labsal, , 25 Euro Bestellungen über mail@tilla-lingenberg.de

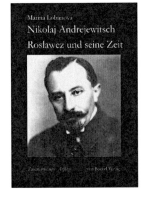

Nikolaj Roslawez gehörte zu den »verfemten Künstlern« Russlands; mehrere Jahrzehnte lang wurde sein Schaffen verboten. Das Buch schildert und dokumentiert die ersten politischen Prozesse und Repressalien gegen die andersdenkenden Tonkünstler. Später wurden die Repressalien bestritten und in den letzten Jahren werden auch die bekannten Tatsachen im Geiste »Großrusslands« ausgenutzt bzw. pervertiert. Roslawez' Leben und Werk ist außerordentlich wichtig fürs Verständnis sowohl der modernen Klassik als auch politisch-ideologischer Prozesse des 20. Jahrhunderts.

Marina Lobanova: Nikolaj Andreevič Roslavec' Schaffen und die Kultur seiner Zeit. Mit einem Vorwort von György Ligeti; 2. erweiterte Auflage: Bockel Verlag, Neumünster 2020, 426 Seiten, 39.80 Euro ISBN 978-3-95675-028-1

Marina Lobanova: Mif i bessoznatel'noe v èstetike Vagnera [(Der Mythos und das Unbewusste in Wagners Ästhetik)], in: Zvučaščie smysly: kosmos kul'tury [Klingende Sinne: das Universum der Kultur]. Almanach für Kulturologie; hrsg. von Svetlana Levit, Moskau–St. Petersburg: Centr gumanitarnych iniciativ, 2019, S. 220–235

Französische Fremdarbeiter in Nazi-Deutschland: Worüber wenig berichtet wird, hat Sylvia Lott zum Thema ihres Romans »Die Rosengärtnerin« gemacht. Nach dem Start hielt er sich gleich mehrere Wochen lang auf der Spiegel-Bestsellerliste.

Ein Generationenroman zur deutsch-französischen Geschichte.

Sylvia Lott: Die Rosengärtnerin. Blanvalet 2019, 592 Seiten, 9.99 Euro, auch als E-Book (8.99 Euro) und als audible-Hörbuch. ISBN 978-3-7341-0632-3

Wer die 430 Kilometer auf dem Munkevejen von Rødbyhavn bis Roskilde in Dänemark als Fußpilger oder als Radpilger unterwegs sein möchte, der wird nicht nur ein anderes europäisches Land kennenlernen, sondern wird eine zauberhafte, idyllische und – noch – einsame Naturlandschaft vorfinden, die berührt, die entspannt und glücklich macht. Viele Sichtweisen ergeben sich auf die Landschaft, aber auch auf Land und Leute und schließlich auch auf einen selbst.

Anna Malou: Munkevejen. Eine Pilgerwanderung auf dem Mönchsweg in Dänemark, Nr. 88 von Rødbyhavn nach Roskilde; Engelsdorfer Verlag 2020, 22 Euro ISBN 978-3-96145-949-0

Kaum postet Isi auf Instagram das erste Selfie, flattern die Herzen nur so herein. Ohne Photoshop und Filter ist Isis Alltag bald viel zu langweilig und sie beginnt, immer mehr Zeit in ihren Kanal zu stecken – und in ihr Äußeres. Plötzlich interessiert sich sogar Kim, das It-Girl der Klasse, für Isi und lädt sie zu den viel cooleren Partys ein! Jetzt müssen natürlich richtig außergewöhnliche Selfies her – selbst, wenn sich Kim und Isi dadurch in Lebensgefahr bringen ...

In diesem lebensnah erzählten Jugendroman greift Annette Mierswa das Trendthema Instagram auf und zeigt auf authentische und einfühlsame Weise, wie die Nutzung von Social Media den Blick auf den eigenen Körper und das Selbstbild verändern können.

Annette Mierswa: Instagirl. Jugendbuch, Loewe Verlag 2018, 6.95 Euro ISBN 978-3-7432-0121-5

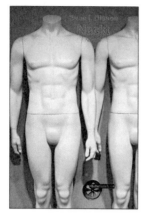

5 Menschen am Rande der Gesellschaft. 5 Leben außerhalb der gesellschaftlichen Norm. Bruchstücke. Schnappschüsse. Winzige Fragmente. Das Leben ausgebreitet in Monologen, die zu Dialogen mit dem Lesenden werden.

**Sven J. Olsson: Nackt. Novelle;
Kulturmaschinen Verlag, Hamburg 2019,
108 Seiten, kart. 11 Euro
ISBN 978-3-96763-062-6**

Die Geschichte und Gegenwart des Suizids sind angefüllt mit Merkwürdigkeiten, unfreiwillig komischen Momenten und Betroffenheit. Mit Witz, Satire und Ironie zieht der Gedächtnisabend dem letzten Tabu unserer Zeit, dem Suizid, den Stachel des Entsetzens.

**Sven J. Olsson: Gedächtnisabend. Über den Suizid; Kulturmaschinen Verlag, Hamburg 2020, 129 Seiten, geb. 19 Euro, kart. 13 Euro
ISBN 978-3-96763-037-4**

Die Schwarze Reichswehr – 1923 planen illegale paramilitärische Einheiten den Marsch auf Berlin. Rosas Verlobter Paul Schulz – Organisator der Schwarzen Reichswehr – hat sie und ihren Bruder Erich tief in seine Machenschaften verstrickt. Wie konnte es dazu kommen? Rabisch schildert einfühlsam, wie aus der lernbegierigen Tochter einer armen Weberfamilie eine junge Frau wird, die den Welterklärungen ihres Verlobten verfällt und schließlich sogar die Verbrechen ihres Bruders rechtfertigt.

Ein Roman, der zu einer persönlichen Aufarbeitung wurde, denn Rosa war die Großmutter der Autorin.

Birgit Rabisch: Die Schwarze Rosa.
Roman; Verlag duotincta, Berlin 2019,
254 Seiten, kart. 17 Euro, E-Book 9.49 Euro
ISBN 978-3-946086-50-5 (kart.)
ISBN 978-3-946086-51-2 (E-Book)

In China wurden 2018 die ersten gentechnisch veränderten Menschen geboren. Eine Welt von Markenmenschen aus dem Gen-Design-Labor rückt näher. In dieser Welt schreibt die junge Simone, eine wildwüchsige No name, ein Tagebuch, in dem sich eine von Körperkult, Markenfetischismus und Perfektionswahn beherrschte Gesellschaft offenbart. Als in Simone, der verachteten Außenseiterin, ein genetisch nicht optimiertes Kind heranwächst, sieht sie sich in einem schweren Konflikt gefangen.

Birgit Rabisch: Unter Markenmenschen.
Dystopie, Verlag duotincta, Berlin 2020,
142 Seiten, kart. 15 Euro, E-Book 7.49 Euro
ISBN 978-3-946086-52-9 (kart.)
ISBN 978-3-946086-53-6 (E-Book)

353

»Eigentlich liegt Hamburg an der Moldau«, hatte Jan immer gesagt, wenn er von seiner Heimat im Riesengebirge bei der Elbquelle erzählte. Dorthin wollte Dorothea nun, wo sie den Tod vor Augen hatte, um nach den Spuren einer verlorenen Liebe zu suchen. Mutter und Tochter folgen der Elbe, von der Mündung bis zur Quelle, um den bevorstehenden Tod der Mutter zu vergessen und stattdessen ihr Leben Revue passieren zu lassen.

»Ich habe immer getan, was die anderen wollten. Und nun, wo ich endlich frei bin und mein eigenes Leben führen kann, soll ich sterben?« Diese Frage steht über den Mutter-Tochter-Gesprächen auf ihrer gemeinsamen Reise in die Vergangenheit.

Gesa Schröder: Flussaufwärts durch die Zeit. Roman; Norderstedt 2020, 12.90 Euro ISBN 978-3-75192-712-3

18.2.1945 an einem Gleis des Warnemünder Bahnhofs. Eine junge Frau will mit ihren beiden kleinen Kindern in den Richtung Hamburg zur Abfahrt bereitstehenden Zug einsteigen. Man will ihr den Einstieg in den vollen Zug verwehren. Es gelingt ihr, sich in den Zug hineinzukämpfen. »Ich hatte Ellenbogen« wird sie 30 Jahre später ihren erwachsenen Söhnen sagen, als sie ihnen von diesem Erlebnis berichtete.

»Das Buch schildert viel Persönliches, wie es in den Familien vorgekommen ist, aber immer schimmert die furchtbare Weltgeschichte durch, in der sich das Familiäre abspielen musste.« (Arno Surminski in seinem Nachwort)

Rüdiger Stüwe: Ich hatte Ellenbogen. Autobiographische Erzählung, Antea Verlag 2018, Broschur, 180 Seiten, 14.90 Euro ISBN 978-3-89998-321-0

Inspiriert von einem schaurig-schön illustrierten Gedichtband von Adalbert von Chamisso begibt sich Charlotte Ueckert in die ferne pazifische Welt, deren Südseeinseln unterschiedlicher nicht sein könnten. Die Autorin bereist Ziele von Künstlern und Entdeckern aus aller Welt wie Cook und Gauguin auf Tahiti, und Stevenson auf Samoa, Melville und Jack London auf Nuku Hiva, die zu den Marquesas gehört, schreibt über Emil Nolde und Max Pechstein, die in der damals deutschen Kolonie auf Neu Guinea malten.

Charlotte Ueckert: Künstler und Entdecker in der Südsee. Meine Reise zu den Zielen von Cook, Gauguin und Stevenson; edition karo, Berlin 2021, 140 Seiten, 16 Euro ISBN 978-3-945961-21-6

»Es ist ja keineswegs eintönig hier, wie manche sagen. Meer, Marsch und Geest, das sind Zauberworte.«

Charlotte Ueckert: Das Meer und der Norden. Streifzüge von Küste zu Küste; edition karo, Berlin 2020, 142 Seiten, 15 Euro ISBN: 978-3-945961-14-8

Charlotte Ueckert: Nach Alphabet gesammelt aus vierzig Jahren. Gedichte.
Mit einem Nachwort von Uli Rothfuss;
Pop-Verlag Ludwigsburg 2019, Lyrikreihe Bd.
131, 158 Seiten, 16.30 Euro

Anthologien des VS Hamburg

Literarische Stimmen von 22 Exilautorinnen und -autoren, von denen die meisten in Hamburg eine neue Bleibe gefunden haben. Um den Kolleg*innen eine Plattform zu geben, ist diese Ausgabe mehrsprachig.

Fluchtpunkt Hamburg. Texte im Exil.
Hrsg. Reimer Boy Eilers, Emina Kamber,
Esther Kaufmann & Sven j. Olsson.
Das bosnische Wort, Wuppertal und Tuzla
2018, 382 Seiten, 17,90 Euro
ISBN 978-9958-12-301-6 (zu beziehen
über den Kulturmaschinen Verlag)

Ein bunter Strauß an Geschichten und Gedichten, die Einblick geben sollen in das aktuelle Schaffen der Hamburger Autor*innen, anlässlich des 4. Hamburger Literatrubels.

Hummeln im Mors.
Hrsg. Reimer Boy Eilers, Emina Kamber,
Esther Kaufmann & Sven j. Olsson.
Telegonos-publishing, Frielendorf 2018,
286 Seiten, 16,90 Euro
ISBN 978-3-946762-20-1 (kart.)

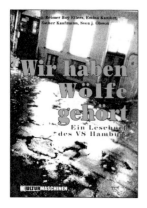

Bin ich schuld am Rechtsradikalismus? Auf diese Frage finden 37 Autorinnen und Autoren eine ganz persönliche Antwort. Mit einem Geleitwort des Hamburger Kultursenators Dr. Carsten Brosda.

Wir haben Wölfe gehört.
Hrsg. Reimer Boy Eilers, Emina Kamber,
Esther Kaufmann & Sven J. Olsson.
Kulturmaschinen Verlag 2019,
328 Seiten, 18 Euro (kart.), 29 Euro (geb.)
ISBN 978-3-96763-000-8 (kart.)

Inhalt

Bildnachweis